Roteiros de radioteatro
DURANTE E DEPOIS DA
Segunda Grande Guerra
(1943-1947)

ORGANIZAÇÃO E INTRODUÇÃO CRÍTICA Daniel Mandur Thomaz

Roteiros de radioteatro

DURANTE E DEPOIS DA

Segunda Grande Guerra

(1943-1947)

ANTONIO CALLADO

autêntica

Copyright © 2018 Herdeiros de Antonio Callado
Copyright © 2018 Autêntica Editora

Direitos de reprodução gentilmente cedidos pela British Broadcasting Corporation (BBC).

Todos os direitos reservados pela Autêntica Editora. Nenhuma parte desta publicação poderá ser reproduzida, seja por meios mecânicos, eletrônicos, seja via cópia xerográfica, sem a autorização prévia da Editora.

A fotografia da capa e a fotografia da página 287 foram gentilmente cedidas para esta edição pelo Arquivo-Museu de Literatura Brasileira (AMLB) da Fundação Casa de Rui Barbosa.

EDITORA RESPONSÁVEL
Maria Amélia Mello

EDITORA ASSISTENTE
Rafaela Lamas

REVISÃO
Carla Neves
Mariana Faria
Miriam de Carvalho Abões

CAPA E PROJETO GRÁFICO
Diogo Droschi

DIAGRAMAÇÃO
Guilherme Fagundes

Dados Internacionais de Catalogação na Publicação (CIP)
Câmara Brasileira do Livro, SP, Brasil

Callado, Antonio, 1917-1997
   Roteiros de radioteatro durante e depois da Segunda Grande Guerra (1943-1947) / Daniel Mandur Thomaz (organização e introdução crítica). -- 1. ed. -- Belo Horizonte : Autêntica, 2018.

   Bibliografia.
   ISBN 978-85-513-0295-8

   1. Callado, Antonio, 1917-1997 - Apreciação crítica 2. Guerra Mundial, 1939-1945 3. Literatura brasileira 4. Peças teatrais 5. Rádio - Programas 6. Radioteatro - Roteiros I. Thomaz, Daniel Mandur. II. Título.

17-08843   CDD-869.2

Índices para catálogo sistemático:
1. Radiodrama : Roteiros : Literatura brasileira 869.2
2. Radioteatro : Roteiros : Literatura brasileira 869.2

Rio de Janeiro
Rua Debret, 23, sala 401
Centro . 20030-080
Rio de Janeiro . RJ
Tel.: (55 21) 3179 1975

Belo Horizonte
Rua Carlos Turner, 420
Silveira . 31140-520
Belo Horizonte . MG
Tel.: (55 31) 3465 4500

São Paulo
Av. Paulista, 2.073,
Conjunto Nacional, Horsa I
23º andar . Conj. 2310-2312.
Cerqueira César . 01311-940
São Paulo . SP
Tel.: (55 11) 3034 4468

www.grupoautentica.com.br

7	Introdução – *Daniel Mandur Thomaz*
17	A eterna descoberta do Brasil
34	Jean e Marie
49	Santos Dumont
62	*Correio Braziliense*
76	Lord Byron e a Grécia
90	América
103	O exílio de Frédéric Chopin
117	15 de novembro
123	A história da BBC contada pelo Homem Comum
137	Revista do ano
148	"*Cavalcade* Carioca"
162	Tristeza do Barão de Munchausen
176	Ainda mais Força Aérea
189	Charles Dickens ou O *Mistério de Edwin Drood*
206	Rui, o professor de República (15 de novembro)
223	O anel perdido: um conto de Natal
238	*Le Visage du Brésil*
253	O recado de D. Pedro
271	O poeta de todos os escravos

Introdução

Os dezenove roteiros de radioteatro – ou radiodrama – que fazem parte deste volume foram escritos entre 1943 e 1947 pelo jornalista, romancista e dramaturgo Antonio Callado, para serem transmitidos, em sua grande maioria, pela Seção Brasileira da BBC na Inglaterra. As peças foram escritas durante a Segunda Guerra Mundial (1939-1945) e nos anos que se seguem imediatamente a ela, e revelam um esforço notável por parte do autor em produzir sentido estético e histórico sobre a presença brasileira no conflito, assim como sobre a posição do Brasil no arranjo geopolítico e cultural do conturbado mundo de então. São, por um lado, reflexo do processo de formação do jovem Callado e de suas ideias e noções estéticas e, por outro, das formas em uso entre as produções da BBC, que o escritor aprendeu e reproduziu enquanto esteve em Londres a serviço da companhia.

Antonio Callado embarcou para a Inglaterra em 1941, aos 24 anos, para trabalhar na Seção Brasileira da BBC, então parte do Serviço Latino-americano. Seu contrato inicial era de seis meses. Callado acabou ficando por seis anos, entre 1941 e 1947. Ele passou vários meses do ano de 1945 em Paris, trabalhando para a Radiodiffusion Française, mas ao fim do ano já estava de volta a Londres. Embora tenha começado a trabalhar como redator da BBC em 1941, seus roteiros mais antigos datam de 1943 e isso se dá por algumas razões.

A Seção Brasileira da BBC nasceu como parte do Serviço Latino-americano, criado em 1938. As transmissões até 1943 ocorriam em xifopagia, ou seja, os textos eram transmitidos em espanhol e português simultaneamente, com trechos lidos primeiro em um idioma e depois em outro, o que tornava a transmissão certamente cansativa para os ouvintes. Em novembro de 1943, a Seção Brasileira ganhou mais independência e mais programas, o que certamente se devia ao fato de que, em 1942, o Brasil entrara na guerra do lado dos Aliados. O programa *Rádio Magazine*, que veiculava os radiodramas de Callado, foi criado nessa época e ia ao ar nas noites de sexta-feira.[1]

Além disso, em 1943, Callado casa-se com sua primeira esposa, a funcionária de carreira da BBC Jean Maxine Watson, o que dá a ele o direito de trabalhar mais horas para a companhia. Isso graças à mudança em sua situação legal de permanência e trabalho na Inglaterra, possibilitada pelo matrimônio com uma cidadã britânica. Nos arquivos da BBC, encontramos um memorando interno, em inglês, reservado à administração, que afirma o seguinte: "O Sr. Callado, por intermédio de seu recente casamento, entra na categoria de artistas e locutores com parentesco com um membro do corpo de funcionários da companhia [...] Na prática, não se deve introduzir nenhuma restrição ao número de compromissos [de prestação de serviço] acima da média do que ele já tem atualmente".[2] Assim, com maior demanda de produção e a possibilidade de trabalhar mais horas para a companhia, Callado produzirá a partir de então peças para serem encenadas e transmitidas pelo rádio, além das traduções dos noticiários de guerra que vinha fazendo desde 1941.

A análise, edição e publicação de tais peças é resultado de uma pesquisa que se iniciou em maio de 2014 nos Arquivos da BBC em Reading, Reino Unido, quando encontrei duas pastas seladas com o nome A. C. Callado, repletas de cartas, memorandos e recibos. Rastreando os recibos e as notas do departamento de *copyright* da BBC, pude localizar traduções, crônicas e peças radiofônicas que Callado produziu durante sua estada na Inglaterra e que tinham sido até então ignoradas por historiadores, críticos e biógrafos. Esse levantamento foi complementado com incursões aos arquivos pessoais de Callado,

---

[1] Ver: LEAL FILHO, Laurindo Lalo. *Vozes de Londres: Memórias Brasileiras da BBC.* São Paulo: Edusp, 2008. p. 43.

[2] Nos arquivos da BBC em Reading, Reino Unido: A.C. TALKS 1942-1962 [Livre tradução do inglês].

doados à Fundação Casa de Rui Barbosa por Ana Arruda Callado. Da triangulação entre o material encontrado nos arquivos da BBC e nos arquivos da Casa de Rui Barbosa, nasceu a seleção das dezenove peças aqui apresentadas pela primeira vez em forma impressa para o público brasileiro.

O interesse dessas peças se constitui, sobretudo, em três aspectos: estético, crítico e histórico. As que foram incluídas nesta publicação possuem dimensão literária, e sua leitura pode ser proveitosa não apenas para apreciadores da obra de Antonio Callado, ou simpatizantes de teatro ou radiodramas de forma geral, mas também para leitores não iniciados no universo da crítica especializada. Para os críticos e os estudiosos da produção literária de Antonio Callado, as peças têm um apelo profundo: trata-se das primeiras experiências ficcionais do autor, revelando o aspecto formativo de seus anos ingleses. Para historiadores e estudiosos da comunicação, estas peças são preciosas fontes primárias, com potencial para abrir novas rotas de pesquisa sobre a participação de intelectuais brasileiros na Segunda Guerra Mundial e nos mecanismos de propaganda britânica durante o conflito.

A organização dos roteiros neste volume seguiu critério cronológico, com o intuito de proporcionar ao leitor não apenas um sentido de evolução temática e estilística do autor, mas também amostras de distintos momentos da Segunda Guerra Mundial, contextualizados em boa parte das peças. Temos, por exemplo, a ocupação francesa, tematizada em *Jean e Marie*; um balanço do conflito no ano de 1943, desenvolvido em *Revista do ano*; a atuação da RAF e o esforço de guerra, em *Ainda mais Força Aérea*; e uma sátira dos instrumentos de propaganda nazista cheia de elementos metalinguísticos, em *Tristeza do Barão de Munchausen*.

Além disso, Callado faz inúmeras referências à tradição literária e científica brasileira e europeia, como em *Santos Dumont*, *Lord Byron e a Grécia*, *Correio Braziliense*, *O exílio de Frédéric Chopin*, *Charles Dickens ou O mistério de Edwin Drood*, e *O poeta de todos os escravos*, essa última tendo como protagonista o poeta Castro Alves. Somam-se aos temas já referidos, peças que se aventuram por enredos históricos ligados diretamente à formação política, social e da identidade cultural do Brasil, como em *A Eterna Descoberta do Brasil, América, 15 de no-vembro*, "*Cavalcade Carioca*", *Rui, o professor de República* e *O recado de D. Pedro*. Incluída nesse campo está também *Le Visage du Brésil*, peça representativa dos meses de 1945 em que Callado trabalhou na Radiodiffusion Française, retornando depois à Inglaterra e lá ficando até 1947.

Durante o processo de edição desta coletânea, optei por tradu-zir para o português todas as indicações de cena e de sonoplastia das peças, originalmente em inglês, ou francês, no caso de *Le Visage du Brésil*. Embora tenha em consideração que as peças são importantes fontes primárias de pesquisa, optei por revisá-las de acordo com as normas ortográficas vigentes, de maneira a tornar a leitura viável para o grande público. Por serem transmitidas durante a guerra, as peças passavam também por censura prévia, e o nome do censor aparecia sempre indicado no cabeçalho dos roteiros. Em todos eles o nome era o de W. A. Tate, funcionário anglo-brasileiro do Serviço Latino-americano que chegou à companhia pouco antes de Callado. No cabeçalho das peças, aparece também o nome do produtor M. C. K. Ould, funcionário da companhia.[3]

Nos roteiros originais há alguns cortes e marcas de edição do conteúdo que antecedem sua leitura e transmissão. Embora seja impos-sível saber se esses cortes foram fruto da edição do próprio Callado ou do censor, o que podemos afirmar com segurança é que as passagens cortadas não possuem nenhum sentido político particular, indicando tratar-se apenas de trabalho editorial. No entanto, mantive-as entre colchetes e em itálico, para que pesquisadores e críticos possam ter notícia dos processos de revisão e editoração que acompanharam os textos, sem que isso atrapalhe sua leitura e apreciação.

É interessante ressaltar que algumas das peças que estavam nos arquivos da BBC tiveram cópias mimeografadas por Callado e podem ser encontradas nos seus arquivos pessoais, na Fundação Casa de Rui

---

[3] Para mais informações sobre o *staff* do Serviço Latino-americano, ver: LEAL FILHO, Laurindo Lalo. *Vozes de Londres: Memórias Brasileiras da BBC*. São Paulo: Edusp, 2008; e BEZERRA, Elvia. *Meu diário de Lya*. Rio de Janeiro: Top Books, 2002.

Barbosa. A diferença, no entanto, é que lá os roteiros encontram-se sem a data de transmissão pela BBC. Como muitas das cópias que estão no Brasil foram classificadas como "sem data" (s/d), a publicação desta coletânea serve também ao esforço de datação e classificação arquivística desses documentos, contribuição que presto com satisfação aos pesquisadores brasileiros e aos arquivistas da Fundação Casa de Rui Barbosa. Além disso, Callado reaproveitou posteriormente alguns desses roteiros para retransmiti-los no Brasil, por isso, sua classificação em arquivo traz geralmente a data de sua retransmissão, e não a de sua transmissão original pela BBC.

Um exemplo disso é o roteiro *Lord Byron e a Grécia*. Nos arquivos da Fundação Casa de Rui Barbosa ele é datado como tendo sido transmitido pela Rádio Globo em 7 de setembro de 1947, quando Callado já havia retornado ao Brasil, mas, pelos recibos que encontrei na BBC, descobri que a peça foi transmitida pela BBC originalmente em 16 de setembro de 1943. Nos casos raros em que não foi possível determinar com precisão a data da peça, utilizei elementos do próprio texto, como referências a acontecimentos da guerra ou eventos políticos, para determinar a provável data da transmissão, o que ressalto em nota de rodapé.

Gostaria também de chamar a atenção para o fato de que as peças possuem uma linguagem que se coaduna com a sensibilidade dos anos 1940. Há, ocasionalmente, expressões sexistas e epítetos raciais, mantidos apenas em consideração à dimensão histórica e documental do texto. Deve-se, portanto, ler essas passagens com capacidade crítica, entendendo-as no contexto histórico em que estão inseridas e à luz de uma perspectiva capaz de avaliar suas nuances ideológicas e identitárias.

Em conjunto, os roteiros revelam um interessante esforço de síntese e uma tentativa de representação da identidade brasileira. O tom algo ufanista presente em algumas peças é marca de um momento em que as sensibilidades nacionais estavam afloradas. Callado foi certamente tocado pela tonalidade nacionalista das transmissões britânicas, que tinham o intuito de mobilizar os ânimos e o moral da população diante do esforço de guerra e dos bombardeios que atingiam o Reino Unido. Por outro lado, a distância da terra natal e as saudades do Brasil certamente despertaram no autor um amor fervoroso pelo seu país, como revelou em diferentes entrevistas.[4]

Outro elemento a ser considerado é o contexto institucional no qual os roteiros foram produzidos. A British Broadcasting Company (BBC), criada na Inglaterra em 1922, se expandiu internacionalmente dez anos depois, em 1932, com o Empire Service, transmitindo em ondas curtas conteúdo em inglês para os territórios do Império Britânico. Em 1938, num movimento ousado de expansão internacional, a BBC lança um serviço em árabe para o Oriente Médio e, logo em seguida, em espanhol e português para a América Latina. O Empire Service é renomeado como BBC Overseas Service em 1939 e até 1942 já havia serviços transmitindo em ondas curtas em praticamente todas as línguas europeias, além de inúmeras línguas faladas na Ásia e no Oriente Médio, como o persa (1940), o malaio (1941) e o mandarim (1941).

Esse expansionismo radiofônico teve razões muito pragmáticas desde o início. No caso do serviço em árabe, tratava-se de se contrapor às transmissões da rádio italiana instalada em Bari, que transmitia em árabe para o Oriente Médio. Itália e Alemanha já transmitiam para a América Latina em português e espanhol, o que impunha ao Reino Unido uma considerável desvantagem geopolítica.[5] A guerra de propaganda radiofônica entre britânicos, de um lado, e italianos e alemães, do outro, começou, portanto, ainda em 1938, um ano antes do início formal da Segunda Guerra Mundial.

É nesse contexto que se inserem as peças de radiodrama escritas por Callado a partir de 1943. Há ali um duplo esforço: estético e

---

[4] Ver: LEITE, Ligia Chiappini. *Quando a pátria viaja: uma leitura dos romances de Antonio Callado*. Havana: Casa de las Americas,1984 e RIDENTI, Marcelo. A guerrilha de Antonio Callado. In: KUSHNIR, Beatriz (Org.). *Perfis cruzados: trajetórias e militância política no Brasil*. Rio de Janeiro: Imago, 2002. p. 23-53.

[5] Ver: MANSELL, Gerard. *Let Truth Be Told: 50 Years of BBC External Broadcasting*. Londres: Weidenfeld & Nicolson, 1982; e CURRAN AND SEATON. *Power without Responsibility: The Press and Broadcasting in Britain*. Londres: Routledge, 1991.

político. As peças trazem elementos de erudição histórica e literária, em parte porque o autor se formava intelectualmente enquanto as escrevia; trazem também uma busca por compreender o papel do Brasil num mundo em rearranjo rápido e violento; e trazem, por fim, um engajamento com a causa antinazista, que por razões institucionais e geopolíticas se confunde frequentemente com um pendor pró-britânico. O engajamento político e certa anglofilia, aliás, serão traços definidores da identidade intelectual de Antonio Callado e que o acompanharão até o fim. No seu obituário, publicado na revista *IstoÉ* em fevereiro de 1997, esses dois elementos aparecem de forma taxativa já no título, "Um *gentleman* indignado", fazendo referência ao mesmo tempo à sua formação intelectual anglófila e ao seu contundente posicionamento político como intelectual.[6]

As peças aqui reunidas têm potencial para lançar uma luz nova sobre a produção de Antonio Callado, sobretudo, levando em consideração três aspectos: datação, temática e estilo. Em primeiro lugar, a simples descoberta desses radiodramas dos anos 1940 significa um choque com as cronologias oficiais, que mostram a estreia de Callado na literatura como tendo se dado apenas nos anos 1950, com a peça de teatro *O fígado de Prometeu*, de 1951, e o romance *Assunção de Salviano*, de 1954. Isso se dá porque os biógrafos e estudiosos da obra de Callado, até então, haviam se dedicado muito pouco ao trabalho de investigação nos arquivos, produzindo análises que se baseavam apenas em seus romances publicados e em entrevistas.[7]

Além disso, um aspecto constantemente ignorado pela fortuna crítica de Callado é o papel de seus anos na Inglaterra para o desenvolvimento de sua temática. Uma análise prévia dos radiodramas encontrados, sistematizada em outra publicação, mostra que vários dos elementos temáticos que o autor desenvolverá ao longo de sua

---

[6] Um *gentleman* indignado – Antonio Callado morre aos 80 anos como exemplo de integridade intelectual. *IstoÉ*, 05 fev. 1997.

[7] Uma exceção a isso é a fotobiografia publicada por Ana Arruda Callado, que menciona a cópia do roteiro de *"Cavalcade Carioca"* que se encontra nos arquivos da Fundação Casa de Rui Barbosa. Ver: CALLADO, Ana Arruda. *Antonio Callado: Fotobiografia*. Recife: Cepe, 2013.

obra já aparecem nos roteiros dos anos 1940.[8] Assim, analisando esses radiodramas em comparação com sua obra posterior, é possível entender melhor seu processo de formação intelectual, seu papel como intelectual brasileiro em plena Segunda Guerra Mundial e a influência de seus anos ingleses no desenvolvimento de sua temática.

A análise deste material também abre uma trilha para se pensar sobre a contribuição que a linguagem do rádio e a cultura pop dos anos 1940 forneceram para a escrita de Callado. Afinal, textos críticos e biográficos já apontaram para a influência do cinema e até mesmo dos quadrinhos na obra do autor, uma vez que ele trabalhou como tradutor de quadrinhos para o jornal *O Globo* em fins dos anos 1930, junto com o colega Nelson Rodrigues.[9] A partir desta seleção de roteiros, no entanto, fica claro que a influência da linguagem do rádio e da estrutura das peças transmitidas pela BBC devem ser levadas em consideração para se pensar a escrita do autor. Nos arquivos da BBC, foi possível encontrar inúmeras traduções feitas por Callado de radiodramas escritos originalmente em inglês, o que atesta que o autor aprendeu a estrutura e o modo de escrita dos roteiros apresentados pela companhia e os utilizou como modelo para suas próprias peças. Esses modelos de narrativa e diálogo tiveram impacto sobre a dramaturgia que Callado desenvolveu a partir dos anos 1950.

Julgamos também que o momento da publicação destes textos inéditos é extremamente oportuno. Em 2017, comemorou-se o centenário do nascimento de Antonio Callado (1917-1997). Em 2018, se comemoraram os oitenta anos da fundação da Seção Brasileira da BBC, já que a primeira transmissão em português para a América Latina deu-se em 15 de março de 1938. Além disso, em 2019, haverá certamente uma série de programas, livros e debates sobre os

---

[8] Ver: THOMAZ, Daniel Mandur. Stepping onto an unknown island: the forgotten radio scripts of Antonio Callado. In: *Portuguese Studies Review* 23, 1 (2015):1-29 [Trent University, Canada]. O tema também é tratado em minha tese de doutorado, desenvolvida na Universidade de Oxford, Reino Unido, com financiamento da CAPES.

[9] Ver: MARTINELLI, Marcos. *Antonio Callado: Um Sermonário à Brasileira*. São Paulo: Annablume, 2006. p. 45

oitenta anos do início da Segunda Guerra Mundial, sem dúvida, um dos fenômenos históricos e geopolíticos mais relevantes do mundo contemporâneo.

Por fim, o nosso desejo é o de que a publicação destas peças sirva não apenas para entreter o público, o que por si só já seria uma grande missão, mas também para trazer à baila um importante material histórico com potencial de pesquisa excepcional. Em última instância, esperamos que as peças aqui reunidas possam renovar o ímpeto de críticos e estudiosos para repensar a obra de Callado, esse grande escritor, jornalista e brasileiro, cuja vida e obra misturam-se de maneira fascinante com a própria história do Brasil e do mundo durante o conturbado século XX.

Oxford, Reino Unido, 8 de janeiro de 2018

Daniel Mandur Thomaz

A eterna descoberta do Brasil

Transmitida pela BBC em 3 de março de 1943

(Quanto tempo for necessário de música impressionante, como se fosse começar algo como a viagem de Pedro Álvares Cabral. Acabada a música e a necessária pausa, um som de klaxon, se possível civilizado como os klaxons que a gente ouve no Rio, com pedacinhos de música em vez de ser só o ruído, e em seguida rumor de tráfego intenso. O narrador deverá começar a falar contra este fundo. Depois, bem longe, como background para a sua voz, um samba estilizado e decente como "Aquarela do Brasil")

NARRADOR: Não por ser a capital, mas pelo magnífico resumo que é do Brasil, o Rio de Janeiro é o ponto forçado da moderna descoberta da terra. Sim, descoberta porque o Brasil não pode ser adivinhado de longe. Mesmo hoje que ele é conhecido, mesmo hoje que a fama de suas riquezas, de sua indústria e do seu povo chega a todos os rincões do globo, ele continua uma surpresa. A emoção dos primeiros descobridores vai se renovando eternamente.

Quando deixaram de ignorar o Brasil e descobriram que no seu imenso território a civilização tinha se instalado, os outros países incluíram-no de bom grado no rol dos grandes países – mas involuntariamente pintaram o Brasil para si mesmos como um país novo, construído às pressas, favorecido pela idade da máquina para se fabricar a si mesmo e aparecer novinho em folha. Esses outros países pressentem e admiram a alma do Brasil.

Em duas guerras mundiais que dividiram os povos do mundo em duas facções – a que quer transformar violência em lei, e a que quer permitir o progresso de cada nação para que um dia todas possam formar um grande bloco humano e livre –, o Brasil tomou o segundo partido decididamente, naturalmente. Ou melhor, continuou a correr no rumo da sua tradição como um rio no seu leito. Mas a emoção da descoberta, que eternamente se renova, escapa às explicações, ao sentimento de gratidão, ao respeito por um povo jovem mas maduro nas suas opiniões, seguro do seu destino. Rio de Janeiro – resumo do Brasil.

Cidade contemplativa e progressista, de fábricas e de jardins, de incomensuráveis tiras de asfalto que correm paralelas a tiras incomensuráveis de areia branca, de um cenário natural que nada representaria se não tivesse o poder mágico de dar aos homens que por ele se deixam impregnar um sentido de poesia máscula e criadora, uma visão de futuro, de um futuro em que o mundo todo terá a elegância serena e a capacidade de sonhar dinamicamente: o que o Rio de Janeiro tem em si e o que o Rio de Janeiro infunde aos que caem sob a misteriosa influência do seu sol e do seu azul.

(APITO DE NAVIO QUE VEM ATRACANDO NO CAIS DO PORTO)

NARRADOR: Neste navio que chegou ao Rio em 1940, vinha pela segunda vez ao Brasil um dos seus mais recentes descobridores. A lancha da reportagem vai apinhada de jornalistas. Atraca a lancha e sobe a rapaziada.

(RUÍDO DE LANCHA ATRACANDO. OS REPÓRTERES VÃO SUBINDO. UM BARULHINHO DE MAR AO ENCONTRO DA LANCHA SERIA ÓTIMO)

JORNALISTA 1: Vamos fazer tudo na camaradagem. Mesmo que cada um fale com ele separadamente, o melhor é depois comparar as notas.

JORNALISTA 2: Nunca vi maior medo de furo na minha vida... Que é que você pensa que o homem vai contar? Que conheceu Hitler quando ele jogava gude em Braunau?

JORNALISTA 3: Vamos deixar de lero-lero. Temos é que achar o poeta. Opa, aquele ajuntamento lá sem artista de cinema a bordo...

JORNALISTA 1: Ele, vivinho. Bigode e tudo.

(CORREM TODOS JUNTOS E SE APROXIMAM DE STEFAN ZWEIG QUE, EM COMPANHIA DA ESPOSA, ESPIA O RIO. ENQUANTO SEGUE A ENTREVISTA, UM FUNDO BARULHENTO DE ORQUESTRA DE BORDO E CONVERSAS EM FRANCÊS, INGLÊS, ETC.)

JORNALISTA 1: Stefan Zweig...

ZWEIG: Ah, aqui estão os meus amigos outra vez.

JORNALISTA 2: Algum submarino durante a viagem, alguma coisa...?

JORNALISTA 3: Qual é a sua opinião...

ZWEIG: Minha opinião é que em quatro anos que passei longe do Rio a cidade ficou mais encantada ainda, mais cheia da estranha força que eu entrevi e que me fez sempre querer voltar aqui. [*A grandeza das mais ilustres cidades do mundo antigo, a vida exuberante das capitais europeias e a graça simples de todos os aglomerados humanos que viveram cercados por um cenário raro — tudo isso que eu pareci adivinhar em 1936 me parece hoje mais positivado, mais definitivo.*][10] Até a pobreza aqui sorri. Ah, se os pobres dos cortiços europeus tivessem para morar estas casas de madeira que se agarram nos flancos dos montes, alvejantes de roupa secando ao vento, estalando debaixo deste sol!

JORNALISTA 1: (Impaciente) Mas Sr. Zweig, e a Alemanha? Onde lhe parece que vai parar o exército do Reich?

JORNALISTA 2: Que há de verdade sobre as dificuldades do petróleo para Hitler?

---

[10] Esse trecho se encontrava riscado no original, assim como todos os outros trechos que estão dispostos entre colchetes ao longo deste roteiro. Tais cortes são resultado da edição das peças, feita, muito provavelmente, pelo próprio Callado e também pelo produtor da Seção Brasileira, o anglo-brasileiro Michael Ould.

MADAME ZWEIG: Senhores, meu marido vem em busca de descanso. Nós precisamos pensar em vida nova nesta terra nova.

ZWEIG: (Sorrindo, a despeito de sua voz triste) Minha querida, este é o trabalho dos jornalistas.

JORNALISTA 3: Eu mais depressa diria, Sr. Zweig, que estes são os percalços da fama. Se o seu nome não fosse tão famoso no Brasil o senhor desembarcaria calmamente. Mas fale do Rio apenas. O simples fato de o senhor ter vindo aqui em busca de refúgio e de paz já nos dá uma esplêndida reportagem. **(Carinhosamente)** Desembarcar calmamente é que Stefan Zweig não podia.

ZWEIG: (Para a esposa) Está vendo, minha querida, os ares do Rio fazem amáveis para com um exilado até repórteres. **(Para os jornalistas)** Eu de fato quero apenas esquecer a Europa. Desde que Viena passou a ver refletida no Danúbio não aquele seu lindo rosto que eu amava, mas um rosto inchado de chorar, rubro de humilhação, eu fiquei, como tantos outros de meu povo, sem pátria e sem lar. [*Já é portanto sobre Hitler que eu estou falando e sobre a marcha dos exércitos do Reich.*] Depois disto ele matou a segunda pátria que nós todos temos: o rosto de Paris refletiu-se no Sena todo ensanguentado. A flor suprema da civilização latina, diante dos olhos assombrados do mundo, murchou repentinamente. Foi assim que no meu coração ficou vazio um espaço imenso: o espaço de duas cidades inteiras. Ninguém pode viver com um vácuo assim dentro do peito. Eu precisava de uma outra cidadania espiritual. [*Lembrei-me então do Rio, do Rio que eu já elegera quando era feliz, quando tinha Viena e tinha Paris, e quando, mesmo assim, a emoção de conhecer esta cidade tinha sido uma revelação. Já me disseram que os brasileiros todos são poetas e eu creio mesmo que não poderiam deixar de ser. Pois bem, eu falo agora como um poeta a outros poetas.*] O Rio, quando eu o vi pela primeira vez quatro anos atrás, me trouxe à mente uma imagem. Fiquei acreditando que as cidades, como as flores, têm um pólen, e que este pólen o vento também o carrega, para perpetuar as cidades. Eu tinha encontrado no Rio, renascidas sob a luz do Atlântico, tantas outras cidades de que os homens não falam mais, tantas cidades mortas, que a imagem poética me pareceu quase uma verdade histórica. Eu venho agora procurar aqui mais duas cidades temporariamente mortas: Viena e Paris.

(O NAVIO ATRACA. GENTE GRITA DO CAIS: *"Boa viagem?"*, ETC. DO NAVIO, PESSOAS RESPONDEM: *"Ótima"*, ETC.)

JORNALISTA 1: (Meio comovido) Estamos muito gratos... suponho que o senhor não vai trabalhar aqui. Apenas uma estada de repouso...

ZWEIG: Não, vou continuar. Já tenho um livro esboçado.

JORNALISTA 2: Outra biografia?

ZWEIG: Sim, uma biografia do Brasil, país do futuro. [*Deixei as rainhas e os grandes europeus do passado, as novelas, os contos e os ensaios do outro lado do Atlântico.*] Quero fugir no tempo, evadir-me da minha época, mas olhando para a frente. Este homem, Hitler, pode destruir-nos o lar e o presente. Mas que pode ele contra o futuro, que pode ele contra o que a gente vê daqui do meio desta baía? Este homem, meus amigos, transformou vários homens desgraçados em visionários. Eu era um curioso da história europeia e um pesquisador do coração humano. Sou agora um perscrutador do amanhã. Venho descobrir no Brasil os germens da redenção. O segredo de como o mundo será quando Hitler não for mais do que a lembrança de um sonho mau no inconsciente do mundo.

[(UMA VALSA EM SURDINA: "DANÚBIO AZUL")]

[*NARRADOR: E mais tarde, quando a sua biografia do Brasil já estava completa, a sua fuga no tempo, Stefan Zweig fugiu no espaço também. Em Petrópolis, de onde ele via o Rio lá do alto, onde as hortênsias eram da cor do Danúbio e onde rios murmuravam também, ele se matou. Tinha escrito seu canto do futuro; achou-se com direito de recusar o presente. A casa do último dos descobridores vai se transformando em Museu Zweig. Seus manuscritos, seus livros, suas notas, as cartas de Romain Rolland, de Freud, de Gertrude*

Stein vão como que pela segunda vez em busca do destinatário. Vão também para a terra eternamente descoberta.]

(MÚSICA ALEGRE, MAIS OU MENOS "BANDA DE MÚSICA")

NARRADOR: Vítimas de uma prévia encarnação de Adolf Hitler, vão chegando ao Brasil novos descobridores. O Rio colonial está todo embandeirado. Pudera. A Esquadra Real tem doze embarcações de guerra, quatro transportes e vários navios mercantes. Coches reais, caleches,[11] lindas damas e elegantes fidalgos vêm a bordo. Vem toda a Corte portuguesa. O Rio de Janeiro impa de orgulho e satisfação. [*Agora vão todos ver o Corcovado, o Pão de Açúcar e a Guanabara, o Morro do Castelo e a Igreja do Carmo. Os ilustres visitantes saltam das naus e já há um altar erigido para que antes de conhecerem a cidade possam agradecer a Deus por ter engastado na Coroa de Portugal aquela joia linda de se ver como um diamante – mas viva, quente, cheia de sol e de vida.*] D. João vai entrando na cidade no meio do seu séquito e seus bondosos olhos se anuviam de lágrimas de satisfação. *Cáspite!* Deixar na Europa o maldito corso a transformar todo o continente numa senzala de brancos, e encontrar ali aquela gente alegre e linda, aquelas ruas poéticas... [*Envoltas em xales custosos, os olhos pretos cintilando de entusiasmo, as cariocas se debruçam das janelas e deixam cair flores sobre o real préstito. Liteiras e cadeirinhas se abalroam nas esquinas, negros escravos mostram o branco dos olhos, sinhazinhas suspiram ao passarem os fidalgos lusitanos. Não havia repórteres naquele tempo. Nem havia imprensa no Brasil.*] Mas D. João já está debaixo do feitiço da terra. Ele que tinha vindo fugido, deixaria o Brasil mais tarde pesaroso. No momento, era o magnetismo da terra, um magnetismo inevitável, forte, que lhe dava remorso, um remorso vago... como podia ele ter deixado o país tão esquecido, como podia ele só ter imaginado o Brasil até então como uma terra que lhe mandava ouro e diamantes? O grande programa de desenvolvimento do Brasil começou ali, instantaneamente. E podia estar tranquilo D. João. Com ele vinham também arquitetos, pintores, gravadores...

(MÚSICA ANTIGA. BARULHO DE ALGUÉM QUE BATE NUMA PORTA)

---

[11] Caleche ou "calash" é uma carruagem do século XVIII, inventada na França.

VOZ DE MULHER: Quem é?

VOZ DE HOMEM: (Sotaque francês) Eu, eu, eu queria ver a senhora um momento.

VOZ DE MULHER: Eu quem, santo Deus? Não se pode nem descansar um pouquinho depois do almoço. Ô mucama, vê quem é esse estrangeiro.

> (ABRE-SE A PORTA E OUVE-SE APENAS UM RUMOR DE VOZES.
> A MUCAMA BATE A PORTA E COMEÇA A FALAR EM *HIGH SPIRITS*)

MUCAMA: Sinhá, é o pintor, o pintor da Corte que veio ver vosmecê!

MULHER: Me ver, um pintor? Que pintor, menina? Meu Deus do céu, eu de roupão! Que é que o pintor quer? Será que eles querem tomar minha casa também para botar portugueses aqui? E o que é que ele quer pintar?

MUCAMA: (Rindo) Ih, sinhá, que afobação! *Magina si* o Rei D. João cismasse de aparecer por aqui, de coroa e tudo!

MULHER: Sua nega ousada! É nisto que dá a gente tratar bem essas jabuticabas africanas, esses tições que nem pro fogo dão mais.

> [(BARULHO DE CORRERIA DENTRO DA CASA, A PATROA
> ESTÁ SE VESTINDO E CONTINUA A FALAR)]

MULHER: Se o rei aparecesse por aqui eu saberia muito bem fazer a curvatura e dizer: "Majestade"...

MUCAMA: Então *pru* que é que sinhá fica tão afrontada só com esse troca-tintas que fala todo entupido de "erres", assim: "eu *gostarria de verr a senhorra* e *converrsarr* com ela". Parece uma carruagem enferrujada.

MULHER: Tira a minha mantilha de seda lá do baú. Depressa, menina, que o homem está esperando no sol.

MUCAMA: Deus do céu, como sinhá está bonita. Me faz até pensar no dia do casamento, quando sinhá dentro da igreja (Deus Nosso Senhor me perdoe) estava muito mais bonita que aquelas santas todas. Mais linda que a Nossa Senhora grande do altar-mor.

MULHER: (Lisonjeada) Mucama, tua língua seca. Como é que gente de carne e osso pode ser mais bonita que as santas? Deixa de ser boba e abre esta porta.

MUCAMA: Xiii, é mesmo. Já deve estar saindo fumaça do pintor.
(FINALMENTE ABRE-SE A PORTA E OUVE-SE UMA MÚSICA DANDO IDEIA DO FRANCÊS DAQUELES TEMPOS)

DEBRET: Jean-Baptiste Debret, madame. Permita-me que lhe beije a mão.

MULHER: (Assumindo uma atitude de doce dignidade) A que devo a honra da visita do Sr. Pintor? Minha casa não é rica, mas as visitas são sempre bem-vindas.

DEBRET: Madame, quero antes me desculpar por aparecer assim, sem lhe fazer saber antes, mas estou certo de que madame compreenderá... **(Interrompendo-se)** Que bonita renda! Trabalho de madame?

MULHER: Ora, apenas um passatempo. Eu estava na rede bordando um pouco e olhando essa negrinha que se não for vigiada não faz nada.

DEBRET: Realmente admirável! Não se conseguiria ver coisa mais delicada em Malines. Não sei, não sei, os brasileiros, até agora tão separados da Europa, parecem ter tido algum gênio bom a voltá-los para as coisas belas da vida.

Mas madame, aqui estou eu, interrompendo a sesta de uma casa...

MUCAMA: (Imitando Debret sem que ele dê pela coisa) Madame, aqui está o café. Se madame me permite, já trago as mães-bentas.

MULHER: (Baixo, para a mucama) Se você não se portar direito, mais logo quando sinhô chegar você vai pagar muito caro!

MUCAMA: Pois não, madame, os bombocados também.

MULHER: Um café, Sr. Debret, e uns docezinhos.

DEBRET: Eu já aprendi a não tentar evitar a encantadora hospitalidade brasileira, madame. Aqui, o ser amável é deixar que os outros se aborreçam por nossa causa.

(DEBRET E A MULHER TOMAM CAFÉ)

DEBRET: (Continuando) Aliás, creio que madame já está quase livre de mim. Eu estou estudando os brasileiros e seus costumes. Quero pintá-los dentro das casas, nas ruas, os índios nas suas matas, os escravos nas plantações, pintá-los nos mínimos detalhes. [*Como madame sabe, a glória vive atormentando os artistas. Eu estudei com o pintor David e sempre quis ver os meus quadros nos museus da Europa. Aceitei o encargo de vir ao Brasil com a Corte portuguesa pensando mais em refazer-me aqui, em estudar mais, em continuar pintando os quadros tantas vezes sem sentido que deslumbram a Europa. Mas qualquer coisa começou logo a me atrair no Brasil. É tudo tão diferente, tão forte. Sabe o que aconteceu, madame?*] Todo aquele sonho fútil de ver quadros meus, parecidos com tantos outros, pendentes das paredes de velhos castelos europeus, ou de saber meu nome citado em salões elegantes, parece que se queimou debaixo do sol brasileiro. Eu quero trabalhar para que quando o Brasil for o grande país que terá de ser, o nome de Debret permaneça sempre como um suave eco, uma saudade de tempos passados. Eu quero pintar casas como a sua, madame, para que os seus bisnetos saibam, olhando as minhas aquarelas, os meus desenhos, os meus esboços, como viveu uma encantadora vovó do Brasil colonial.

MULHER: (Emocionada) Sr. Debret... Eu... Eu não sei o que lhe dizer. Mucama, meu lenço. Este calor faz a gente...

DEBRET: Ah, uma viola. É seu marido o artista?

[*MULHER: É sim, ele gosta de cantar modinhas. Às vezes não há meios de fazer ele cantar. Quando começa a jogar o gamão é uma perdição.*]

(O PINTOR LEVANTA-SE E SE DESPEDE)

DEBRET: Madame, encantado. Ah, mas antes quero mostrar-lhe alguns dos desenhos que já tenho prontos. Minha pasta...

MUCAMA: (Atrapalhando-se e fazendo barulho de quem junta papéis) Eu... Quer dizer... É...

MULHER: Menina, você vai apanhar uma surra hoje! Pegando com estas mãos imundas nos papéis do Sr. Pintor! Deixa eu ver isto! Já! **(Dá-lhe um bolo)**

MUCAMA: (Chorosa) Eu estava só olhando a figura do Carnaval...

DEBRET: (Rindo) Você acha que está parecido?

MUCAMA: (Entusiasmada) Igualzinho, igualzinho! Todo mundo joga água na gente assim mesmo e é uma gritaria danada.

MULHER: (Tomando os desenhos e rindo) Perfeito. E que linda esta paisagem da baía, com os coqueiros. A gente pode ver todas as folhinhas. E este índio. Que engraçado, eu não sabia que eles atiravam flechas deitados no chão e esticando a corda com os pés. Qual, Sr. Debret, o senhor veio aqui ensinar à gente uma porção de coisas sobre nós mesmos. Ah, esta cadeirinha está maravilhosa. Oh, que lindo o palácio de São Cristóvão, que o Elias Lopes deu a D. João! **(Com uma voz deleitada)** A Igreja da Sé...

MUCAMA: Foi lá que sinhá se casou, seu pintor...

MULHER: (Sem prestar atenção) Que beleza...

DEBRET: Madame, se me permite, guarde o desenho da igreja. É um prazer para mim.

MULHER: Mas, Sr. Pintor, eu não posso aceitar. Os seus desenhos têm valor para todos e não é justo eu guardar uma coisa tão linda. Não, senhor. Não quero, não. Não posso aceitar.

DEBRET: Eu lhe prometo pintar a igreja de novo. Se eu publicar o livro que pretendo, falando nas minhas pitorescas viagens por este país e explicando as minhas pinturas, não deixarei a sua igreja de fora. Guarde a aquarela.

MUCAMA: Guarda mesmo, sinhá. Fica uma beleza na parede e sinhá sempre se lembrará do casamento.

DEBRET: Aí está. A sua criada já decidiu. Adeus, madame. Vou continuar minhas buscas pela cidade.

MULHER: Sr. Debret, sua visita foi uma honra e um imenso prazer. Seu quadro vai ser uma constante alegria para mim. Adeus.

(BATE A PORTA. PAUSA)

MULHER: Tão gentil que é o pintor! Que linda a igreja e... **(Para de repente e diz à mucama)** Mucama! Toma esta renda. Corre, corre. Pega o pintor que ele ainda deve estar perto e diz a ele que esta renda é uma lembrança de uma vovó do Brasil colonial. Não esquece o recado, voa.

(BARULHO DA MUCAMA SAINDO)

MULHER: E não esquece a renda, sua doida. Vai.

(MÚSICA SUAVE E O NECESSÁRIO INTERVALO)

[*NARRADOR: Há poucos anos, salões da pinacoteca do Rio cobriram-se de desenhos, esboços e aquarelas de Jean-Baptiste Debret. As que ainda não estavam em mãos de brasileiros tinham sido recentemente adquiridas por outros brasileiros e o povo carioca durante dias e dias desfilou diante daquele álbum de família espalhado pelas paredes, diante daquelas imagens de outros tempos, pintadas com amor e com carinho, diante daqueles retratos do Brasil feitos por um dos seus descobridores.* Como Southey, Debret atingiu o seu objetivo. O poeta inglês, que o Brasil enfeitiçou de longe, justificou-se certo dia escrevendo a um amigo que estranhava a sua publicação da História do Brasil antes de publicada a de Portugal. No plano original de Southey, a História do Brasil seria apenas parte da grande "História de Portugal", que nunca chegou a ver a luz do dia. Justificando-se então diante daquele amigo, disse-lhe Southey que o Brasil era o futuro e que ele queria ser "o Heródoto desta nação fadada a grandes destinos". Debret foi o seu apaixonado estudioso e pintor, e tanto um quanto o outro, assim como todos os que se deixaram fascinar com a descoberta do Brasil, o país guarda hoje com orgulho. Eles foram os seus profetas, os seus videntes. Souberam olhar para a frente, decifrar a mensagem da terra nova e do seu grande destino. Muitos ainda farão a viagem da descoberta. Mas continuemos. Cheguemos mais perto do mistério das origens, vamos ao fundo do princípio.]

(UM TRECHO DE MÚSICA MODERNA. TEM VILLA-LOBOS.
PODERIA SER TAMBÉM STRAVINSKI)

NARRADOR: Em dezembro de 1530, deixou o Tejo uma flotilha que levava ao Brasil o seu primeiro administrador. [*Não se tratava mais de uma viagem aventurosa, de capitães ousados e rudes, que haviam seguido a esteira de Cabral em busca de pau-brasil, de aves raras, e com a secreta esperança de encontrar o ouro e as pedras preciosas.*] A flotilha de cinco navios levava Martim Afonso de Sousa. Em sua companhia iam seu irmão Pero Lopes de Souza, [*o fidalgo Pedro Corrêa, que se dedicaria no Brasil à catequese e viria a perecer nas mãos dos índios,*] ao todo quatrocentos portugueses de velhas famílias, além de operários, artífices e aventureiros. Martim Afonso deixaria o Brasil pronto para a divisão em capitanias hereditárias. Outros já haviam estado em solo brasileiro e ao menos a costa já não era mais o mistério de antes. Martim Afonso podia iniciar a verdadeira colonização do Brasil, fazer entrar na terra, como o fez, as primeiras cabeças de gado, e construir o primeiro engenho de açúcar. Entretanto, a esquadra ia prosseguindo a sua derrota pontilhada de aventuras. Piratas e flibusteiros fervilhavam pelo litoral, armazenando no porão dos navios as riquezas fáceis, que vinham dar quase nas praias. Martim Afonso afinal chegou a Pernambuco, e de lá dirigiu-se à Bahia de Todos os Santos. Precisava ali entrar em contato com os tupinambás, estabelecer amizade com eles, para que o progresso da nova terra não fosse cimentado inutilmente com o sangue de seus indígenas. [*Martim Afonso, em companhia de seus homens, aguardava a visita dos tupinambás, prontos os presentes de miçangas, machados, tecidos de cores vivas. Entender-se com aqueles silvícolas é que talvez fosse a parte difícil. Mas*] Os índios já se aproximam dos homens de Martim Afonso. Vêm alegres e festeiros...

(MÚSICA E BARULHO DE INSTRUMENTOS SELVAGENS A DISTÂNCIA.
À MEDIDA QUE O RUÍDO SE APROXIMA, MARTIM AFONSO COMEÇA
A FALAR COM SEU IRMÃO)

MARTIM AFONSO: Interessante, irmão, eu quase diria que há um homem branco à frente desses índios...

PERO LOPES: Tens razão, Martim Afonso, eu não queria acreditar em meus próprios olhos. Mas se são quatro a verem a mesma coisa... No entanto, ainda estranho.

MARTIM AFONSO: Sim, sim, bem sabemos que grupos de portugueses têm feito amizade com os índios. Mas apenas um homem branco, e entre os chefes tupinambás, parece quase uma ilusão nossa. Esperemos e enquanto esperamos roguemos a Deus que assim seja. Ele que permita um entendimento grande entre lusos e índios, e faça desde agora desta terra uma terra de paz, onde gentios e conquistadores iniciem uma união que seja de acordo com os ensinamentos da cruz.

PERO LOPES: Que Ele assim o permita.

(UMA PAUSA COM MÚSICA E BARULHOS. A TURMA JÁ CHEGOU)

MARTIM AFONSO: Falo a um português, a um tão fiel súdito de Sua Majestade que, espontaneamente, já está ligando a mãe pátria a esta última e selvagem filha do seu gênio descobridor?

DIOGO ÁLVARES CORRÊA: Diogo Álvares Corrêa, senhor. Servidor de nosso rei e de nosso Deus nessas matas.

MARTIM AFONSO: Conheço o vosso nobre apelido. É um nome de fidalgo. Eu sou Martim Afonso de Souza e vim administrar esses novos territórios em nome d'El-Rei. Mas eu, meu irmão e todos os nossos compatriotas estamos ansiosos por saber da vossa história.

DIOGO ÁLVARES: Antes de mais nada, senhor, eu me chamo agora Caramuru. **(Sorrindo)** Meu nome, aliás, é o princípio da minha história.

MARTIM AFONSO: Caramuru?...

CARAMURU: Sim, senhor, Caramuru quer dizer "Homem do Fogo" ou "Filho do Trovão".

MARTIM AFONSO: (Rindo por sua vez) Ah, percebo. Com o vosso engenho convencestes os indígenas de que vossa origem era divina...

CARAMURU: Com o meu engenho, a minha carabina, e um pássaro que não iludiu minha pontaria, senhor.

MARTIM AFONSO: Confesso-vos que a minha curiosidade já é maior que meu poder de espera. Mandarei que sejam distribuídos entre os novos súditos os presentes que El-Rei lhes manda e ouçamos a vossa história.

(INTERVALO RÁPIDO, COM ALGUMA COISA COMO UM ALARIDO DE ÍNDIOS AO LONGE. CARAMURU TOMA A PALAVRA)

CARAMURU: Minha expedição se aproximou destas costas uns dez anos depois da descoberta. Vínhamos em busca de madeiras preciosas, vínhamos atendendo ao apelo da aventura, vínhamos seduzidos pelo que dizia o cronista-mor da esquadra de Cabral. Mas sobreveio o naufrágio...

(SE FOSSEM POSSÍVEIS RÁPIDOS EFEITOS SONOROS
QUE NÃO INTERROMPESSEM A NARRATIVA, MAS LHE
FOSSEM EMPRESTANDO COR, SERIA BOM)

CARAMURU: **(Continuando)** Atirei-me às ondas encapeladas e nadei às cegas. Agarrava-me aos madeiros que boiavam e que a fúria do mar me tirava das mãos duras de frio. Nadei, nadei, nadei inconscientemente até que um grande desespero me possuiu. A tenebrosa noite havia engolido tudo que a vista humana pode divisar. Um delírio de pavor paralisou-me a mente. Onde estava eu? Que monstros haveria naquelas águas nunca dantes navegadas? Que coisas inauditas iriam surgir de repente? Eu já ia abandonando meu corpo ao seu derradeiro mergulho quando um relâmpago imenso fendeu os céus. Foi como a espada de um anjo. À sua luz lívida eu vi ao longe copas de árvores, um clarão branco de praia. Havia mais que esperança naquela luz sobrenatural: havia uma ordem. A terra parecia chamar-me... Meus músculos doloridos retesaram-se de novo e, por estranho que pareça, quando os sentidos me fugiram eu já estava certo de atingir terra firme... Despertei sobre areias quentes. A mata chiava de cigarras e estalava com o grito de estranhos pássaros. O mar em frente era um grande tapete de veludo azul, como nunca viram igual palácios deste mundo. Ninguém em torno de mim. Nenhum dos companheiros eu veria mais. Boiando nas águas próximas ou na praia em torno, destroços do navio, barris, migalhas do banquete que a tormenta fizera de nossos pobres barcos. Mas uma coisa me segredava que milagres eram possíveis. A espingarda que eu achei, presa ainda ao madeiro da parede em que se fixava, e a pólvora que pus a secar foram para mim encontros naturais. Quando os índios se aproximaram, hostis, eu segui prisioneiro, mas por coisa alguma dispararia contra eles minha arma. No centro da ocara, a vasta praça da taba, examinam-me. Parecem decidir o meu destino. Foi quando eu lhes pedi que se afastassem com um gesto, e apontei minha espingarda a um pássaro de colorida plumagem, imóvel numa árvore próxima, ali colocado para o meu tiro. Fiz a pontaria...

(UM TIRO E VOZES DE ÍNDIOS QUE GRITAM, APAVORADOS:
"Caramuru, Caramuru, Caramuru!")

CARAMURU: **(Continuando)** ...e estava sagrado Homem do Fogo, Filho do Trovão. Tratei então de aprender a língua dos meus amigos, de lhes ensinar coisas novas e, afinal...

MARTIM AFONSO: (Entusiasmado) Mas é de fato a narrativa de um milagre.

PERO LOPES: Mais um grande capítulo na história dos lusos.

MARTIM AFONSO: D. Diogo Álvares, vosso feito honra toda uma tradição de bravura e de fé. Vosso concurso será de inestimável valor para mim e em breve, como prêmio do muito que já fizestes, voltareis à Corte onde vos cobrirão de honra e respeito.

CARAMURU: Sr. Governador, tudo que de vosso servidor quiserdes, aqui, em vossa colônia. Mas eu sou agora um filho desta terra.

MARTIM AFONSO: Não reverás mais o nosso Portugal?...

CARAMURU: Meu lugar agora é aqui, senhor, ao lado de minha esposa e de minha gente...

MARTIM AFONSO: Mas vós...

PERO LOPES: Que dizeis!

CARAMURU: (Com voz firme e orgulhosa) Minha esposa é Paraguaçu, filha de Taparica, cacique dos tupinambás. Na sua agreste beleza há todo o fluido mágico da nova terra e com ela eu fundarei a raça do futuro, que há de viver aqui. Portugueses de valor há muitos, senhor, e se sou eu um deles, que El-Rei disponha de meu préstimo aqui. Eu quero que a minha família seja *a primeira* família. E permiti que vos diga, senhor, nem feitos d'armas nem pompas eu os avalio mais alto que a minha casa, erguida com lenho da terra, habitada por Paraguaçu.

(MÚSICA)

NARRADOR: Mas antes da de Martim Afonso houve uma expedição de três caravelas, comandada uma pelo homem de olhos os mais abençoados do mundo. Chamava-se Gonçalo Coelho e foi ao Brasil apenas três anos depois da descoberta, em companhia de Fernando de Noronha e Américo Vespúcio. Foi Gonçalo Coelho, na sua caravela, o primeiro a ver a beleza sobrenatural transformada em paisagem, a poesia da criação petrificada em montes, liquefeita em água azul... Morria o ano, como se a grande descoberta fosse de fato uma coisa inaugural. A 1º de janeiro Gonçalo Coelho viu saírem do mar como gigantes dos pilares aquelas montanhas... aquelas praias se arqueando num esforço supremo de perfeição... as águas que pareciam arder numa chama violeta... a vegetação torturada por tanta seiva, estourando em milhões de árvores que eram milhões de viveiros... geometria e confusão... pareceu-lhe o imenso estuário de um rio fabuloso e ele chamou àquela criação máxima da serenidade em paroxismo, em pânico...

UMA VOZ: Rio de Janeiro!

OUTRA VOZ: Rio de Janeiro!

OUTRA VOZ: Rio de Janeiro!

CORO: Rio de Janeiro, resumo do Brasil e resumo de metrópoles, cidade que absorve a grandeza das cidades do passado e que borbulha com as virtudes das cidades do futuro, flor enorme que se abre cada vez mais no flanco da América, cada vez mais viva sob o sol atlântico — nós te saudamos, a tu que nasceste para maior glória da humanidade livre, a tu que vieste para unir os homens caldeando-os todos numa raça única, a tu que com teu gênio hás de cumprir na terra uma missão divina!

(MÚSICA)

Jean e Marie

Transmitida pela BBC em 14 de julho de 1943

(MÚSICA DE ABERTURA)

NARRADOR: Uma aldeia, em alguma parte da França. Não deixamos de mencionar o nome da aldeia por motivos de ordem militar mas sim porque é inútil a distinção ENTRE aldeias ou cidades da França de hoje. De Paris ao mais humilde dos povoados elas são uma coisa só. O espírito uno da Revolução de 1789, que nos pareceu morto no país atacado, rebentou como uma flor teimosa no país invadido. A França que nos pareceu por um instante reduzida ao espiritual encolhimento de ombros da blague, recuperou os ritmos da epopeia. Uma aldeia, em alguma parte da França. Qualquer casa dessa aldeia. Um homem e uma mulher na casa. Jean e Marie. O dia de hoje. Manhãzinha de 14 de julho de 1943.[12]

(MÚSICA)

JEAN: *"Il pleut dans mon coeur comme il pleut sur la ville."*[13] Cada vez eu me convenço mais, Marie, de que a boa poesia só pode *fluir* do poeta. Nem ele sabe no momento se o que está escrevendo é bom ou mau. Duvido que Verlaine tenha sentido o poder desses versos simples.

---

[12] 14 de julho: Dia da Bastilha, feriado nacional na França que marca o princípio da Revolução Francesa em 1789.

[13] "Chove em meu coração como se chovesse sobre a cidade" [Tradução livre], primeiros dois versos do poema de Paul Verlaine (1844-1896) intitulado *"Il pleure dans mon coeur"*, publicado no livro *Romances Sans Paroles*, de 1874.

MARIE: Versos, versos... Chuva... Que importam essas bobagens agora, Jean? Por mim podia chover o céu da França inteiro sobre este 14 de julho.

JEAN: Mas é isto, Marie. E Verlaine não sabia. É isto. Nós, pequenos como somos, podemos sofrer como uma cidade inteira, como todas as suas calçadas, suas casas, seus indivíduos. Ficamos encharcados também quando chove.

MARIE: (Com uma irritação contida, mas velha) Você está sempre abrigado, Jean, sempre impermeável neste mundozinho de interpretação poética, de quadrinhas absurdas e poemas incompreensíveis. **(Com ternura, mudando de tom)** Meu querido, sua glória pode esperar. Há a França, Jean, a França. Você quebrou de repente. Enquanto vivíamos numa França pseudolivre, enquanto os alemães ainda não haviam ocupado a nossa aldeia, você era um conspirador, um bravo, arriscava-se, desobedecia...

JEAN: (Voz mansa) E agora sou um covarde, um covarde. Mas é que...

MARIE: Eu sei que não é isso... Eu... eu... eu não acredito, Jean. Mas você precisa reagir, meu querido, reagir. Alguma coisa em você morreu depois que os boches entraram na cidade.[14]

JEAN: A esperança.

MARIE: Mas Jean, isto é absurdo. Por que é que os boches entraram aqui? Porque a África do Norte foi ocupada, porque um pedaço da França ressuscitou lá longe e daquele pedaço da França sairá a salvação do resto. **(Apaixonadamente)** Você não acredita, Jean? Diz, diz que você acredita!

JEAN: Quando a onda de soldados se espraiou pela França e quando eu vi que a luta continuava sempre, que os soldados do Reich se

---

[14] Boche: gíria francesa comum à época para designar os soldados alemães.

multiplicam de si mesmos, uma estranha geração espontânea... Não sei, não sei. Quem temos nós?

MARIE: Temos De Gaulle.[15] Temos todos os franceses que eu conheço, todos com quem eu ainda falo...

JEAN: Exceto eu. Eu sei! Você não precisa mais repetir.

MARIE: Exceto você que eu amo, Jean. Não, não posso parar de repetir. **(Assustada)** Cuidado, cuidado, toda a aldeia fala abertamente de você. Colaboracionista, dizem, Jean, eles exageram, mas eles têm razão, afinal. Colaboracionista, dizem uns. Traidor, dizem outros. Por que é que você conversa com Schwartz, com este boche imundo?

JEAN: *"Un peu profond ruisseau calomnié la mort"*: Um raso regato caluniado a morte. Podemos atravessá-lo molhando apenas os pés.[16]

MARIE: Você não me respondeu!

JEAN: N... não. Talvez você tenha razão, Marie. Foi o choque da ocupação, foi a guerra, não é minha culpa. E também não é minha culpa se todo este mundo que me foi retirado lá fora produziu outro, um luminoso mundo. A grandeza da França é o seu espírito e para ele nós podemos voltar. Que importa o resto? A França, mais do que em qualquer outra coisa, precisa trabalhar na transcendência da poesia, que ela começou. As palavras não são mais símbolos de coisas existentes. Estão se transformando em sons puros. A alquimia do verbo. Em vez de designarem objetos elas vivem por dentro. Não significam mais nada: mas contêm colmeias. A missão da França é unir

---

[15] Charles de Gaulle (1890-1970), general e estadista francês que liderou as forças da França Livre contra a ocupação alemã entre 1940 e 1944.

[16] *"Un peu profond ruisseau calomnié la mort"*, traduzido por Callado como "Um raso regato caluniado a morte" é o último verso do poema *"Tombeau"*, publicado por Stéphane Mallarmé (1842-1898) no livro *Poésies*, de 1887.

palavra e música, para que as duas unidas atinjam a essência mística. Misticismo...

MARIE: Misticismo! Você escolheu mesmo caminhos ideais para ignorar a luta que vai lá fora! O mundo luminoso que você descobriu! E você ousa dizer que ele substitui a França.

JEAN: Marie...

MARIE: Jean! Por favor! Que é que você vai fazer hoje? Você não compareceu à reunião de ontem na casa dos Duval. Toda a aldeia vai se reunir na taberna ao cair da noite e havemos de fazer o desfile, de cantar. Que atirem em nós, se quiserem. Havemos de cantar!

JEAN: Eu vou terminar meu poema...

MARIE: Jean, é o 14 de julho! Hoje, em 1789, o povo só deixou a Bastilha quando já tinha na ponta de chuços as cabeças degoladas de Launey e de Flesselles, as cabeças que foram apodrecer no fundo do Sena...[17]

(ALGUÉM BATE À PORTA E PALAVRAS EM
ALEMÃO SÃO OUVIDAS LÁ FORA)

SCHWARTZ: Herr Duperiez! Pode-se entrar um pouquinho?

MARIE: (Em voz baixa e tensa) Não responde a este cachorro. Na aldeia só falam com ele o indispensável, você bem sabe.

SCHWARTZ: Herr Duperiez! Muito cedo para uma visita?

JEAN: (Em voz baixa) Não posso trancar minha porta...

MARIE: (Falando alto) Se você!...

---

[17] Marquês de Launey (1740-1989), último governador da Bastilha; Jacques de Flesselles (1730-1789), oficial francês morto em 14 de julho, acusado de ser leal ao Antigo Regime.

JEAN: Entre, Capitão Schwartz.

(A PORTA SE ABRE)

SCHWARTZ: Bom dia, Herr Duperiez. Bom dia, madame.

JEAN: Bom dia, capitão.

MARIE: Mau dia, capitão, o 14 de julho.

SCHWARTZ: Um grande dia para a França, madame. A queda da tirania...

MARIE: Até franceses que oprimiam a França tiveram de se despedir das próprias cabeças, meu ilustre visitante. Até franceses! Não é estranho que haja estrangeiros que se esquecem disto?

JEAN: Marie...

SCHWARTZ: (Marcial mas polido) Madame, toda a Europa se orgulha da Revolução. Ela podia ter sido feita com mais ordem, naturalmente, mas foi muito boa. A nossa revolução, a revolução do Reich é organizada e irá mais longe, portanto. Nós queremos que os europeus todos, todos...

MARIE: ...pensem como o Führer e andem como os gansos.

SCHWARTZ: Madame!

MARIE: Adeus, Capitão Schwartz. O senhor fica em excelente companhia. A única que pode ter na aldeia.

(MARIE SAI BATENDO A PORTA)

SCHWARTZ: Herr Duperiez, sua mulher falou a verdade. Ha, ha, ha. Eles têm de me receber quando eu faço as buscas que tenho de fazer, mas só o senhor compreende.

JEAN: Sente-se, capitão.

(MOVE-SE A CADEIRA)

SCHWARTZ: Tenho de fazer uma porção de prisões hoje. Umas preventivas e outras... definitivas. Ha...

JEAN: **(A mesma voz calma, mas um pouco interessado)** Mas não há execuções?...

SCHWARTZ: **(Importante)** Hum... Não sei. O senhor compreende, Herr Duperiez. O Reich tem as melhores intenções com a França. A França planta, a gente fabrica, o Reich defende a Europa. Mas sem colaboração não pode.

JEAN: Mas execuções não ajudam a causa do Reich.

SCHWARTZ: Herr Duperiez, o senhor ouviu o que disse sua mulher. Veja o meu caso. Eu trato de não ver estes garotinhos que me jogam pedrinhas com os bodoques e até mulheres que fazem o "V" como se quisessem furar meus olhos. Eu digo "Heil Hitler" e vou passando. Mas tenho de prender homens. E mulheres também, Herr Duperiez. **(Intencionalmente)** Há algumas exaltadas. E a mulher deve pensar como o marido. Ela é inferior. Mesmo no Reich.

JEAN: Até no Reich, hum.

SCHWARTZ: **(Inflamando-se)** A Europa *precisa* seguir o Reich. Esta coisa da seleção natural é tão evidente que foi até um inglês que descobriu, aquele Darwin. Os alemães nem precisam pensar nisto. O animal mais forte subsiste. O homem mais forte, portanto, se impõe. Igualzinho.

JEAN: Sim, sim. Ah, mas é verdade que o homem tem uma alma.

SCHWARTZ: **(Impaciente)** É, é. Claro, claro. Mas isto é secundário.

JEAN: E subsistem elefantes e javalis, mas pássaros também. Talvez, perseguidos em terra, eles tenham desenvolvido asas e conquistado um novo elemento para viver.

SCHWARTZ: (Desconfiado) É, mas o Reich tem todos os elementos. Não é inferior em nenhum, nenhum!

JEAN: (Apologético) Evidente, capitão. É que eu falo tão vagamente, esta mania de imagens. Eu me referia ao que lhe disse outro dia. Uma Europa forte, com o Reich para defendê-la, uma paz bem armada, e a França livre de cuidados materiais exaustivos, lavrando seus campos e fazendo sua poesia, capitão, sua poesia... O Reich pode dar esta calma aos poetas franceses, capitão. Como o capitão sempre diz, a França é ardente demais para ter liberdade absoluta. Nós precisamos canalizar este ardor para as coisas eternas.

SCHWARTZ: Isto! Este é mesmo o espírito. O senhor é um verdadeiro patriota. O Reich dando calma aos poetas. A raça dos senhores arianos cantada em todas as línguas do mundo! Por que os outros não compreendem isto? Por que o senhor não diz isto aos outros?

JEAN: Não me ouvem, Capitão Schwartz. Querem lutar, lutar, lutar.

(MÚSICA SINFÔNICA DRAMÁTICA)

NARRADOR: Como uma preciosa essência que os tempos não gastam, antes concentram mais, o espírito do 14 de julho impregnou a aldeia francesa como se o calendário ainda estivesse marcando o ano de 1789. O vento parecia recompor a voz longínqua de Desmoulins e dispersar lufadas da "Marselhesa" pelo povoado.[18] Jean passou só o dia inteiro, enquanto a Gestapo, a despeito de prender tanta gente

---

[18] Camille Desmoulins (1760-1794), jornalista e político influente durante o processo revolucionário francês.

naquela aldeia tão pequena, não conseguiu impedir a excitação que lavrou, incessante. Quando caía a noite, Marie voltou. E Marie foi de uma crueldade sublime.

(PORTA SE ABRE)

MARIE: Jean!

JEAN: (De longe) Estou aqui no escritório. Já vou.

(OUVE-SE JEAN ABRINDO A PORTA E CAMINHANDO
PARA A SALA RAPIDAMENTE)

JEAN: Marie, não te vi o dia inteiro.

MARIE: Eu tinha mais o que fazer do que ouvir você fazendo meias ironias com o Capitão Schwartz e declarando seu amor pela Nova Ordem em verso.

JEAN: Marie, você tem o braço machucado!...

MARIE: Isto não é nada. Um dos seus amigos da Gestapo que pretendeu me mandar para casa. Eu disse a ele que tinha de fazer barulho pelo meu marido também. E disse a ele quem era o meu marido. Você sabe, seu nome agora é uma boa senha com a Gestapo.

JEAN: Marie...

MARIE: Jean, eu não vim aqui para ser consolada. Vim saber uma coisa de você. Você vai ou não vai se juntar ao desfile desta noite?

JEAN: Minha querida, se adiantássemos alguma coisa eu estaria pronto, por você.

MARIE: Eu não estou pedindo esmolas para a França. Estou perguntando a um homem, ao meu homem, se ele só tem versinhos para dar à pátria hoje.

JEAN: Marie, que podemos nós fazer pela França? Diante de tua fé eu quase acredito em antigas coisas novamente. Mas que podemos fazer nós, exceto motim, barulho, cantoria? Não temos armas, eles têm tudo. Que adianta sermos presos e espancados se nada podemos fazer?

MARIE: Pela última vez eu te falo como tua mulher. Você vem comigo ou não vem? Não se trata de obter coisas, nem de libertar a França hoje. Trata-se de mostrar a estes cachorros que nos roubam e nos humilham que nós estamos vivos, que o 14 de julho sempre há de encontrar franceses a postos. Nem no teu mundozinho você pode ter razão, Jean. Sem liberdade não há nada, nem poesia para poetas. Você já imaginou versos censurados, poemas com carimbo da Gestapo antes de irem para a imprensa?

JEAN: Isto passa, Marie.

MARIE: Oh Deus, Deus. Escuta agora, poltrão. *Eu* pedi agora, na reunião, que entre as comemorações desta noite, apedrejassem a *minha* casa!

JEAN: (Como é que se empalidece mortalmente pelo rádio?) Meu amor!

MARIE: É, eu pedi. E não se assuste, que eles vêm cá se você não sair agora comigo. Embriague-se se for preciso. Conhaque tem feito muito Jean Duperiez virar valente, ao menos enquanto dura o efeito. Eu te trouxe uma garrafa. Beba. E venha para a taberna enquanto é tempo.
(MARIE SAI BATENDO A PORTA. SONS DA MULTIDÃO EM
REVOLTA CANTANDO "LA MADELON".[19] SONS DE VIDRO
SENDO QUEBRADO POR PEDRADAS)

UMA VOZ: Jean Duperiez, valentão, queremos ouvir os versos, os versos do canalha!

---

[19] "La Madelon", canção francesa popular durante a Primeira Guerra Mundial (1914-1918).

OUTRA VOZ: Estamos esperando o poeta, traidor!

(MAIS JANELAS QUEBRADAS. SOM DE "LA MADELON".
SOM DA MULTIDÃO AUMENTA E GESTAPO CHEGA)

SCHWARTZ: (Voz distante) Ordem, ordem, ou mando atirar. Os senhores já estão atacando seus próprios compatriotas também? Ordem, ordem.

MARIE: (Distante) Ué, não se pode nem jogar pedra na casa da gente mesmo?

SCHWARTZ: Na casa do seu marido!

MARIE: Aqui na França, capitão, quando o homem degenera, a mulher veste as calças.

(RISOS DA MULTIDÃO)

SCHWARTZ: Silêncio! Os senhores têm de dispersar. São as ordens. E eu aconselharia todos a ficar em casa.

MARIE: Eu vou para casa por um instante. Buscar minha roupa para me mudar. Buscar calças para me vestir de homem.

(RISOS. A MULTIDÃO SE DISPERSA SUSSURRANDO
"LA MADELON". MARIE ABRE A PORTA)

MARIE: Herr Duperiez! Heil! Sieg! **(Para um instante)** Jean, sangue na tua fronte?

JEAN: Nada, nada, uma pedra.

MARIE: Nada, uma pedra. Muito bem dito. Não há mais vergonha em você para sentir pequenas coisas assim. Felizmente ainda há sangue. Parece uma fatalidade. Sangue francês derramado pelos franceses no dia em que foi tomada a Bastilha... **(Transtornada)** Minha casa, a

Bastilha! Minha casa tendo de ser invadida pelo povo como a Bastilha o foi em 1789. Se eu vivesse mil anos não poderia te perdoar durante um segundo destes mil anos. A Gestapo defendendo minha casa. Este pesadelo, oh este pesadelo, meu Deus, minha França. O conhaque. Jean não bebeu o conhaque. Toda a aldeia em pé de guerra e Jean não bebeu o conhaque. A França só está é envergonhada aqui, aqui na Bastilha. **(Marie chora)**

JEAN: Marie, Marie, como você sofre... Teu rosto cheio de fumo e estriado de lágrimas. Ó Marie, minha Marie. O rosto trágico da França.

MARIE: Sai, sai! Não quero que você me toque! Que me olhe!

JEAN: Como você está linda, Marie. Não sofra mais, pelo amor de Deus. Escuta, Marie.

MARIE: Não quero escutar nada, nada, nada! Vim buscar minhas coisas, vim deixar esta prisão.

JEAN: Marie, eu quero... só tenho medo que...

MARIE: Silêncio, idiota. Ninguém mais precisa saber que você tem medo.

JEAN: Para onde é que você vai, Marie?

MARIE: Para o meio da rua, para qualquer lugar que não seja esta casa, para onde eu não veja você e possa resistir à vontade de te matar.

JEAN: Eu vou, Marie. Você fica.

MARIE: Vai pedir abrigo a Schwartz? Acho que só a Gestapo ainda te abrirá as portas.

JEAN: Ao menos hoje você fica, Marie. Eu vou sair.

MARIE: Ha, ha. Bayard, *le chevalier sans peu et sans reproche*.[20] Cuidado que ainda tem muita gente na rua.

(JEAN SE AFASTA, ABRE A PORTA E MARIE O SEGUE, FALANDO)

MARIE: Vai apanhar uma barba postiça? Disfarçar-se um pouquinho? Ah, não, um livro. Vai ler poesia. **(Uma pausa e ela continua, entredentes)** Ainda tive uma esperança, cachorro, mas desta vez eu te entrego ao povo para uma comemoração mais forte. Talvez o 14 de julho precise mesmo de franceses mortos por franceses. Vou chamar todos. Que queimem os livros, a casa. **(Grita, como que para fora)** Ei, camaradas! Venham! **(Volta-se para os livros)**

(SOM DE LIVROS CAINDO NO CHÃO)

JEAN: Marie, cuidado! Não, Marie, o Rimbaud!

MARIE: O Rimbaud, ha, ha, ha!

JEAN: (Voz imperiosa) Dê-me este livro! Já! (Arranca-lhe o livro da mão)

MARIE: Jean! Que peso! Jean, é uma caixa! O que é que você está escondendo aí?

JEAN: É um livro... É... Muito pesado... Obras completas.

MARIE: Você está mentindo! Que é que você tem aí? Deixa ver!

(UMA LONGA PAUSA EM QUE SÓ SE OUVE A RESPIRAÇÃO DE MARIE)

MARIE: Uma bomba...

(NOVA PAUSA)

MARIE: Jean, Jean, que é Jean?... Que, que, que é que você vai fazer?

---

[20] Referência a Pierre Terrail (1473-1524), Senhor de Bayard, famoso soldado e nobre francês conhecido como "o cavaleiro sem medo e sem mácula".

JEAN: É para a fábrica, Marie.

MARIE: O teu poema!

(PAUSA)

MARIE: (Soluçando) Eu sabia, eu sabia, Jean, eu morro de orgulho. Eu vou voltar...

JEAN: (Imperioso) Psiu! Se você voltar, traga-os de novo. Diga que eu estou lendo... Fazendo poesia. É o teu dever, Marie!

MARIE: Perdão, perdão. Há sangue na tua fronte, meu querido. Oh, a vergonha a que eu te sujeitei. Jean, como é que você vai me perdoar? Diz, diz, como?

JEAN: Sendo brava, como você foi até agora. Me insultando sempre, atiçando a vila contra mim, me abandonando.

MARIE: Você enlouqueceu. Nunca. Eu quero te pedir perdão, contar...

JEAN: Marie, eu dou uma importância enorme ao que vocês todos fizeram. Quando eu ouvi a "Marselhesa" ao longe, quando ouvi "La Madelon", senti-me orgulhoso da minha aldeia. Até quando aquela pedra me atingiu a fronte.

MARIE: Oh, Jean!

JEAN: Sim, Marie. Mas se eu te fiz sofrer tanto durante todos esses meses é porque alguém precisa ter a confiança da Gestapo.

MARIE: Aquela bomba na prefeitura?...

JEAN: Sim, sim, Marie.

MARIE: E apesar disto você suporta as vaias, os ataques? Jean, Jean, onde foi você buscar esta força?

JEAN: (Sorrindo) Naquele mundo de que você sorriu, aquele mundo que nasceu dentro de mim quando o meu mundo exterior foi destruído.

(MARIE CHORA BAIXINHO)

JEAN: Eu vou, agora.

MARIE: Eu vou com você.

JEAN: Não, não, nós dois não sofremos tanto para acabar em romantismos revolucionários, minha querida. Teu dever é me insultar, enxovalhar meu nome, ganhar para mim a confiança do Capitão Schwartz. Eu não te disse tudo antes por medo que você fraquejasse. Vamos, vamos, levanta este lindo rosto da França. Eu vou sair agora, com o meu Rimbaud.

MARIE: Eles vão te pegar, eles vão te fuzilar.

JEAN: (Abrindo a porta e saindo) *Ce peu profond ruisseau calomnié...*

(MARIE ESTÁ SÓ, BALBUCIANDO PALAVRAS PARA SI MESMA)

MARIE: Meu Deus, meu Deus... A aldeia que o insulta. A chuva sobre a cidade encharca meu coração. Palavras como colmeias, zumbindo, zumbindo como uma vaia ao longe, uma vaia entrecortada de pedras, furada por pedras, toda esburacada de pedras... Palavra, música, misticismo, martírio...

(MÚSICA E EXPLOSÃO)

MARIE: Mãe França, recebe o poema de Jean, o poema de luz e de mel. O meu poema do meu homem. Jean. Jean d'Arc!

(MÚSICA: 1812 OVERTURE [TCHAIKOVSKY], TRECHO DA MARSELHESA)

NARRADOR: Quando Jean voltou para casa aquela noite viu que a sua intrépida Marie tinha cumprido com a palavra. O grande papel branco que pendia da sua porta com garranchos em letras vermelhas representava, para a aldeia, a despedida de Marie, a aviltante despedida de Marie que abandonava a aldeia. Para Jean, era uma bandeira. Uma bandeira com os mais insultantes termos do calão francês. Mas Marie já fizera seu aprendizado heroico do sentido íntimo das palavras.

(MÚSICA MARCIAL MAS ORQUESTRAL)

Santos Dumont

Transmitida pela BBC em 20 de julho de 1943

NARRADOR: Nos povos como nos indivíduos, podemos apontar, saindo da confusa massa de tendências menores, impulsos inferiores, realizações práticas e imediatas, a linha absolutamente reta das vocações, linha que se prolongará inexoravelmente, a despeito de tudo. Em todos os povos que chegaram a atingir um estado lúcido de consciência nacional, estas linhas ideais se marcaram fortes, beneficiando não apenas o povo que as gerou, mas toda a humanidade. No Brasil, a vocação dos ares manifestou-se cedo e poderosamente. Vocação genuína, original, aborígene quase; pois ela empolgou um Brasil ainda sem indústria, ainda atrasado, e quando a ideia de voar era no mundo apenas um vago sonho que só fora sonhado pelas cabeças mais eleitas, como a de Da Vinci. Como explicar que no país atrasado a antiga ânsia humana de conquistar o espaço tenha tomado forma de ação, em vez de permanecer em sonho? É que o território grande, mais alargado ainda pelos bandeirantes, cujas mãos fortes empurraram para Oeste a Linha de Tordesilhas, impunha à gente brasileira uma solução extrema. A angústia daquele mundo de terra por domar era como os nós que não se desatam, que precisam ser cortados. O caminho mais difícil, o ainda inexistente caminho dos ares, era o único possível. Era ainda madrugada do século XVIII quando do São Paulo, que continuava dando ao Brasil os pioneiros, deu-lhe também o padre voador, Bartolomeu Lourenço de Gusmão. As botas rudes dos seus conterrâneos ainda continuavam as procissões épicas que desvirginavam o sertão, quando o sacerdote santista já tentava descobrir o meio de vencer a trama dos cipoais ignorando a terra, a barreira dos jequitibás e das sucupiras passando-lhe por cima das copas. Em 1709 sua "passarola" já erguia voo em Lisboa, diante dos olhos assombrados do Rei D. João e sua Corte. Erguia voo no pátio da Casa da Índia, chocava-se com um telhado e tombava. Perseguido, encarado suspeitosamente como feiticeiro, o Santo Ofício a assombrá-lo sempre, Bartolomeu de Gusmão foi morrer em Toledo sua morte de pária. Mas a linha imperiosa da vocação brasileira estava iniciada, em direção ao céu. Uma queda poderia ter partido as asas da "passarola", mas a determinação da conquista do espaço iria aparecer mais tarde no seu verdadeiro realizador...

(MÚSICA)

NARRADOR: Estamos no ano de 1884, numa fazenda de café em Ribeirão Preto. É noite de São João. Sentados em frente à casa, Henrique Dumont e D. Francisca Santos Dumont olham a filharada que brinca em torno da fogueira. O reflexo das chamas põe em sangue o cafezal ao longe.

(MÚSICA E SOM DE MADEIRA QUEIMANDO NA FOGUEIRA)

D. FRANCISCA: Já está quase na hora de botar os menores na cama.

HENRIQUE: São só dez e meia, minha filha, e São João só acontece uma vez por ano.

D. FRANCISCA: Só dez e meia, mas Sofia já teve tempo de comer uns dez aipins e Chiquinha de queimar a mão três vezes, pescando batata-doce nos tições.

(UMA MENINA SE APROXIMA CHORANDO)

D. FRANCISCA: Quatro vezes!

CHIQUINHA: Mamãe, mamãe, o fogo me queimou de novo.

D. FRANCISCA: E há de queimar sempre, minha filha. Deixa ver o dedinho.

CHIQUINHA: Ui! Ui! Tá ardendo.

D. FRANCISCA: Mas larga a batata, meu amor. Não é o fogo que te queima, são essas batatas que eu não sei como você ainda consegue comer.

HENRIQUE: Deixa a batata aqui esfriando e lava a mão, que eu ponho um pouco de remédio.

(A MENINA VAI SAINDO)

D. FRANCISCA: Chiquinha! Onde é que está o Alberto, que há tanto tempo eu não vejo?

CHIQUINHA: Está lá no fundo do quintal. Não há meio de ele fazer subir o balão grande.

(A MENINA SAI)

D. FRANCISCA: O Alberto só desenruga a testa e procura as cocadas no intervalo dos balões. Quantos ele já soltou, meu Deus? Um – aquele verde – dois – o de gomos amarelos e vermelhos – três, quatro... Sei lá!

HENRIQUE: Desde que começa o ano ele não larga mais a tesoura, a goma arábica e o papel fino. Mas o excelente...

D. FRANCISCA: Vamos ver o excelente, porque o que você disse até agora não é tão excelente assim, Henrique. O menino que é tão estudioso chega a esquecer os deveres quando começa com os balões.

HENRIQUE: Você bem que gosta de ver o Alberto preocupado, debruçado por cima dos balões...

D. FRANCISCA: Eu, eu...

HENRIQUE: Gosta, sim. E o excelente, como eu ia dizendo, é que ele não quer saber apenas da festança. Ele se interessa, quer saber como é que o balão sobe, por que é...

D. FRANCISCA: Olha lá, Henrique! Que maravilha este! E como sobe feito uma flecha!

(CHIQUINHA ENTRA CORRENDO E GRITANDO)

CHIQUINHA: Olha lá um balã-ã-ã-ã-ão! Olha lá um balão! Que beleza, mamãe! O Alberto é um bicho. Só que ele está ficando meio doido, sabe?

D. FRANCISCA: Não diga essas bobagens do seu irmão, menina!

CHIQUINHA: Ele diz que homem também voa, mamãe, naquele brinquedo.

D. FRANCISCA: Que brinquedo é esse?

CHIQUINHA: Olha! Está quase sumindo o balão! Ora, mamãe, você sabe, aquela história que a gente fica perguntando: "Gavião voa?" e a turma responde: "Voa!". "Papagaio voa?" "Voa!" De repente a gente pergunta: "Cadeira voa?". E se alguém responde: "Voa!", sai do jogo. Pois o Alberto, mamãe, toda vez que a gente pergunta: "Homem voa?", ele responde "Voa!", todo emproado.

D. FRANCISCA: E perde! Naturalmente.

CHIQUINHA: (Indignada) Não, que nada! Teima que não vai sair porque não errou! Tá aí!

(ALBERTO VEM ENTRANDO, ENTUSIASMADO)

SANTOS DUMONT: Viu papai, viu mamãe! Eu sabia...!

HENRIQUE: Bem, até agora você está aprovado. Pelo menos ainda ninguém veio me avisar de balões caídos no cafezal ou em alguma casa de escravo.

SANTOS DUMONT: Ha, ha, balão meu não cai nunca mais. Se alguém tasca, só se for São Pedro lá na porta do céu!

CHIQUINHA: (Com a boca cheia e a voz de sono) É mesmo... Já está quase no céu...

D. FRANCISCA: E vamos para a cama antes que você vire batata-doce.
(SAEM AS DUAS)

SANTOS DUMONT: Subiram todos, todos.

HENRIQUE: Você está mesmo ficando um perito. Daqui a pouco está fazendo balão de verdade, como os Montgolfier.[21]

SANTOS DUMONT: Que bambas que eles foram, não é, papai? Descobrir que ar quente tem essa força toda, que pode até carregar a gente! Ah, se eu pudesse entrar num balão de verdade, como aquele que nós vimos, um aeróstato mesmo.

HENRIQUE: Brevemente, meu filho, brevemente.

SANTOS DUMONT: Quando, papai, quando?

HENRIQUE: Deixa você crescer um pouco mais. Esta terra boa está nos dando dinheiro! Você estude bem, estude a sua mecânica, veja as descobertas modernas que depois eu te mando a Paris.

SANTOS DUMONT: Ó, papai, será que eu posso ser um aeronauta de verdade? Eu hei de voar. Subir mais alto que o meu balão, ir daqui a Paris.

HENRIQUE: (Rindo) Isto vai ser mais difícil. Como é que você vai viajar contra o vento?

SANTOS DUMONT: Ora, se eu estiver no balão hei de dar um jeito de levar ele para onde quero.

---

[21] Os irmãos Montgolfier inventaram, no século XVIII, um balão tripulável movido a ar quente, chamado "Globo Aerostático".

HENRIQUE: Hum!...

SANTOS DUMONT: Sair pelo céu afora, sem dar confiança ao vento nem nada, passear por esse mundo inteiro... **(Pausa e Alberto boceja)**

HENRIQUE: Bota a cabeça aqui no meu colo.

SANTOS DUMONT: Eu não estou com sono não, papai. Ainda tenho um balão para soltar, o último. **(Boceja de novo)**

HENRIQUE: Solta amanhã de manhã.

SANTOS DUMONT: (Adormecendo) De noite é mais bonito... Eles vão subindo, subindo, ficam feito uma laranjinha lá em cima... depois desaparecem... lá no meio das estrelas... Que bom quando os homens todos voarem, não é, papai?... Pena a gente ter de andar, andar... Levantar os braços e... e... voar.

(MÚSICA)

NARRADOR: Em 1897 Alberto Santos Dumont foi a Paris decidido definitivamente a dedicar todo o seu esforço e sua vida àquela grande atração pelos ares. Já estivera lá antes e já estudara muito. O pouco que então se sabia sobre aeronáutica era uma gota de água para a sua grande sede. Mas o jovem mineiro, na sua criadora força dos 24 anos, tinha em Paris o entusiástico ambiente de que necessitava. Um fervor pela aviação que era muito mais que esportivo apenas, animava a volúvel, despreocupada mas sempre criadora Paris. Uma pacífica barragem de balões enchia-lhe os céus nos dias claros e de sol. Barragem móvel, alegre, e muito aeronauta em aperto já tinha descido diretamente para um canto no Sena ou para dar abraço na chaminé mais acolhedora que se apresentasse. Dois anos depois da chegada de Santos Dumont, fundava-se o Aeroclube da França e o nosso patrício não perdeu tempo em se juntar à associação. *Monsieur* "Santôs" não podia deixar de ficar popular em pouco tempo. Depois de voar várias vezes em aeróstatos alugados, desenhou ele próprio o

"Brasil", antes mesmo da fundação do Aeroclube. E no "Brasil" ele já levava na barquinha uma coisa que apavorou os aeronautas. Um motor a petróleo, embaixo daquele grande bojo cheio de gás inflamável. O "Brasil", na segunda experiência, já era para todos os efeitos um "dirigível", embora a aterrissagem perto do gramado de Bagatelle tenha sido tempestuosa. É o próprio Santos Dumont quem nos conta como sua vida foi salva por um bando de garotos que soltavam papagaio. A *guide rope*, a corda do seu balão, já se arrastava pelo chão enquanto a aeronave, provida de uma bomba insuficiente para aliviar a pressão do hidrogênio, dobrava-se ao meio, numa queda vertiginosa.

SANTOS DUMONT: Meninos, meninos! Peguem a corda, depressa!
(RUÍDOS DO BALÃO)

NARRADOR: Os meninos mostraram que sabiam "soltar" aeróstatos tão bem quanto cafifas e o "Brasil", meio avariado, voltou para casa de carruagem. Mas *Monsieur* "Santôs" tornou-se tão popular porque mesmo o seu "Brasil" virou em pouco tempo o "Santos Dumont n. 1", tal foi a fieira de aeróstatos que ele mandou construir. Um, dois, três, quatro, cinco. Quando chegou o grande dia do aeronauta brasileiro ganhar o Prêmio Deutsch de La Meurthe, ele estava com o Santos Dumont n. 6. Um prêmio de cem mil francos, instituído pelo Sr. de La Meurthe, membro do aeroclube, o prêmio que o aeroclube conferiria ao dirigível que, em meia hora, se elevasse do parque de Saint-Cloud, descrevesse por seus próprios meios uma circunferência em torno da Torre Eiffel e voltasse ao ponto de partida. A 19 de outubro de 1901, Santos Dumont decidiu arriscar a prova. O Sr. Besançon, do aeroclube, cronometrista oficial, fala ao brasileiro dentro do hangar pouco antes de se iniciar o voo, durante os preparativos.
(MÚSICA)

BESANÇON: Meu caro Santos, está bem calmo? Isto vai ser um grande dia, estou certo.

SANTOS DUMONT: Tudo pelo melhor, Besançon.

(BESANÇON SE AFASTA, COMO SE OLHASSE O DIA LÁ FORA)

BESANÇON: Hum, estou meio desgostoso com o dia. O sol já está quase tapado por nuvens. Será que você quer fazer a prova hoje mesmo?

SANTOS DUMONT: Claro que sim. O dia não está tão bonito, mas não está tão mau assim. E depois, Besançon, eu tenho certeza de ficar dentro da meia hora. É fácil, facílimo.

BESANÇON: Vocês, brasileiros, parece que decidiram mesmo fazer os homens deixarem a terra. O Augusto Severo também não descansa, às voltas com o "Albatroz" e o "Bartolomeu de Gusmão".[22]

SANTOS DUMONT: Tenho grandes esperanças nele. O Brasil ainda vai dever muito ao Severo. É um aeronauta de fato e um amigo às direitas.

(O TELEFONE TOCA)

BESANÇON: (Longe) Alô. É o hangar.

VOZ AO TELEFONE: Torre Eiffel aqui.

BESANÇON: Sim!

VOZ: Tempo bom, pois as nuvens estão muito altas. Vento brando. Velocidade só de 0,4 metros por segundo.

BESANÇON: (Desligando) Obrigado, obrigado! Santos, Santos! O telefonista da torre diz que as nuvens estão bem altas e o vento em boa velocidade.

(BARULHO DA MULTIDÃO AO LONGE. SOM DE CRONÔMETRO.
ALGUÉM GRITA: *"Largar!"*)

---

[22] Augusto Severo (1864–1902) foi um político, jornalista, inventor e aeronauta brasileiro.

BESANÇON: 2 horas e 44 minutos! Largou de Saint-Cloud! **(Som da multidão)** Lá vai ele! **(Som do cronômetro)** 2 horas, 52 minutos, 45 segundos e o brasileiro já rodeia a torre! Que lindo o charuto prateado perto da torre! Que curva esplêndida! **(Multidão e cronômetro continuam)** Meus Deus, ele está se atrasando. Ih, não chega mais em tempo. Todo o Longchamp ainda e só 2 minutos mais. Vamos, Santos, vamos! Já está sobre Saint-Cloud, muito bem, muito bem! **(Sons de balão)** Bravo, bravo! Senhores, são 3 horas, 13 minutos e 15 segundos. Ele fez o passeio todo em 25 minutos e 15 segundos! *Mon Dieu de la France!*
(MULTIDÃO EM DELÍRIO E MÚSICA)

SANTOS DUMONT: **(Acalmando-se)** Você nem imagina, Besançon, quanta atrapalhação. Lá pelas tantas tive de consertar o motor. E o contínuo desespero do tempo passando. Tudo ainda tão primitivo...

BESANÇON: Foi esplêndido, meu velho. A prova prática da dirigibilidade. Podemos agora aperfeiçoar-nos...

SANTOS DUMONT: Aperfeiçoar-nos em dirigibilidade! Precisamos é sair em busca do mais pesado que o ar. É humilhante esta história de ventinhos...

BESANÇON: Ai, ai, quando eu penso no tempo que levamos para chegar até aqui e faço os cálculos para o futuro!...

SANTOS DUMONT: Tudo tem sido assim. O homem sonha, sonha, sonha, todo mundo ri dele através dos séculos, mas de repente se desencadeia uma força de realização que não para mais. Desde que os recursos materiais já o permitam, parece que toda aquela força do sonho, amontoada através de gerações, amontoada avaramente pelos que passam por loucos, guardada moeda a moeda, como uma coleção inútil, subitamente vê os meios, vê tudo pronto...

BESANÇON: **(Depois de uma pausa)** Bem se pode dizer que você, em matéria de aviação, é um capitalista.

SANTOS DUMONT: (Rindo) Talvez eu esteja contando demais com a conta-corrente. Mas palavra...

BESANÇON: Sim...

SANTOS DUMONT: Palavra que esta história do mais pesado que o ar já está madura. Pronta para a colheita. Colheita...

BESANÇON: Já acredito, já acredito que em breve veremos você passar por cima de Paris num fiacre. Mas por que é que você ficou tão sonhador com esta colheita?

SANTOS DUMONT: Nada, nada, estas associações de ideias. A bordo do n. 6, hoje, também fiquei pensando nisto. Quando parecia que eu ia ficar nervoso, vendo todos os telhados de Paris lá embaixo, de repente aquela impressão... Aquelas telhas ficavam macias, brilhantes... Parecia um cafezal lá embaixo... Eu poderia cair sem medo...

(MÚSICA)

NARRADOR: De fato o mais pesado que o ar já era por aqueles tempos o objetivo dos aficionados da aviação. Mas muito e muito utópico ainda. A dirigibilidade dos balões parecia a conquista do momento e daí para a frente decerto ainda esperaríamos que muita água passasse debaixo das pontes do Sena. Mas o menino de Cabangu, já agora o ilustre e jovem *Monsieur* "Santôs", não ia perder tempo gozando das delícias da dirigibilidade.

A evolução da nomenclatura já pressagiava os novos passos. *Monsieur* "Santôs" já gostava mais de falar em "aeroplano" e constantemente o povo acorria à grama de Bagatelle para vê-lo com suas curiosas máquinas de voar pendentes de balões, em experiências. E no dia 13 de setembro de 1906, não oficialmente mas com muita gente em volta, *uma coisa mais pesada que o ar deixou o chão*. O motor é acionado, o curioso aparelho roda pelo chão. Vê-se no interior o vulto pequeno de Santos Dumont e aquele seu chapéu decidido, de abas teimosamente abaixadas. O aparelho continua a andar e de repente a meninazinha que está com a mãe solta um grito.

MENINA: Mamãe, mamãe, o homem subiu um pouquinho! Olha lá, mamãe, a coisa não está mais no chão! **(Bate palmas)** Meu Deus do céu, que beleza! Compra um assim pra mim!

NARRADOR: Mas foi a 12 de novembro do mesmo ano de 1906 que Bagatelle assistiu à experiência oficial. Lá estava Ernest Archdeacon, presidente do aeroclube da França, George Besançon, secretário-geral cronometrista, e E. Surcouf, secretário da comissão mista. O aparelho já tem o número "14-bis". É o avô do avião moderno, e parece todo feito de caixas.

(SONS DE MOTOR PRIMITIVO)

BESANÇON: (Falando a Surcouf) Tenho certeza de que hoje o meu cronômetro fica histórico, Surcouf. **(Gritando)** Fotógrafos! A postos, que o homem vai voar mesmo! Quantos prêmios já ganhou o "Santôs", Surcouf? Ninguém sabe mais!

(NOVAMENTE O SOM DO MOTOR)

BESANÇON: Levantou! Levantou! Caiu, caiu, isto, isto, em sentido contrário! Lá vai ele!

NARRADOR: E pelo gramado de Bagatelle, perseguindo o avião que durante duzentos metros correu pelo solo e durante cem correu nos ares à espantosa altura de cerca de um metro do solo, ia aquela delirante multidão de cavalheiros de fraque e chapéu coco, senhoras de longos vestidos e chapéus desabados, crianças de bicicleta, todos ovacionando o homem que se erguera do solo a bordo de uma máquina de voar.

(MULTIDÃO GRITANDO)

NARRADOR: E Santos Dumont teve o seu lindo monumento do Prêmio Deutsch, o grande e vigoroso monumento de Saint-Cloud, a cuja inauguração ele teve de comparecer e cuja réplica se acha no seu mausoléu no Cemitério de São João Baptista. Não há, no entanto, nenhum monumento mais simples e mais comovente do que o marco comemorativo de Bagatelle. Um simples marco de pedra, dizendo:

"Aqui, a 12 de novembro de 1906, sob o controle do aeroclube da França, Santos Dumont estabeleceu os primeiros recordes de aviação do mundo". E entre as inúmeras homenagens que então recebeu, nenhuma lhe terá sido mais preciosa que o envelope que uma certa manhã lhe chegou dos Estados Unidos.

(MÚSICA MARCIAL AMERICANA. SANTOS DUMONT ABRE O ENVELOPE)

SANTOS DUMONT: Dos Estados Unidos?! Vejamos o que será isto. Uma fotografia. **(Pausa)** "A Santos Dumont, pioneiro dos ares. Thomas Edison."

NARRADOR: E veio o "Demoiselle", um prodígio de graça e de leveza, o avião que Santos Dumont fez construir quando já dava sua missão por terminada. Era realmente uma libélula. Suas asas graciosas brilhavam ao sol como celofane. Inúmeros aparelhos mais pesados que o ar já se elevavam então pelo espaço, mas os olhos de Paris se pregavam naquele minúsculo inseto, diáfano e leve como uma nuvem, carregando *Monsieur* "Santôs". Era três vezes menor do que o "14-bis", mas servia até para as visitas de *Monsieur* "Santôs". Os peritos duvidavam que o "Demoiselle" conseguisse fazer alguma coisa mais forte...

(MÚSICA ABAFANDO A VOZ DO NARRADOR)

VOZ DE MULHER: (Entusiasmada) Diziam que o avião de *Monsieur* "Santôs" não podia fazer um voo de verdade. Veja o que conta a *Illustration*. O "Demoiselle" voou oito quilômetros em cinco minutos, quase cem quilômetros por hora. Decolou de Saint-Cyr e foi aterrissar lá em Buc. Eu estou sempre dizendo que todos os aviões deviam ser como o "Demoiselle". Clarinhos, transparentes. Para quê que há de haver avião, se não for para fazer o céu bonito assim. Imagine só o céu de Paris cheio de libélulas...

(RONCO DO MOTOR DE AVIÕES E BOMBAS)

NARRADOR: E quando vemos hoje as libélulas que se tornaram vo-razes águias, aquele velho sentimento deprimente da imperfeição de tudo o que fazemos nos assalta. A bárbara metamorfose de todas as libélulas, o abismo que vai de um transparente sonho inicial até a Luftwaffe.

VOZ DE MULHER: A nuvem de libélulas sobre Varsóvia, Rotterdam, Le Havre, Liverpool. Os ingênuos balões do menino mineiro ateando fogo à Europa!

(AVIÕES E BOMBAS. MÚSICA)

NARRADOR: Encerrando sua carreira de criador com o "Demoiselle", Santos Dumont quis talvez deixar intacto o seu sonho. A grande descoberta estava feita. Que faria com ela a humanidade, agora? Não importa, não importa! Mesmo de dentro deste 20 de julho de guerra, sirenes sempre prontas a soar, todos os homens fortes fitam com orgulho o rincão de terra brasileira onde nasceu em 1873 Alberto Santos Dumont. E isto porque o dever primeiro da humanidade é realizar os seus deuses, a despeito de lágrimas e de sangue, realizar os deuses no homem. Eles vão ficando pelo caminho como marcos de mármore, mas o homem segue sempre. Toda a mitologia e todos os anseios da velha mágica se vão transformando em máquinas. O lince realiza-se no telescópio; perde-se de vista no microscópio. Leviatãs cruzam o fundo dos mares. A voz humana não conhece mais barreiras. O sol não derrete mais nas espáduas de Ícaro a cera que lhe prendia as asas.

(AVIÕES VOANDO)

NARRADOR: Descansa, Alberto Santos Dumont, a linha da vocação brasileira se alonga sempre pelo espaço. Defendendo as nossas costas, o litoral do teu país, ao lado das Nações Unidas, a Força Aérea Brasileira está lutando para tornar verdadeiro teu ideal, para realizar o teu Deus na senda justa e grandiosa. Para realizar este e todos os outros, para ir deixando os marcos de mármore pelo caminho e realizar então, completamente, o Deus.

(MÚSICA)

Correio Braziliense

Transmitida pela BBC em 7 de setembro de 1943

(MÚSICA DE ABERTURA)

NARRADOR: Hoje, quando contemplamos o Brasil senhor do seu próprio destino, grande nação entre nações grandes, e evocamos o Brasil de antes da Independência, em 1822, podemos sentir a pujança com que o país veio crescendo, como ele soube ignorar os obstáculos, vencer os inimigos e chegar a este ano de 1943 unido a despeito do seu território enorme, briosamente em guerra por ver ameaçados no mundo os princípios que lhe orientaram o rápido processo de desenvolvimento nacional. E diante deste Brasil de hoje, como diante dos indivíduos cuja vida fecunda queremos explicar e compreender, começamos a sentir uma curiosidade de biógrafos. É tão flagrante o paralelo entre a vida humana e a vida das nações, a história de um homem é de tal modo a miniatura da história de um país, que um mesmo método pode ser aplicado ao estudo de ambas. Homens têm passado pela vida como sombras e países efêmeros desapareceram quase sem deixar traço, assim como homens e países que existiram há mais de dois mil anos ainda hoje vivem e nos inspiram. Dos últimos queremos saber tudo, queremos surpreender o segredo da grandeza que os levou ao triunfo, da força que os impeliu às realizações. E nos empenhamos na procura, na biografia. Os fatos apenas já não são suficientes, a vitória por si só não se explica. Queremos as influências que foram exercidas, a escondida raiz dos fatos e da vitória. A Independência do Brasil foi uma vitória ganha em 7 de setembro de 1822. Mas até o gesto rebelde do jovem príncipe que perdia um trono na Europa para fazer um Império livre do Brasil, que causas vieram trabalhando o povo, preparando-o para forçar o advento, para impor a sua vontade? É bem verdade que naquele tempo uma ventania de liberdade sacudia os alicerces do absolutismo. A Revolução Americana e a Revolução Francesa continuavam a se propagar, a se multiplicar como sementes boas, e as ideias de ambas floresciam no Brasil. Mas houve esforços mais íntimos, mais brasileiros mesmo e que também deixaram, marcada com traço bem fundo, sua contribuição à independência...

(TOQUE DO BIG BEN SOBREPOSTO POR SONS DAS RUAS DE LONDRES)

NARRADOR: (Em tom dissertativo) A História do Brasil e da Inglaterra vêm se unindo há tanto tempo, que um brasileiro em Londres pode facilmente encontrar aqui vivos reflexos da independência. E não apenas procurando nos registros da Marinha Real Britânica dados sobre John Taylor ou lendo a inscrição que, na Abadia de Westminster, cobre o túmulo de Lord Cochrane, Marquês do Maranhão.[23] Há os ingleses que lutaram no Brasil pela nossa liberdade, mas há também os brasileiros que lutaram pela independência do Brasil na Inglaterra. Um brasileiro em Londres, buscando aqui reflexos da luta mantida contra o domínio português, pode sair pela larga avenida do Whitehall e entrar por uma ruazinha que é talvez a mais famosa do mundo de hoje. A rua é Downing Street e o brasileiro tem de apresentar seus papéis de identidade antes de dar muitos passos. Prossegue, e logo aparece a casa de n. 10. Em frente a ela, o grande edifício do Foreign Office, onde entra o brasileiro. Sobe as escadarias e, na biblioteca, vai ao departamento dos livros e documentos referentes ao Brasil. Entre a *História do Brasil* de Southey e a *História do Brasil* que em continuação a esta escreveu Armitage, encontra uns volumes encadernados, em cujos dorsos se lê:

---

[23] John Taylor (1796-1855) renunciou a seu posto na Marinha Real Britânica para se tornar Capitão de Fragata na Marinha do Brasil, lutando pela independência do Brasil. Lord Cochrane (1775-1860) foi um oficial e político britânico que teve papel importante como comandante da Armada Imperial Brasileira durante a Independência do Brasil.

Correio Braziliense ou *Armazém Literário*.[24] Aqueles volumes representam a primeira realização do jornalismo brasileiro. Representam o jornal fundado em junho de 1808 por Hipólito José da Costa Pereira. Impresso por W. Lewis, em Paternoster Row, Londres. Vamos encontrar seu fundador, na Londres daqueles tempos, exatamente em companhia do poeta e historiador Robert Southey.

(MÚSICA: SONS DAS ANTIGAS RUAS DE LONDRES SOBREPOSTOS. BATIDAS NA PORTA. UM HOMEM ENTRA)

HOMEM: (Abre a porta) O Sr. Southey está aqui, Sr. Hipólito.

HIPÓLITO: O Sr. Southey! Ótimo! Ótimo!

(SOUTHEY ENTRA)

SOUTHEY: Bom dia, Sr. Pereira.

HIPÓLITO: Há cerca de três anos estou em Londres, Sr. Southey, e sempre ansiando por esse encontro. Ele só veio frisar mais o seu extraordinário caso.

SOUTHEY: (Rindo) Extraordinário caso?...

HIPÓLITO: Sim, sim, extraordinário. O simples fato de o seu talento abranger com igual mestria o domínio dos versos e da história já justificaria bastante o meu adjetivo. Mas conhecer e escrever sobre o Brasil como o senhor escreve, sem nunca ter estado na minha terra, é realmente... extraordinário.

SOUTHEY: O mérito cabe à sua terra, que enfeitiça a gente de longe. O objetivo dos meus estudos históricos era Portugal. Mas o advento do Brasil na história dos lusos é tão grande, o país é tão rico e promete

---

[24] Robert Southey (1774-1843), poeta, historiador e ensaísta britânico que integrou o movimento romântico inglês e escreveu uma influente *História do Brasil* em 3 volumes (1810-1819). John Armitage (1806-1856), negociante e historiador inglês que publicou em 1836 uma *História do Brasil*, almejando dar sequência ao trabalho de Southey.

tanto que quase perdi de vista meu objetivo original. Ou melhor, vejo no Brasil a verdadeira criação de Portugal. O delírio das descobertas, a circum-navegação do globo, o comércio das Índias, toda aquela magnífica e heroica época que Portugal viveu foi como que a esplêndida juventude dos lusos. Devia passar, como passam os grandes sonhos. O pequeno povo não poderia manter para sempre o vasto Império.

SOUTHEY: (Continuando) Portugal agora está desperto, e o presente é bem amargo. Mas no meio da amargura e da lembrança do sonho que se desvaneceu, ficou uma realidade, uma grande realidade: o Brasil. D. João agora está lá – sabe Deus por quanto tempo – e ele decidirá. Se ao invés de dificultar o crescimento do Brasil ele souber contribuir para ele, Portugal crescerá de novo. Se Portugal fizer do Brasil seu irmão americano...

HIPÓLITO: O irmão europeu do Brasil, Portugal, verá grandes dias outra vez. Mas quando, quando, na história dos povos, um poder imperial se lembrou de agir assim? Devem chegar dentro de pouco as provas do primeiro número do meu *Correio Braziliense*. Eu o inicio com os acontecimentos que levaram D. João ao Brasil agora. (Divagando) E quisera Deus que ficasse simbólico este número, que a ida da Família Imperial de fato marcasse o início de uma era luso-brasileira, o progresso de colaboradores e de iguais...

SOUTHEY: Mas podemos contar como certo que o Brasil iniciará seu próprio comércio, sairá da sua posição de colônia, entrará num ritmo de vida muito mais mundial.

HIPÓLITO: Mas não, não, não creio que eles deem ao Brasil a liberdade pela qual anseia o povo. É uma sede grande de liberdade a daquela gente, Sr. Southey, o próprio Portugal não goza da liberdade que o Brasil, tenho certeza, exigirá em pouco tempo. Portugal ainda não tem uma Constituição!

SOUTHEY: Mas o governo do Regente D. João era brando...

HIPÓLITO: Evidentemente... **(Irônico)** Tão brando que a Inquisição pôde me encarcerar durante três anos, sem protesto de ninguém. Não tivesse eu conseguido fugir para Londres e sabe Deus onde estaria. Que não carreguem esta maldita Inquisição para o Brasil.

(ALGUÉM BATE À PORTA)

HIPÓLITO: Entre!

(A PORTA SE ABRE)

RAPAZ: Do impressor Lewis.

HIPÓLITO: Ah! As provas, Sr. Southey.

SOUTHEY: Deixe vê-las, deixe vê-las. **(Som de papel e Southey lê)** *Correio Braziliense* ou *Armazém Literário*. Se me permite, vou passar os olhos no número.

(SOUTHEY CAMINHA E SENTA-SE NUMA CADEIRA)

HIPÓLITO: (Para o rapaz) Aqui tem você umas moedas para uma cerveja. Volte amanhã que as provas estarão prontas.

RAPAZ: Muito obrigado.

(PAUSA)

HIPÓLITO: Mais alguma coisa?...

RAPAZ: Não, eu só queria...

HIPÓLITO: Sim?...

RAPAZ: Em que língua está escrita a sua revista? Em brasileiro?

HIPÓLITO: (Rindo) A sua pergunta é muito amável, mas não é bem isto. A revista é brasileira, mas escrita em português, que é a língua falada no Brasil. Como é que você descobriu que ela se referia ao Brasil?

RAPAZ: Pelo nome, e porque eu tenho um livro de histórias marítimas que fala no Brasil. Eu gostaria de viajar até lá.

HIPÓLITO: (Suspirando) Somos dois, meu rapaz.

RAPAZ: Mas o senhor não é brasileiro?... Por que é que não vai?

HIPÓLITO: Dificuldades políticas, coisas complicadas...

RAPAZ: Negócio de dinheiro, não é? Por isso é que eu vou me engajar, vou ser marinheiro. Por que é que o senhor não se engaja também?

HIPÓLITO: Eis aí uma boa sugestão...

RAPAZ: Pense... A Marinha Real Britânica vai pelo mundo inteiro. E está sempre lutando pela liberdade. Eu tenho vontade de lutar pela liberdade. **(Triste)** Até que eu me engaje, talvez não haja mais tempo de lutar contra Napoleão.

HIPÓLITO: Há sempre luta para os que amam a liberdade, meu filho. Quem sabe se quando você for marinheiro não vai ajudar o Brasil? O Brasil ainda vai ter de lutar muito.

RAPAZ: O senhor acha, é?... Contra quem?

HIPÓLITO: Os países novos sempre lutam pela sua existência. Aparecem sempre os que só respeitam força e violência.

RAPAZ: Ah, eu hei de estar a postos. Tomara que este Napoleão ainda dure bastante!... Ih, mas eu vou chegar tarde. O seu Lewis deve estar esperando por mim. Até amanhã. Ainda tenho de tomar a cerveja que o senhor recomendou.

HIPÓLITO: Até amanhã.

(O RAPAZ ABRE A PORTA E FALA)

RAPAZ: E vou beber a cerveja à saúde do Brasil.

(MÚSICA DE FUNDO REPRESENTANDO
A PASSAGEM DO TEMPO)

SOUTHEY: Meu amigo, em vez de ajudá-lo nas provas fiquei este tempo todo lendo, lendo e lendo. Mas a culpa é sua. Pensei que *Correio Braziliense* fosse ser obra panfletária e violenta, quando é uma esplêndida revista cultural e política! Literatura, ciência, comércio, progresso humano. Uma revista igual a qualquer das revistas que se publicam hoje – ou que não se publicam hoje – nas capitais europeias. Se ela entrar em voga no Brasil...

HIPÓLITO: Isto seria a realização da minha vida. Mas *Correio Braziliense* terá de ser de crítica e construção. Terá de combater e estigmatizar sempre que for necessário. Temo que...

SOUTHEY: Sempre será possível embarcá-la de alguma maneira e garanto-lhe que os frutos não tardarão.

HIPÓLITO: Esta é a minha esperança. Que o *Correio Braziliense*, começando a chegar ao Brasil quando o país desperta da sua longa letargia colonial, apresse o desenvolvimento da massa, forme espíritos. Que eles possam ver o que se passa na Europa...

SOUTHEY: É excelente esse trecho da sua "Introdução": "Feliz eu, se posso transmitir a uma nação longínqua e sossegada, na língua que lhe é mais natural e conhecida, os acontecimentos desta parte do mundo, que a confusa ambição dos homens vai levando ao estado da mais perfeita barbaridade. O meu único desejo será de acertar na opinião geral de todos, e para tanto dedico a esta empresa todas as minhas forças, na persuasão de que o fruto do meu trabalho tocará a meta da esperança, a que eu me propus".

HIPÓLITO: E também fiz questão de incluir o manifesto do general de Napoleão ao povo de Lisboa, depois da partida de D. João. É bem a linguagem pomposa e pseudobenevolente dos conquistadores, sempre igual, sempre se repetindo através da história.

SOUTHEY: O final é realmente típico: "Moradores de Lisboa, vivei sossegados em vossas casas: não receeis coisa alguma do meu exército, nem de mim; os nossos inimigos, e os malvados, somente devem temer-nos. O Grande Napoleão, meu amo, envia-me para vos proteger, e eu vos protegerei – Junot".[25] Proteção! Eles são mesmo únicos!

HIPÓLITO: Creio que D. João fez muito bem em embarcar com a família inteira para o Brasil. Junot não encontrará quem lhe entregue legalmente o país. **(Pausa e alegria em sua voz)** Mas qual, o que eu acho mesmo é que foi muito bom para o Brasil a história toda. Entrando em ritmo de verdadeiro progresso, tendo mais livros e tendo a imprensa livre, nós depressa aprenderemos a nos governar sem auxílio de ninguém. Ah, pudesse eu estar lá agora! Ver o Brasil abrindo os olhos ao seu esplêndido sol, compreendendo o mundo que tem nas mãos.

SOUTHEY: O *Correio Braziliense* estará lá em seu lugar.

HIPÓLITO: É verdade, é verdade... Mas, em vez de publicar o *Correio Braziliense*, eu preferiria ser um mero entregador de provas se pudesse me engajar num navio que só fosse parar diante do Rio de Janeiro. Diante da cidade que nem o historiador-adivinho aliado ao poeta que é Southey pode imaginar...

(MÚSICA SINFÔNICA)

NARRADOR: No Brasil, a grande metamorfose de colônia para reino se operava de fato com uma rapidez que mostrava o quanto o povo estava pronto para ela. A Imprensa Régia e a Biblioteca Pública vieram

---

[25] Jean-Andoche Junot (1771-1813), general de Napoleão Bonaparte que comandou a invasão de Portugal em novembro de 1807, impelindo a Corte portuguesa a fugir para o Brasil.

encontrar uma verdadeira fome – a de um país novo em busca das ideias que vai assimilar e fazer suas, em busca da grande alma que o Brasil já sentia em si, mas que ainda não sabia exprimir plenamente. D. João talvez preferisse que o povo se dedicasse mais a passear pelo recém-inaugurado e magnífico Jardim Botânico do que se sentar na Biblioteca. Mas pelo país inteiro, o que imperava era esta caça ao conhecimento, a curiosidade intelectual – todos os sintomas da necessidade de criação que empolgava o povo. Mas criação há de eternamente implicar destruição também. Os brasileiros que haviam saído da sujeição colonial já não queriam apenas o que um governo estrangeiro lhes concedia. Ou melhor, já estavam demasiadamente conscientes de que o governo era de estrangeiros. Em 1817 levantava-se Pernambuco.

A abertura de seus portos lhe incrementara comércio, lavoura e indústria. Mas lhe incrementara também as taxas, os impostos, as injustiças. Os grandes negócios estavam em mãos portuguesas, agentes da Coroa tinham as melhores posições, crimes iam ficando impunes. As lojas maçônicas, os quartéis e o povo pernambucano começaram a se reunir em casa de Domingos José Martins. Vejamos numa humilde casa do Recife o que se passa antes do levante...

(MÚSICA IMPONENTE)

FILHO: A benção, mamãe.

MÃE: A benção, meu filho. Vai dormir?

FILHO: N...Não. Eu ainda tenho de ver umas coisas na cidade.

MÃE: Às dez horas da noite? **(Rindo)** Conte a história direitinho. Já faz tempo que você não fica em casa de noite para ler esses arrevesados livros em francês. Volta do trabalho, come, fica um pouco pelos cantos da casa e às vezes até sai sem me pedir a benção... Que é que você anda escondendo, seu maroto?

FILHO: Nada, mamãe!... É que às vezes você está cochilando em cima da costura e eu não quero te acordar.

MÃE: (Rindo) Ah, agora eu compreendo por que é que você sai na ponta dos pés quando me apanha cochilando... Só para não me acordar. O filho mais turbulento de todo o Recife, que não me deixava dormir de manhã cantando modinhas e aborrecendo o louro até ele dizer nome feio na copa, não quer nem atrapalhar o meu sono da hora da costura...

(PAUSA)

FILHO: Eu volto já, mamãe.

(A PORTA SE ABRE)

MÃE: (Angustiada) Meu filho.

FILHO: Senhora.

MÃE: Volte aqui um momento. Eu quero só que você me responda uma pergunta. É... É só para me tranquilizar. Você não anda metido com esses revoltosos, anda?

(PAUSA)

MÃE: (Nervosa) Responda, meu filho, diga que não. Diga que não...

(PAUSA)

MÃE: Não, não, meu Deus. Não é verdade!

FILHO: Sente aqui, mamãe. Não se impressione. Não há perigo nenhum. O Governador Montenegro...[26]

MÃE: Não se brinca com estas coisas, meu filho. Seu pai estava em Minas quando...

FILHO: Quando chegaram do Rio de Janeiro os pedaços esquartejados do Tiradentes, eu sei.

---

[26] Caetano Pinto de Miranda Montenegro (1748-1827), magistrado e político luso-brasileiro, foi capitão-general e governador da província de Pernambuco de 1804 a 1817.

MÃE: E então...

FILHO: Então é preciso provar que a morte do Tiradentes não acabou com a coragem dos brasileiros. Que o ideal dele precisa ser realizado.

MÃE: Ah, eu era capaz de denunciar este maldito Domingos José Martins. Vir meter estas loucuras na cabeça de meninos.

FILHO: Não diga coisas assim! Há homens de valor em torno dele e Domingos Martins sabe o que quer. Ele viveu na Inglaterra e voltou de lá sabendo como vive um povo livre. Ele quer que o Brasil seja livre assim. Lá as leis são obedecidas e todo mundo diz o que pensa.

MÃE: Mas meu querido, estas conspirações sempre são derrotadas. E para que esta pressa? Você ainda é tão moço, não compreende. As coisas têm de ir devagar. O Brasil está progredindo sob a Coroa de Portugal, tudo vai melhorando...

FILHO: Tudo vai melhorando!... Londres já reclama sobre o algodão de Pernambuco, dizendo que a qualidade não é tão boa. É a pressa dos negociantes que só querem dinheiro, estes negociantes da Coroa!

MÃE: Mas como é que o Domingos Martins sabe do que se diz em Londres...

FILHO: Não, não. Isso veio no *Correio Braziliense*. Eu mesmo li.

MÃE: Mas então os jornais...

FILHO: Os jornais daqui não dizem nada, mamãe. Este é impresso na Inglaterra.

MÃE: Mas meu filho, a Inglaterra é amiga de Portugal.

FILHO: Mas é um país livre, aí está. Você precisa entender a diferença que há entre o poder absoluto e o poder constitucional.

MÃE: Eu não posso, eu não quero entender nada. Abandone esses projetos, meu filho. Eu sinto, eu estou vendo o que vai acontecer...

FILHO: Não vai acontecer nada. Nós vamos vencer. Já temos até nossa bandeira, azul e branca... O sol nascente sobre o azul, uma cruz vermelha se recortando no branco.
(A MÃE CHORA)

FILHO: Não chore, mamãe... Eu tenho de ir agora.
(A PORTA SE FECHA)

MÃE: ...O sol nascente sobre o azul. Que Deus te abençoe, meu filho.
(MÚSICA IMPONENTE)

NARRADOR: Este jovem, como tantos outros, pereceu na revolução de 1817. Mas que importava? Era preciso o sacrifício dos brasileiros pelo Brasil, era preciso o sangue generoso dos moços para que umedecesse e desabasse no mundo inteiro o edifício decrépito do absolutismo. Dentro de pouco tempo, no próprio Portugal, os moços estariam combatendo pela Constituição. Estalou a revolução liberal do Porto e D. João VI, pesarosamente, fez as malas para voltar a uma Europa que talvez pretendesse não ver mais. D. Pedro ficou no Brasil, num Brasil onde mais do que nunca ferviam os ideais de liberdade, num Brasil que já contava com os Andradas, com Gonçalves Ledo, com Feijó.[27] As cortes de Lisboa estavam determinadas a acabar com o despotismo em Portugal – mas não no Brasil. Achavam, antes, que a

---

[27] Os irmãos Andrada: Martin Francisco (1775-1844), Antônio Carlos (1773-1845) e José Bonifácio de Andrada e Silva (1763-1838), membros de uma família de intelectuais e políticos liberais muito influentes no processo de Independência e consolidação do Estado brasileiro na primeira metade do século XIX. Joaquim Gonçalves Ledo (1781-1847), jornalista e político brasileiro. Diogo Antônio Feijó (1784-1843), sacerdote e político brasileiro, foi regente do Império entre 1835 e 1837.

libertação dos súditos portugueses na Europa seria muito mais cômoda se fosse fortalecida a sujeição dos súditos no Brasil. Mas D. Pedro era moço, entusiasta e impulsivo. E já era muito mais brasileiro do que português. Quando a crise se agravou e Portugal do outro lado do Atlântico dizia ao príncipe que regressasse à Europa, enquanto o Brasil lhe dizia que ficasse, o Príncipe D. Pedro...

D. PEDRO: "Se é para o bem de todos e felicidade geral da nação, estou pronto! Digam ao povo que fico."

NARRADOR: Entretanto, já agora, de um e outro lado do Atlântico, a luta era final. Nada mais poderia deter o impulso pela independência que soprava pelo Brasil como um ciclone de fogo. O suplício do Tiradentes e dos revolucionários de 1817 ia adquirir força de realização histórica.

De norte a sul, pelo território inteiro, perpassava a vibração dos nervos tensos e de gargantas contraídas para o grande grito. Já era o ano de 1822. O mês, setembro. Notícias chegadas de Lisboa ao Rio de Janeiro vieram decidir num relâmpago. Com uma carta de José Bonifácio e outra da Princesa D. Leopoldina um mensageiro foi despachado para São Paulo ao encontro de D. Pedro, com estas palavras do ilustre Andrada: "Se não arrebentar uma dúzia de cavalos no caminho nunca mais será correio: veja o que faz". Este correio, Paulo Bregaro, provou que o era.

(MÚSICA SUGERINDO UMA CORRIDA E SONS
DO CAVALGAR DE UM CAVALO)

D. PEDRO: Senhores, Lisboa anula os atos do governo do Rio, manda processar meus ministros e diz que El-Rei de Portugal nomeará os homens que deverão dirigir o Brasil! Independência ou morte!

VOZES: Independência ou morte!

NARRADOR: O Brasil erguia para seus céus imensos as mãos livres de cadeias. Encerrara-se o combate. Primeiro era a palavra, e a palavra fora dita. O despotismo poderia tentar lutar ainda: a fórmula criadora já se anunciara. Mas o suor de quantos, e a vida de quantos outros brasileiros não estava vivendo naquele grito? Para aquele momento de glória brasileiros haviam lutado até aqui, em Londres. Milhares de gritos sufocados, de suspiros de morte, de imprecações e de hosanas estavam concentrados no brado que transformou o pequeno Ipiranga na misteriosa artéria onde começou a pulsar o sangue do Brasil livre.

(MÚSICA)

Lord Byron e a Grécia

Transmitida pela BBC em 16 de setembro de 1943[28]
Regravada e transmitida pela Rádio Globo em 7 de setembro de 1947

(MÚSICA)

NARRADOR: Poucas vidas têm sido mais apaixonadamente estudadas e dissecadas do que a de George Gordon, o Lord Byron. No mundo inteiro poderemos contar aos milhões os que nunca leram seus versos. Mas encontraremos poucos, muito poucos, que não lhe conheçam o nome e muito da sua existência [*artificial e sincera ao mesmo tempo*] vaidosa e sofredora, egoísta e heroica no mais amplo sentido da palavra. E nisto sua glória é absolutamente única. Outros terão ficado mais famosos como poetas apenas e outras vidas terão sido mais impressionantes do que a sua. Mas em nenhuma outra figura encontraremos o poeta e o homem vivendo tão intensamente e deixando atrás de si uma tal espuma de lenda. Esta lenda toma rumos tão diversos e contraditórios que uma das coisas que mais ouvimos em relação a Byron é que ele é muito mais admirado no estrangeiro do que na Inglaterra. Os ingleses não dizem que isto seja verdadeiro ou não. Apenas, na Inglaterra, como no Brasil

---

[28] A versão que se encontra nos arquivos da Fundação Casa de Rui Barbosa, Rio de Janeiro, é a que foi transmitida pela Rádio Globo em 1947. Na BBC, foi possível encontrar os recibos datando a transmissão de 1943. Não houve qualquer alteração no roteiro entre as transmissões de 1943 e 1947. Callado simplesmente aproveitou a mesma peça, o que é evidenciado pelo fato das marcações da transmissão de 1947 estarem datilografadas em inglês, com tradução (provavelmente do próprio Callado) feita a lápis acima das suas marcações.

ou na França, raro é o dia em que, por um motivo ou por outro, o nome de Byron não se imprima em algum jornal. É como que uma imposição da sua vida, vivida com demasiada paixão.

Ainda hoje se pensa que ele seja menos popular na Inglaterra do que em outras partes do mundo, porque, enquanto vivo, ele se exilou do seu próprio país, foi forçado a deixá-lo. Herdeiro do título de uma velha família, com uma posição aristocrática a que não se podia furtar, o jovem lorde desrespeitou mais do que convenções sociais. O grande escândalo que marcou sua vida amorosa chocaria qualquer sociedade de hoje, e não apenas a nobreza britânica do seu tempo. Aliás, a sua faculdade de inadaptação tomava sempre extraordinários rumos, que o impossibilitavam de viver em sociedade.

Vejam como recebeu Byron a notícia da vitória de Waterloo.

(BATEM À PORTA. ALGUÉM ENTRA APRESSADO)

FLETCHER: Lord Byron, Lord Byron! Terminou a batalha! Fomos vitoriosos! Venceu Wellington!

BYRON: Ora, que lástima! O grande Napoleão!

NARRADOR: Naquele mesmo momento Byron poderia estar escrevendo uma raivosa ode contra o corso. Mas para ele os extremos estavam sempre exercendo uma trágica atração. Byron era um fascinado por todos os abismos. Explorava em si próprio a tragédia humana. Procurava a fatalidade como outros procuram paz. Suas inúmeras viagens, suas peregrinações famosas servem de paralelo para sua vida interior: porque ele sempre preferiu entrar com seus iates pelo bojo das tempestades a esperar num porto que o tempo amainasse.

Mas esta vida de Byron, que a princípio parece tão louca e desorientada, descreve uma nobre curva, que começa e vai terminar na mesma pequena cidade grega: Missolonghi. Na sua primeira peregrinação de cigano nobre e milionário, ao tempo dos seus 21 anos, Byron foi a Portugal, Espanha, Albânia, Grécia e Turquia. Da pequena cidade de Missolonghi ele foi até Atenas, e lá vamos encontrá-lo, em companhia do seu colega de Cambridge John

Hobhouse e do fiel mordomo Fletcher.[29] Estamos na casa do vice-cônsul inglês cuja filha, Teresa Macri, tanto inspirou Byron como Gounod.[30]

(MÚSICA SOLENE E GRAVE)

HOBHOUSE: (Inglês calmo e irônico) É mesmo uma pena. A gente na universidade absorve a Grécia sob todos os aspectos. Chega-se a Atenas e a única coisa que se vê são pedras desarrumadas e colunas absolutamente sem trabalho, sem nada para sustentar.

BYRON: (Inflamado) Elas agora sustentam o céu, Hobhouse! Nada mais as separa do céu. Para isto foram elas feitas.

HOBHOUSE: Hum... Mas por que será que os gregos antigos se deram ao trabalho de fazer os tetos? Perda de tempo e mármore.

BYRON: Eles sabiam que estavam perdendo tempo e mármore. Sabiam que os templos se desmoronariam um dia. Mas precisavam criar, criar. Nós hoje achamos que os gregos eram uns indivíduos calmos e serenos, que se julgavam eternos. De certo eles sentiam toda a angústia humana [*que vem da transitoriedade das coisas*]. Por isso trataram de realizar sua civilização. Mas trataram de realizá-la como uma inspiração para os que viessem. E eu sei, Hobhouse, que em você como em todo mundo, o efeito que *eles* ainda produzem é esmagador. Não fui só eu que me sentei durante horas diante da Acrópole.

FLETCHER: Milorde, os cavalos estão prontos.

BYRON: Fletcher, Fletcher! Falar em cavalos quando eu relembro semideuses! Traga-me o Pégaso, então, um cavalo com asas. É o mínimo que eu posso aceitar em Atenas.

---

[29] John Hobhouse (1786-1869), Barão de Broughton, foi um político e escritor inglês.

[30] Charles Gounod (1818-1893), compositor francês.

FLETCHER: Todos os cavalos que milorde monta criam asas.

HOBHOUSE: (Rindo alto) Ah, Fletcher, aposto que você agora ganhou um guinéu. Você acaba rico se aprender a dizer sempre coisas assim ao patrão.

FLETCHER: (Imperturbável) Milorde é realmente um excelente cavaleiro.

BYRON: Não preste atenção a este ilustre senhor, Fletcher. Eu nem o vi durante a tempestade no mar, quando quase naufragamos.

HOBHOUSE: Agora, parece que sou eu que vou me candidatar a ganhar um guinéu, George. Ainda não consegui me esquecer da sua impassibilidade: dormindo quando nem o capitão respondia pelo navio, quando todos os peixes do Mediterrâneo já contavam ao menos com o rosbife de um lorde e com a copiosa sobremesa de versos do mesmo lorde. O que é que meteu na sua cabeça a ideia de ir para o convés?

BYRON: A gente não vem impunemente de uma família de duelistas e de loucos. **(Pausa)** Hobhouse, acredite que há alguma coisa em mim que se tranquiliza apenas no meio do perigo, apenas quando a morte encosta seus dedos na minha fronte. Eu escrevo com raiva, como um vulcão cospe lava. Meus poemas são erupções. Se eu ao menos não escrever, estouro. Todo o meu ser grita por luta, matança, qualquer coisa que não seja estagnação. E até agora – versos! **(Ri)**

HOBHOUSE: Meu velho, se você não escrevesse versos quem é que poderia fazê-lo? E seus versos são uma arma. Lute com eles.

BYRON: (Ri) Lutar com versos! **(Pausa)** E depois, eu nem sei o que quero. Sinto em mim um soldado, às vezes. E um monge. Quero realizar coisas, combater, dominar-me. No dia seguinte, acordo como se durante a noite um fabuloso e monstruoso sultão tivesse tomado conta da minha alma; quero um harém, quero vinhos, quero escravos me abanando. E no dia seguinte... nada, nada, não quero nada. Quero aniquilação. E o pior. Um tédio de paralisia. Minha alma entre talas e gesso, toda dormente, hirta...

(PAUSA)

FLETCHER: Milorde, os cavalos...

BYRON: Por que é que você há de falar em cavalos o dia inteiro, criatura?! Por todos os trovões dos finados deuses do Olimpo, desapareça! E não se esqueça de desaparecer com os tais cavalos.

HOBHOUSE: Mas é que o senhor mandou vir os cavalos...

BYRON: (Interrompendo) Hobhouse, agora eu estou resolvido. Desde que cheguei a Atenas decidi não deixar minha vida se escoar inutilmente. Meu sofrimento foi real diante deste Olimpo vazio de hoje, destas colunas que saem da terra como braços de mortos. Nos templos que outrora se erguiam perfeitos aqui, filhos de uma geometria branca, sobrenatural, a Europa e o mundo chegaram a uma culminância que nunca mais atingiram. A Grécia dominada de hoje, sem independência e sem ideal, é uma tragédia grande demais para não comover a todos. Uma Grécia livre, Hobhouse, quero uma Grécia livre outra vez. Hei de fazer disto minha missão – com versos e com luta. Acabaram-se minhas aventuras galantes. Vou trabalhar no meu poema como se estivesse reconstruindo a Acrópole para o mundo. Não pensarei em mais nada. Com os versos recrutarei soldados para a ação...

(BATEM À PORTA COM IMPACIÊNCIA.
VOZ DE MULHER FALANDO DO LADO DE FORA)

TERESA: Milorde, há quinze minutos espero *a honra* da sua presença.

BYRON: (Consigo mesmo) Deus meu... Teresa... Eu nem... **(Falando como se para fora do quarto)** Mil perdões, minha inspiradora e espírito de Atenas. A culpa é deste indescritível Fletcher. **(Baixo, novamente)** Fletcher!...

FLETCHER: Milorde, os cavalos estão prontos...

BYRON: Agora, agora! E o chicote? E as esporas?

FLETCHER: O chicote está preso ao punho de milorde e as esporas estão atarraxadas às botas como sempre.

BYRON: Ah, sim. **(Baixo)** Eu sei que você é o mordomo perfeito, Fletcher. Hobhouse, até logo.

HOBHOUSE: Divirta-se.

BYRON: (Abrindo a porta) Teresa, perdoe-me. Mas um amigo falador e um mordomo esquecido quando se juntam... (Bate a porta)
(OUVE-SE O SOM DE CASCOS DE CAVALO NAS PEDRAS LÁ FORA. DEPOIS, OUVE-SE OS CAVALOS PARTIREM)

HOBHOUSE: Fletcher, é estranho como este louco deste teu Lord Byron consegue convencer as pessoas do que diz.

FLETCHER: Ele é assim mesmo. Extravagante, dizendo uma coisa e fazendo outra, mas quando...

HOBHOUSE: Mas quando seus olhos chispam de convicção, a convicção se transmite à gente. **(Rindo)** Ia se dedicar apenas ao trabalho em Atenas e lá se vai ele. **(Pausa)** Mas sabe, Fletcher, ou de fato é impossível entender-se George, ou eu estou convencido de que a Grécia lhe despertou alguma coisa de mais profundo, mais pessoal. Talvez eu me engane, mas...

FLETCHER: Não, não, eu também estou convencido. E é bem como milorde. Toda a vida regalada que nós levamos antes de chegar aqui parece que só lhe deu vontade de partir. Mas agora, no meio das ruínas de onde ele nunca quer sair, parece mesmo que ele reviveu...
(MESMA MÚSICA)

NARRADOR: Mas a vida atormentada de Byron não deveria encontrar sua solução naquele primeiro contato com o vasto mundo. As viagens iniciais, que passara em versos para "A peregrinação de Childe Harold", apenas começavam a revelá-lo a si mesmo. Na desolada mas esplêndida Grécia ele talvez tenha visto de pronto a sua missão. Mas uma tumultuosa vitalidade de imaginação e de corpo ainda ia fazê-lo viver desregradamente, fantasticamente. E quando o encontramos de novo, em 1816, encontramo-lo ao lado de outro poeta.

Ninguém até hoje conseguiu escrever sobre Byron sem escrever também sobre este outro poeta – sobre Shelley.[31] [*Primeiro porque as vidas de ambos se entrelaçaram. Mas, principalmente,*] Porque os dois juntos, como poetas e pensadores, se completaram. Mais do que isto: porque ambos, como seres humanos, eram uma perfeita representação do Ser Humano. Enquanto Byron era a humanidade demoníaca, Shelley era uma plácida e serena afirmativa de que se o homem nunca foi arcanjo decerto ainda virá a ser. Em Byron havia toda a revolta do que ainda somos e todas as dores da metamorfose. Em Shelley, a larva já tecera coloridas asas, que palpitavam ao sol. Aliás, muito mais tarde, Shelley já morto, sua mulher Mary viria a resumir tudo isto em seu diário...[32]

MARY SHELLEY: (Baixo, perto do microfone) "Não creio que voz de pessoa alguma tenha mais poder de despertar melancolia em mim do que a de Byron... Quando eu a escuto hoje, e a outra voz, a voz de Shelley não responde, é como uma tempestade que não se resolve em chuva..."

NARRADOR: Vamos encontrar Byron, Shelley e Mary Shelley em Genebra, em 1816. Estão na varanda do chalé alugado por Byron. O ensolarado dia lá fora está tipicamente suíço, maravilhoso – dia de exaltar a imaginação de Shelley e irritar os nervos de Byron. Só uma

---

[31] Percy Bysshe Shelley (1792-1822), poeta icônico do Romantismo inglês.

[32] Mary Wollstonecraft Shelley (1797-1851), escritora célebre por seu romance gótico *Frankenstein* (1818), casada com o poeta Percy Shelley.

leve brisa impede que o lago esteja absolutamente como um espelho... O lago está como um espelho arrepiado...

(ALEGRE MÚSICA SUGERINDO AR LIVRE, COM PASSARINHOS, ETC.)

BYRON: Que dia horrendamente lindo, meu Deus!...

SHELLEY: "Horrendamente lindo" é boa... Mas não acredito que você já esteja cansado dessas montanhas, desse lago. A gente sente...

BYRON: A gente sente ganas de perpetrar a infâmia intelectual que é o trocadilho e de dizer que o lago de Genebra devia ser realmente de genebra. Se ele fosse alcoólico há muito tempo os homens já o teriam bebido e duas coisas excelentes teriam acontecido: muita gente teria se embriagado e o lago teria desaparecido.

SHELLEY: É uma questão de ritmo. Não é a cor, não é a beleza aparente...

MARY: Eu sei que Lord Byron não acredita em mulheres com opinião, mas talvez acredite no que uma já pôde observar do seu próprio marido...

BYRON: Mesmo que se trate de mulheres há gloriosas exceções, Mary, exceções confirmadoras da desoladora regra. O que é que você já pôde observar em Shelley?

MARY: Que a natureza para ele é apenas ritmo porque é uma coisa ideal. Um ritmo de respiração. Ela em si não é nada, mas está movimentando alguma coisa imensa.

BYRON: Hum... Eu bem posso crer que estas sejam teorias de Shelley. Mas são teorias!...

SHELLEY: Como se pode ver a natureza de outra maneira?... Qualquer árvore pode dizer à gente que a sua função não é somente ser árvore. Ela tem um significado especial...

MARY: E sem convicções, ou "teorias", se as quisermos chamar assim, como se pode viver?

BYRON: Ora, vivendo! Criando e esquecendo teorias, adorando e renegando. Ninguém pode surpreender os segredos da vida sem se entregar inteiramente à vida.

MARY: (Rindo) Às vezes pode. Shelley uma vez andou fazendo perguntas a um recém-nascido.

BYRON: Com bons resultados?...

MARY: Diz ele que ótimos. A verdade é que eu fiquei sem saber o que dizer à mãe do garoto. Imagine que íamos passando por uma ponte e cruzamos com ela, que carregava o bebê que devia ter aberto os olhos há bem pouco tempo. Shelley para e sai-se com este pedido: "Poderia o seu filho dizer-nos alguma coisa sobre pré-existência, minha senhora? Ah, eles são tão ciosos do que sabem, estes recém-nascidos... E é tão certo que todo o saber é reminiscência! A doutrina é muito mais antiga do que Platão, é tão velha e venerável quanto a alegoria de que as Musas são filhas da memória: nenhuma das nove jamais foi apontada como filha da Invenção...".

(TODOS RIEM)

SHELLEY: (Rindo ainda) Mary, você não devia apresentar a coisa assim. Eu estava absolutamente sério. Aliás, nos olhos do bebê houve...

BYRON: Shelley, Shelley, graças a Deus você é um grande poeta. Do contrário seria intolerável. Como é que você pode viver nestes eternos Alpes de... de coisa nenhuma? Eu pelo menos ainda espero algum dia dar esta minha carcaça a alguma coisa que valha, a uma causa grande...

SHELLEY: Mas eu estou pronto a dar minha vida...

BYRON: Eu sei, eu sei. Mas não é só estar pronto. É levar esta vida ao encontro do que é preciso fazer. Mesmo sem certeza de ideais, sem certeza de nada.

MARY: Mas como? Agir sem certeza de ideais?!...

BYRON: (Colérico) Sim, sim, mesmo sem certeza de ideais do tamanho dos Alpes ou serenos como lagos suíços! Há coisas imediatas, que *tem* de ser feitas. Há um mundo que precisamos preservar e reconstruir. Veja a Itália de hoje, veja a Grécia. Elas poderiam dizer muito mais sobre as nossas origens do que os seus recém-nascidos, Shelley. E aqui estamos nós, falando, falando em lugar de combater.

SHELLEY: Mas então estamos de acordo! Ambos queremos lutar por uma humanidade que há de olhar para o que somos hoje como nós olhamos para os homens selvagens de outrora, uma humanidade de seres...

BYRON: De seres alados e adorando-se uns aos outros... Eu conheço bem os seus planos. Mas eu estou falando do homem que sofre agora. Estou falando da Grécia sem liberdade, da Itália estagnada!

MARY: Mas tanto você como Shelley estão lutando. Grécia e Itália nos ensinaram principalmente a arte e as ideias, que os poetas vão mantendo através dos séculos.

BYRON: Os poetas! As ideias! E a vida humana esquecida, acocorada a um canto, cochilando à espera da nova humanidade que vai acontecer por mágica.

SHELLEY: Vamos lutar pela Itália, pela Grécia, livrá-las da desordem e da confusão.

BYRON: Mas há de ser com armas. O homem só avança à custa do seu sangue.

SHELLEY: Ele ainda avançará à custa do seu espírito.

BYRON: (Irônico) Eu prefiro não esperar tanto... **(Sonhador)** Eu estou vivo agora e quero passar pelo que passam os vivos como eu. Precisamos viver ao nível dos nossos tempos. Tanto pior se eles ainda são de luta, de combate de homens imperfeitos contra homens imperfeitos. O que devemos nos proibir é a evasão, é a fuga individual. Uma porta aberta, mas por onde não possam passar todos, é um caminho inútil...

(MÚSICA SOLENE)

NARRADOR: E a vida do errante poeta, pouco a pouco, ia tomando o rumo do seu final heroico. Não como se ele a encaminhasse para lá. Os anos se foram passando, uma grande obra poética foi surgindo. A força de realização que o impulsionava ia tomando forma de poemas. "Lara", "Parisina", "O Corsário", "Caim" iam impressionando cada vez mais a Inglaterra que o exilara e o mundo inteiro. Em "Manfredo" ele tinha escrito: "minha angústia encontrará uma voz", e esta voz se desdobrava com um amargo e másculo vigor por todos os seus versos. Com seu "Don Juan", Byron atingiu o auge da fama romântica. Mesmo Goethe já prestara ao poeta inglês sua rara homenagem. Ele passava a encarnar o próprio movimento romântico, com os versos que escrevia e com a vida que ia vivendo. Mesmo no distante Brasil de então poetas como Álvares de Azevedo e Castro Alves iam receber em cheio a influência byroniana. Mas aquele rumo heroico de sua vida ia se desenhando. O poeta que zombava de sua arte ia realmente entregar a vida a uma grande aventura.

Na Itália, em 1821, além de mais uma paixão, Byron ingressou na verdadeira luta. A paixão era por uma nobre italiana, a condessa Guiccioli, cuja família fazia parte dos insurrectos e era mantida sob os suspeitosos olhos do governo austríaco. O palácio de Lord Byron transformou-se em arsenal – mas a revolução fracassou. Fracassou quando em Londres se formava um comitê grego para lutar pela independência da Grécia dominada pelos turcos. Byron foi eleito para o comitê.

A hora decisiva tinha soado e em 1823 ele se fazia de vela para a Grécia, deixando tudo para trás. De corpo e alma mergulhou no combate pela liberdade. E sua estada na Grécia é qualquer coisa terrível e legendária, comovente e irônica. Em janeiro de 1824 ele estava novamente em Missolonghi, desta vez numa Missolonghi bloqueada por mar, miserável, cidade que era um pântano miasmático. Entre o bravo povo grego que se defendia reinavam anarquia, fome, falta de tudo. Byron organizou seus próprios soldados, vendeu a propriedade que há séculos era de sua família, entregou dinheiro e saúde à luta. Fraco, os nervos irritados, a doença minando-lhe o organismo, ele saía debaixo de incessantes chuvaradas para expedições mal-equipadas.

O povo o adorava quase supersticiosamente, apontava nas ruas o lorde inglês que usava pitorescos uniformes albaneses ou a farda dos gregos. Coisas absurdas e coisas grandiosas se sucediam. O médico italiano que o acompanhava só sabia tratá-lo com sangrias. Mavrocordatos, chefe da resistência na Grécia ocidental, oferece a Byron o posto de governador-geral das regiões libertadas. O poeta se submete às sangrias, recusa o oferecimento, quer lutar, lutar. E a tragédia vai se avolumando. Uma tragédia de planos frustrados, de incompetência de soldados e médicos, de febre e delírio.

Vamos encontrá-lo com o fiel Fletcher, na Páscoa de 1824, dois dias antes de sua morte.

(PASSOS E PORTA QUE BATE)

BYRON: (Voz fraca) Ora, graças, livre do médico por algum tempo! Não sei que reservas de sangue ele pensa que eu tenho.

FLETCHER: Milorde, por que não voltamos para a Inglaterra? Milorde está doente e não há mesmo nada a fazer aqui.

BYRON: Eu compreendo a sua ansiedade, meu bom Fletcher... Mas, mas há tudo a fazer aqui. Ou mesmo que não haja. Você precisa entender o sentido das coisas...

FLETCHER: Vai ser difícil vencer nas condições em que lutamos, milorde.

BYRON: Fletcher, talvez seja efeito das sangrias, mas a cada instante que passa eu vou me convencendo mais de que a vitória é secundária. Eu vim para cá com uns sonhos quase de menino. Eu vim para tomar fortes, afundar navios, conquistar glória e hoje... **(Pausa)** ...e hoje estou feliz apenas por ter vindo morrer aqui. Nesta cama. Como qualquer mortal.

FLETCHER: Milorde, todos os jornais da Europa estão cheios do seu nome.

BYRON: O que é a única coisa que ainda me irrita. Minha ambição agora é ser amado por este povo, que ama tanto a liberdade. **(Febril)** Você acha que eles me amam, Fletcher? O povo, os gregos que combatem, os mais humildes? Que me amam não pelo auxílio que eu pude trazer, pelos soldados que organizei... mas... mas como um irmão? Como um grego que jurou singelamente trazer de novo à vida a grande Grécia?

FLETCHER: Milorde, milorde, não se atormente. Milorde poderia agora ser governador, se quisesse.

BYRON: Não me fale neste absurdo!... Eu poderia estar com eles, lá fora, lutando ainda. Ajude-me, Fletcher...
(BYRON TENTA SE ERGUER E DESISTE, COM UM GEMIDO)

FLETCHER: Milorde, milorde! Vou chamar o doutor.
(PASSOS)

BYRON: (Exaltado) Não! Não! Não, Fletcher. Não posso mais dar meu sangue. Ajude-me, Fletcher.

FLETCHER: Milorde!

BYRON: Meu sangue, meu sangue! Eu trouxe meu sangue para a Grécia. Não me pertence mais, meu sangue!
(MÚSICA, TEMPESTADE, SALVAS DE CANHÃO)

NARRADOR: Do domingo para a segunda-feira de Páscoa de 1824, aos estrondos de uma terrível tempestade se juntaram as 37 salvas de canhão que Mavrocordatos fazia disparar, anunciando à Grécia que vinha a morrer Lord Byron. Numa pequena casa de Missolonghi...

(ARTILHARIA FÚNEBRE AO FUNDO)

MULHER: Tudo, tudo parece conspirar contra a nossa pobre Grécia. Morreu Lord Byron.

HOMEM: Morreu Lord Byron. Mas... não sei... alguma coisa reviveu na Grécia.

MULHER: (Em voz supersticiosa) Sim, sim. Eu senti que qualquer coisa ele nos trouxe de volta desde que o vi passar pela cidade a cavalo. Seu cabelo encaracolado, seu rosto nobre, a expressão luminosa dos seus olhos... Eu... eu... eu acho que ele era um dos deuses antigos. Que Deus me perdoe. Estamos na Páscoa. Mas era, era! Por isso é que na Páscoa uma tempestade o carregou.

(PAUSA E RUMOR DE TEMPESTADE)

MULHER: Ele vinha levantar de novo todos os templos...

(MÚSICA FORTE, IMPONENTE)

NARRADOR: Ele começou de fato a reerguer os templos. Ainda hoje sua luta continua. Sempre que a Grécia está em crise, repete como uma inspiração o nome de Lord Byron. E é só com sacrifícios como o seu, só com a tortura de uma vida vivida na plenitude do sofrimento humano, é que chegaremos à humanidade sonhada por Shelley à beira de um lago suíço, longe dos pântanos de Missolonghi.

(MESMA MÚSICA FORTE)

América

Transmitida pela BBC em 13 de outubro de 1943

(MÚSICA DE ABERTURA. VOZES DE MARINHEIROS ESPANHÓIS.
ELES ESTÃO NUMA TABERNA,
OUVE-SE O SOM DE COPOS E GARRAFAS)

VOZ 1: Não sei... não sei... Que podemos esperar de uma viagem em três navios comandados por este louco? Dizem que só a rainha acredita nos planos que ele tem.

VOZ 2: (Essa é a única voz que fala calmamente) Por isso é que eu sigo para as Índias. Qualquer coisa me infunde certeza... Acho que a falta mesmo de certeza.

VOZ 3: Não deram ouvidos a este Colombo em Salamanca. Os que sabem não o escutam. **(Pausa e, de forma dramática)** Mas os que sabem nunca encontram nada. É preciso aventura se queremos agarrar as coisas deste mundo, é preciso risco. **(Ele bebe)** Eu estou resolvido a ir. E a voltar! Voltar e cobrir de ouro a bainha da minha espada, encher de pedras o seu punho, fazer vinho correr pelas ruas de Sevilha! Com mil trovões, para que serve esta vida se não podemos comprá-la? Ô taberneira, flor destas Espanhas, queremos vinho, mais vinho!

(TABERNEIRA ENTRA COM GARRAFA)

[*TABERNEIRA: Pronto, senhores.* **(Coloca a garrafa na mesa)**

VOZ 1: *Isso, vinho! Eu acho que vou por sua causa, minha bela. Por causa de vocês todas.*

TABERNEIRA: *Vai para onde?*

VOZ 1: *Para as Índias, pelo ocidente. Coisa que nenhum homem jamais fez!*

TABERNEIRA: *(Desdenhosamente) Hum... Então podemos mesmo nos dizer adeus. A famosa viagem... (Afastando-se) Mais vinho para os que ficam.]*

VOZ 1: **(Batendo na mesa)** É a voz de tantos... E se não chegarmos a lugar algum... Velejar, velejar e sempre mais oceano pela frente... Não chegar nunca mais!

VOZ 2: Velejar, velejar, e chegar a outros mundos... Abrir os olhos diante de coisas ainda não vistas... Ou até que não chegássemos. Eu também acho que a vida precisa ser comprada, mas não com ouro e pedras preciosas. Ela precisa ser comprada com a nossa audácia. Que importa? Vamos servindo os nossos reis, o nosso Deus – e nós mesmos. Eu quero respirar as ventanias do Mar Tenebroso...

VOZ 3: Nada, nada. Precisamos é ir às terras que viu aquele Marco Polo, terras com pontes de mármore e ouro e homens que se vestem de pérolas e esmeraldas. Chegaremos lá por mar.

VOZ 1: Vamos! Vamos! Que o demônio nos carregue para o fundo dos seus mares se não chegarmos a lugar nenhum.

VOZ 3: Se não chegarmos a lugar nenhum, o homem que nos vai levando terá explicações a dar...

VOZ 2: **(Convicto)** O homem que nos vai levando é dos homens que sempre chegam. Ele sabe como navegar, ele conhece os ventos e as ondas mais do que ninguém e nós teremos a sua glória também.

Tenho certeza de que um destino grande nos espera, de que um fabuloso mundo nos espera. **(Animado)** Ah, os mares novos que vamos cruzar, as tempestades zunindo pelo mastaréu dos barcos, as manhãs de bonança – a grande aventura, a grande aventura nos abre seus braços gélidos mas fascinantes!

VOZ 1: À viagem, à viagem! Bebamos à viagem!

AS TRÊS VOZES: À viagem!
(BARULHO DE COPOS)

VOZ 3: Ao poder, ao ouro!

VOZ 1: Às mulheres desconhecidas!
(PAUSA)

VOZ 2: (Com profundidade) Ao Mistério...
(MÚSICA)

NARRADOR: Três dos homens que iam tripular a *Santa Maria*, a *Pinta* e a *Nina*. Três marinheiros, somente. Mas três homens da Renascença também. A Europa vivia a embriaguez daquele instante histórico de nova criação, instante de febre e de ousadia, de irresistível sede de vida e de afirmação individual. Navegantes, pintores, escultores, arquitetos, poetas – toda uma esplêndida floração de humanidade que até hoje nos fascina, sonhava... Sonhava, até que chegou o instante da grande realização. Naquele 12 de outubro de 1492, o tiro de canhão disparado de bordo da caravela *Pinta* iria ficar para sempre como uma salva anunciando um real nascimento: o da América, filha da Renascença, herdeira da Europa. A estuante época não podia exprimir seu ardor espiritual em estátuas, em inventos, em quadros. Precisava também criar como um deus, criar uma coisa viva, um continente novo. Mas atrás da liderança genial e nobre dos Colombos, atrás dos sonhos puros do Infante D. Henrique, estava a massa brava mas rude dos espanhóis e dos portugueses que tripulavam os navios, a massa dos homens cheios de vida e que de fato queriam comprar a vida – com ouro, com pilhagem, com sensualismo, com roubo. Em terras do Brasil, na ponta civilizada do Yucatán ou no Império dos Incas, páginas de violência iam sendo escritas.

(MÚSICA)

NARRADOR: Mas a verdadeira obra de civilização começaria. À ambição e aos instintos desencadeados dos primeiros homens a desembarcar se oporiam outros fatores. Havia o verdadeiro europeu, o homem consciente de uma missão a cumprir diante da terra nova, inocente, e havia esta terra nova, secretamente intuitiva, por si mesma exigindo que começasse a se cumprir o seu destino. Por volta de 1537 deixava Lisboa em demanda do Brasil mais uma caravela. Como as outras, ia para voltar com seu carregamento de madeira, talvez de ouro e pedras preciosas, se ouro e pedras já tivessem aparecido, talvez de índios... Mas esta caravela já levava algo muito precioso para o Brasil, algo que compensaria tudo o que pudesse trazer de volta, mesmo que ouro, muito ouro...

(*FADE OUT*: SOM DAS ONDAS DO MAR E DO RANGER DO NAVIO)

MULHER: João Gonçalves! João Gonçalves! Ó João!

JOÃO: Sim, **(Aproximando-se)** que há?

MULHER: Uma gaivota! Veja, veja só. A primeira que aparece. Sinal de terra, não é?

JOÃO: Terra, minha querida, o Brasil que se anunciou a ti.

MULHER: Eu estava contra o sol e pensei que me havia enganado outra vez, que a terra estava ainda muito longe. O pássaro parecia uma pincelada preta no azul, muito longe. Mas de repente brilhou como uma estrela!...

JOÃO: Então é que estavas mesmo a ver coisas...

MULHER: (Rindo) Não, João Gonçalves, é que a gaivota havia mergulhado e voltado com um peixe. **(Pausa)** Como uma estrela a me dizer que chegávamos!... João...

JOÃO: Sim?...

MULHER: Eu sinto um temor, uma coisa estranha às vezes... Como será esta terra? Cada um dos que vimos nos disse uma coisa diferente sobre o Brasil. Santa Cruz... Santa Cruz era um nome mais bonito, mais calmo.

JOÃO: Minha querida, não vês que eu estarei sempre ao teu lado e que a terra nova nos há de abrir os braços? Quando nos casamos tu te entusiasmaste com a ideia de virmos para cá e eu vi nos teus olhos um reflexo do desejo que me enchia toda a alma, este largo e calmo desejo...

MULHER: De perigo, de aventura?

JOÃO: Tu foste meu perigo e minha aventura...

MULHER: (Ansiosamente) Ai, que eu desejo acreditar em ti. Dizem que as índias do Brasil são lindas como umas deusas.

JOÃO: Eu falava no meu largo e calmo desejo de viver dentro de horizontes novos, de viver... de viver bem junto às fontes humildes do que ainda será um rio, uma torrente...

MULHER: Tu falas...

JOÃO: Falo no futuro. Não há nada feito nestas terras descobertas agora. Tudo vai saindo do nada, tudo depende de nós... Não mais da nossa força aventureira e da nossa coragem de singrar mares onde cada onda nos parecia segredar que voltássemos... Fechamos os ouvidos à voz de cada onda e vencemos. Do canto traiçoeiro das sereias fizemos ritmo para a faina de bordo. A voz dos ventos contrários era um hino. Não há mares que nossas quilhas não tenham fendido para sempre. Mas agora... agora os nômades dos mares têm de acampar. Acampar principalmente no Brasil. Trabalhar, semear, colher...

MULHER: João Gonçalves, não tenho mais medo. Já sinto outra vez a certeza de que vamos ser felizes em São Vicente.

JOÃO: Meirinho em São Vicente. **(Rindo)** Não soa muito heroico o meu posto! Fosse eu ser príncipe das amazonas ou coisa que se aproximasse...

MULHER: João Gonçalves, tu falavas nas fontes humildes... Teu trabalho no Brasil é diferente. Tu és dos que vão semear e colher. Tu vais começar... começar o que ainda nem sabemos o que virá a ser.

JOÃO: Tu viste a tua estrela de prata e tu realmente vens iniciar uma fase nova na colônia...

(MÚSICA SUAVE AO LONGO DA FALA)

JOÃO: Tu... A primeira mulher branca a pisar as terras do Brasil.

(MÚSICA)

NARRADOR: E seguiram para o Brasil outros carregamentos de doçura. Depois dos homens vigorosos, centrados no seu próprio egoísmo e sedentos de uma satisfação ampla de todos os apetites, as terras americanas do Brasil abriram olhos ingenuamente deslumbrados diante de um novo tipo de homem que chegava. Principalmente diante daquele jovem franzino que fora em busca dos bons ares e boas águas da colônia. Além de não usar armas como os companheiros, tinha ainda aquele físico delicado, o rosto macerado, a voz grave e branda. Apenas uns 20 anos de idade, mas que nele já pareciam um fim de vida. No entanto uma força estranha animava aquele corpo frágil. E a seiva brasileira de fato aumentou, em vez de sufocar, a misteriosa corrente de vida que fluía através do missionário. Na rude Piratininga ele começou seu trabalho despersonalizado, em nome de uma realidade universal. Passou a dominar o tupi como o português e a dizer aos índios bravos, pela beira das praias ou no recesso dos bosques, umas verdades muito ousadas para a rude Piratininga daqueles tempos...

(MÚSICA INDÍGENA)

ANCHIETA: Os tupis são irmãos dos tamoios; os guaranis irmãos dos carijós; os aimorés irmãos dos tupiniquins – e todos eles irmãos dos seus irmãos brancos. Todos irmãos porque todos somos filhos do mesmo pai...

VOZES: (Distante) Tupã! Tupã!

ANCHIETA: Meus irmãos, eu venho trazer a vocês a voz do verdadeiro Deus, que veio à terra e morreu por todos nós. Os homens maus o mataram e ele morreu sem lutar. Se ele lutasse mataria todos os seus inimigos. Mas matar é um pecado e morrer é uma bênção. Quem morre sem matar, sem roubar, sem incendiar a taba dos seus irmãos vai viver eternamente junto de Deus, eternamente feliz. Vocês precisam rezar ao verdadeiro Deus, ao nosso pai...

VOZES: (Distante) Tupã! Tupã!

ANCHIETA: Jesus Cristo. Que acontecerá se todos obedecerem às palavras de Jesus Cristo? Se todas as tribos não roubarem, nem matarem, nem incendiarem a taba dos seus irmãos? Todas elas serão uma tribo só! Caçarão juntas e nunca mais faltará caça a nenhuma; plantarão juntas e todos terão o que comer; farão juntas as suas canoas e o peixe será sempre abundante... **(Pausa)** Mas se as tribos não obedecerem a Jesus Cristo, se continuarem se matando e se combatendo, quem, quem nos poderá dizer o que acontecerá?...

VOZES: (Distante) Pajé! Pajé!

ANCHIETA: Não, o pajé não pode ver o que acontecerá. É tão horrível que não se pode imaginar. As guerras matarão os homens, as mulheres. Os prisioneiros serão devorados. A terra toda ficará despovoada, sem ninguém para trabalhar e viver nela. **(Pausa)** Se vocês forem amigos, sempre terão o que comer e sempre poderão cantar e dançar juntos. Vejam os pássaros como vivem felizes. É que eles eram tão amigos na terra, que Deus Nosso Senhor os ensinou a voar, e hoje o espaço é só deles, e hoje eles podem voar e cantar o dia inteiro. Eram bons e Deus os cobriu de bênçãos, porque Deus é o amor.

VOZES: (Distante) Rudá! Rudá!

ANCHIETA: Deus é um só, Jesus Cristo, e só rezando a ele seremos felizes como as aves. E rezar não é apenas falar com Deus, e pedir dele o que queremos. Rezar é agir. É provar que somos merecedores do que pedimos. O jaguar e a onça gostariam também de ser felizes. Também gostariam que Deus os transformasse em criaturas que pudessem voar acima de todas as árvores do sertão. Mas são bichos maus. Se voassem iriam devorar todos os pássaros do céu, como fazem com os outros animais da terra. Assim, Deus os castiga, porque Deus que é o amor também é o castigo, também pune...

VOZES: (Distante) Anhangá! Anhangá!

ANCHIETA: Deus. Nosso Senhor Jesus Cristo. Ele vê tudo o que os homens fazem e tudo o que fazem os animais. Mas mesmo os que pecam, mesmo os que matam e guerreiam ainda poderão ir para o céu. Basta que sintam arrependimento. Basta que vejam o mal que fizeram e sintam uma dor, uma agonia, uma coisa forte que os faça ver que nunca mais repetirão aquilo, que nunca mais matarão e incendiarão. Esses também irão para o céu, para junto de Deus. Porque Deus é bom, é claro como a luz do sol...

VOZES: (Hesitante e distante) Guaraci, Guaraci...

ANCHIETA: Bom e claro como a luz do sol só Jesus Cristo, que leva os bons para morar no céu e castiga os maus. E todos, todos podem ir morar no céu onde está Jesus Cristo, o único Deus. Que é que ele exige para isto? Que antes de serem felizes no céu, as tribos sejam felizes na terra também. Que todos os homens possam dormir à noite o sono tranquilo daquele que não matando, não tem medo de flechas vingativas enquanto dorme, daquele que não cobiçando o que pertence aos outros, não se arrisca a que venham roubar o que lhe pertence. Uma vida calma, bonita, alegre, como a das arapongas e a dos colibris. Mas para isto Deus quer que trabalhemos. É preciso prometer e cumprir. Rezar e enterrar a murucú, o tacape e o tapir. Então as tribos serão felizes na terra também, pois assim disse que seria o único Deus, o verdadeiro Deus...

VOZES: (Um pouco mais perto) Jesus Cristo! Jesus Cristo!
      (MÚSICA)

NARRADOR: E quando acabava aquele seu catecismo ensinado a guerreiros e canibais, a acocorados homens nus que o ouviam cheios de pasmo, José de Anchieta ia escrever na lavada página de uma praia brasileira o seu poema à Virgem. Ou interrompia seus versos para ir parlamentar com o feroz Cunhambebe, para acalmar a fúria dos silvícolas com um crucifixo, para criar na terra brutalizada pelos aventureiros uma legenda de milagres. Ao homem da Renascença seguira-se o santo.

      (MÚSICA)

NARRADOR: E depois daqueles princípios em que para as novas terras afluíam nobres e degredados de todas as nacionalidades, flibusteiros, piratas e místicos, depois daquele esplêndido e assustador fermento, começou a brotar como uma realidade a América. Da confusa alvorada, emergiu realmente o Mundo Novo. No dizer do poeta brasileiro, um brado se espraiou por todas as praias:

VOZ 4: *I AM!*

VOZ 5: *YO SOY!*

VOZ 6: EU SOU!

NARRADOR: A América afirmava sua existência ao resto do mundo, sua euforia de ser. Falando inglês, falando espanhol e falando português. Dividida em países que, um a um, se foram fazendo independentes do domínio de além-mar, vivendo sua vida própria, desenvolvendo cada um seu comércio e sua política. Mas então esses países viram, primeiro obscuramente, depois como veem hoje, que eram um só. Que acima da independência que estavam todos dispostos a guardar contra tudo, havia uma interdependência. Pela primeira vez na história se viu o nascimento de uma consciência continental. A América do Sul, Central e do Norte olharam-se como irmãs. Nas lutas sustentadas por Bolívar, por San Martín, por José Bonifácio ou por George Washington, os americanos já sentiam um estremecer desta unidade. Precisavam ficar juntos, ou nunca seria tão grande a América. Precisavam trabalhar juntos, ou nunca iriam tão longe quanto queriam. E a América, desfrutando de uma paz pouco perturbada, pôde crescer. Um quarto de século atrás uma guerra europeia foi abalar seu ritmo de vida. Em 1939 a Europa escorregava novamente pelas paredes do abismo. E no dia 12 de outubro de 1940 vamos nos encontrar na América. Não importa onde. Numa estrada da América. À beira dela, sentam-se um luso-americano, um hispano-americano, um anglo-americano. Não importa qual deles está falando e qual respondendo. As três vozes bem podiam ser uma só. Um monólogo em três tons, partindo daquele ponto:

(MÚSICA AO FUNDO)

VOZ 4: *I AM!*

VOZ 5: *YO SOY!*

VOZ 6: EU SOU!

VOZ 5: A tarde já vai adiantada e a noite parece que vai ser ameaçadora. Talvez o melhor seja procurarmos abrigo já, antes que desabe o temporal.

VOZ 6: Mas é preciso decidirmos antes, mesmo assim. Procurarmos abrigo em que direção?

VOZ 5: Sim, sim. Paramos na encruzilhada... Agora é preciso decidir.

VOZ 4: Ou voltarmos ao ponto inicial, voltarmos a um caminho conhecido. Mas não, não creio...

VOZ 6: Não!

VOZ 5: Não!

VOZ 6: Antes ficar aqui, dormir aqui. Deixemos que venha a tempestade...

VOZ 4: Sim... Ela molhará os que a semearam mais do que a nós. Não vai ser forte por aqui. E daqui sempre podemos ver, correr em auxílio talvez. Vocês veem a Europa daqui?

(SOM DISTANTE DE DISPAROS)

VOZ 6: Eu estou ouvindo a voz da Europa.

VOZ 5: Ah, os ouvidos humanos! Os sons da alegria não se propagam com a mesma velocidade dos sons da angústia. Eu também ouço a voz da Europa, que vem por cima dos mares.

VOZ 4: Algodão, algodão nos ouvidos humanos! Nosso suor deve cair de nosso rosto sobre os nossos campos e nossos músculos se enrijecerem para os trabalhos da paz. Tapemos os ouvidos antes que...

VOZ 6: Antes que a nossa consciência ouça também? Ela já foi informada... E como é delgado o tabique que separa a consciência do remorso!... Hum, é qualquer coisa de muito profundo, qualquer coisa sanguínea que nos impele para a Europa.

VOZ 4: Ora, nossa imaginação, nossa imaginação. Se falarmos da Europa assim, como um todo, por que decidir, se a Europa guerreia a Europa, prova de que o todo não existe?

VOZ 6: Ah, eu também tento me enganar assim. Mas todos nós, quando dizemos Europa, falamos na Europa da qual herdamos nossas ideias, motrizes. A Europa que está viva dentro de nós e que respeitamos como uma nobre força geradora. Bem sabemos de que lado está esta Europa inconfundível. E ela está do lado que sofre e que precisa de nós! A Europa que nos criou...

VOZ 5: (Desdenhosamente) Sim, que há 448 anos chegou às nossas praias para dar mais um mundo ao mundo, mas também para receber seu preço em ouro, em desmandos. Creio que ficamos quites. Não voltou vazio um só dos navios que nos vieram descobrir.

VOZ 4: Que *nos vieram descobrir*?... Em que *nós viemos* descobrir. Por que quem somos nós? Quem são eles?

VOZ 6: Sim... Nós estávamos nas praias, mas estávamos nas caravelas também. Mesmo com o nosso sangue indígena, mesmo com o nosso sangue negro de hoje. Nós éramos eles. Eles eram os nossos índios e eram os negros que traziam para cá também.

VOZ 5: Nós somos o homem, o homem uno, universal!

(TEMPESTADE, VENTOS E TROVÕES)

VOZ 6: Todas as tempestades molham o mundo inteiro. Continuemos. Vamos para o centro da tormenta e para a sombra dos canhões que defendem a liberdade. Nós somos os herdeiros da Europa.

VOZ 4: Mais e menos que herdeiros. Os continuadores. O troar desses canhões não é o testamento da Europa. É a Europa viva, combatente. E a Europa que faz parte de nós. **(Pausa e rapidamente)** E se toda ela resiste espiritualmente, materialmente seu terreno diminui, diminui e diminui. A verdadeira Europa em luta contra o seu demônio, contra as forças do seu próprio inconsciente, já tem as proporções exíguas de uma pequena ilha no Mar do Norte.

VOZ 6: Podemos ajuntar a esta ilha o nosso continente. E depressa, depressa! A unidade que realizamos na América era apenas um experimento. Era o que o mundo vinha tentando, era o sonho que já dilatava os olhos dos homens quando os homens se viam apenas no espelho inicial do Tigre e do Eufrates.

VOZ 5: Sim, vamos lutar também. Esta guerra é o último esforço negativo. Vamos destruir este esforço. A Ásia regressa do fundo do seu passado. Em nossos dias se entroncarão as ideias e os credos.

VOZ 6: À mesa da conferência da paz sentar-se-ão Buda, Moisés, Platão, Maomé, Jesus.

VOZ 4: Está escolhido o caminho: em marcha!

(A TEMPESTADE É OUVIDA A DISTÂNCIA E A
PEÇA TERMINA COM UMA MÚSICA TRIUNFANTE)

O exílio de Frédéric Chopin

Transmitida pela BBC em 30 de outubro de 1943

GEORGE SAND: (Voz n. 1) Eu bem sei, bem sei que não me achava à cabeceira do leito de Chopin quando ele morreu, eu bem sei o que o mundo pensa de mim... Ah, pobres das mulheres que se aproximam dos homens de gênio. Não apenas porque jamais conseguem fazê-los felizes. Mas – e principalmente – porque sempre são acusadas de fazê-los infelizes. Quando os gênios são realmente dos que permanecem, as gerações vão vindo e se debruçando sobre a vida que viveram. O fascínio se repete e se repete. É como se o mundo quisesse surpreender, nas circunstâncias que cercaram aquela determinada vida, a essência extremamente volátil do próprio gênio. Mas nesta busca incessante, nesta caça ao imponderável, as gerações que se sucedem esquecem-se de que aquele que foi um gênio foi um homem também. Esquecem tudo e lhe perdoam tudo. Mas coitadas das pessoas que o cercaram, infelizes das mulheres que o amaram: a posteridade lhes vai pedir satisfações de cada instante de sofrimento daquele homem, vai fazer acusações, indagar... Por que, por que não entrei eu no quarto em que Chopin morria naquele outubro de 94 anos atrás?...

LISZT: Realmente, minha cara George Sand, um pequeno gesto, mas que teria feito uma grande diferença na sua biografia... [33]

---

[33] George Sand (1804-1876), pseudônimo da romancista francesa Amantine-Lucile-Aurore Dupin.

GEORGE SAND: Franz Liszt, não existe ironia onde estamos![34]

LISZT: Não foi minha intenção...

GEORGE SAND: Um pequeno gesto!... Eu jamais consideraria pequeno gesto poder ajoelhar-me à beira do leito daquele que amei tanto no instante em que ele...

LISZT: Em que ele entrava na imortalidade...

GEORGE SAND: (Não se incomodando com a interrupção) ...nos deixava para sempre.

LISZT: (Triste) Qual será o mundo de Chopin?... Não é o nosso... Ou ainda não chegamos lá. Aqui estamos e aqui já encontramos tantos amigos, mas o nosso Frédéric parece ter escapado para... para mais alto. Para muito mais alto, creio. Outro dia...

GEORGE SAND: Sim?... Frédéric?...

LISZT: Não, não... E deve ter sido um sonho. Acho que aqui onde estamos ainda se sonha. Acho que ainda não chegamos às últimas realidades, minha amiga. Outro dia eu ouvi uma coisa indescritível. Uma música... Não sei como nomear a forma, a composição, não sei. A melodia é... **(Preocupado)** Oh, não consigo, não consigo lembrar. Tudo é diferente. Não são as notas musicais lá da terra também, são... Inútil, inútil. Mas uma coisa, uma coisa, George Sand, é certa: a música era de Frédéric Chopin e de Johann Sebastian Bach. Juntos! Juntos! Onde, meu Deus?

GEORGE SAND: Onde, onde?... E por que não estaremos nós com eles? Que vontade nos estará separando? Ainda a vontade dos vivos, talvez. A injusta vingança dos vivos. Porque ele sofreu muito, porque ele tinha de

---

[34] Franz Liszt (1811–1886), compositor e pianista húngaro.

sofrer muito, seu sofrimento na terra é pago por nós. Como se tivéssemos culpa. **(Pausa)** Como se tivéssemos tido o poder de fazê-lo sofrer.

LISZT: **(Falando para si)** A música, a música... Como se chegará lá?... **(Respondendo-lhe)** Há uma quase unanimidade entre os vivos a respeito do seu papel na vida do meu pobre e glorioso amigo. Se a sua ideia é certa a respeito da influência dos vivos na posição que ocupamos aqui, talvez você ainda passe muito tempo sem ver Frédéric.

GEORGE SAND: Mas você, você também ainda não viu Chopin. E na terra vocês sempre foram amigos. Ele praticamente cortou relações com você, mas não por sua culpa. E a posteridade não acusa Franz Liszt.

LISZT: Acusa.

GEORGE SAND: De quê?!

LISZT: Minha cara amiga... Eu...

GEORGE SAND: De quê?

LISZT: Eu realmente prefiro...

GEORGE SAND: De quê?

LISZT: De haver apresentado Frédéric Chopin a George Sand...
                                (PAUSA)

LISZT: É difícil fazer conjeturas sobre o nosso destino aqui. Mas talvez por isto, eu, a despeito de ter sido um músico, estou tão longe daquela melodia...

GEORGE SAND: **(Triste)** Você também me acusa... **(Calorosamente)** Teria sido melhor se eu tivesse me defendido na terra com violência. Meu sofrimento...

LISZT: Minha cara George Sand. Já que estamos tendo uma conversa quase de explicações – você fez Frédéric sofrer. Defenda-se dizendo que você era uma mulher realista e que conhecia o mundo. Que Alfred de Musset também já estivera aos seus pés, que Paris já lhe dera sucesso, amor e fama – e que Frédéric Chopin, ao contrário, era um espírito delicado, retraído, uma aristocrática flor isolada. Defenda-se dizendo que durante dez anos você o abrigou, que suas mãos de novelista foram de jardineiro também, que humildemente você cuidou daquela flor até que as pétalas se abrissem perfumando o mundo inteiro... e até estas estranhas regiões onde estamos...

(PAUSA)

LISZT: Mas é possível você se defender dizendo que ao abandoná-lo depois destes dez anos, ao deixá-lo no mundo sem casa e sem amor, doente e desolado, você não foi em grande parte responsável pela tragédia da sua morte vagarosa, lúgubre. É um ser excepcional, e que havia amado George Sand, que havia padecido de ciúme e desespero durante dez anos...

GEORGE SAND: Você está apenas repetindo e repetindo o que dizem os vivos, Franz Liszt. Inacreditável! Realmente o Chopin que eu um dia abandonei era uma aristocrática flor isolada. Isolada num parque imenso e cercado de grades. Isolada a despeito de tudo, de todo o cuidado que lhe pudesse ser votado, de todo o amor. Ciúme e desespero eu padeci, eu que vaguei durante dez anos em volta das grades do parque.

LISZT: Mas ciúme? Desespero? George Sand? Talvez ele fosse retraído, mas se amou alguém decerto foi você!

GEORGE SAND: Não! Ele amou, tenho certeza, e não foi George Sand o seu amor. Ele amou na solidão do seu parque. Eu tentei descobrir logo que o conheci, e quando fomos para Palma de Maiorca. Eu tentei descobrir enquanto tive esperanças. Uma noite, depois de uma das *soirées* musicais que Frédéric dava no seu apartamento de Paris...

(CHOPIN TOCA PIANO. QUANDO TERMINA, OUVEM-SE DISCRETOS APLAUSOS.
POUCAS PESSOAS EM UMA PEQUENA SALA.
VOZES DIZEM: *"Magnífico"*, *"Perfeito"*, ETC.)

GEORGE SAND: (Com sua voz n. 2, como uma pessoa viva)
Frédéric, o grande poeta que eu te trouxe hoje não cabe em si de
admiração.

CHOPIN: Heine?

GEORGE SAND: Sim, Heine. Lá está ele, dizendo a Berlioz e
Mickiewicz que poesia e música podem se encontrar com a natura-
lidade com que se encontraram nos noturnos de Chopin. Heinrich!

(HEINRICH HEINE SE APROXIMA)

CHOPIN: (Fechando o piano) Já tivemos bastante música hoje.

HEINE: Da sua música nunca se pode dizer tal coisa. Acredite que ela
me faz quase profetizar o fim da poesia.

CHOPIN: (Rindo) Heinrich Heine dizendo uma coisa destas é o caso
raro de um profeta negando o seu próprio Deus.

HEINE: (No mesmo tom) Bem, deixemos que enquanto Chopin e
Heine vivam, poesia e música possam viver lado a lado também. Mas
se uma arte tende a se perder na outra, creio que a música ainda será
poesia, além de música. Talvez venha a ser até o idioma do futuro.
Imagine a humanidade conversando em noturnos...

CHOPIN: Como sonham os poetas...

(MICKIEWICZ SE APROXIMA)

MICKIEWICZ: Nesta casa, quando se fala em poetas aparece um imediatamente. Mas creio que sei do que se trata. O Sr. Heine me dizia,

Frédéric, como a sua música é um experimento novo em arte, uma coisa que ainda não podemos compreender.

CHOPIN: Eu sei que você a compreende, Mickiewicz, e Heine me confunde com as apreciações que faz...

MICKIEWICZ: ...e que eu queria elucidar como polonês. As apreciações do Sr. Heine já transportam a sua música para um ponto mais elevado. Mas o que em cada uma de suas composições arrebata e constrói, Frédéric, é a Polônia que sublinha tudo, a Polônia que nós vemos do exílio. Não apenas nas *mazurkas* ou nas *polonaises*, mas em tudo, em tudo que flui do seu piano.

CHOPIN: Estou entre dois fogos poéticos. Mas realmente, Sr. Heine, o que diz Mickiewicz, se não é o fim que já atingi – e que não tenho esperanças de atingir –, é ao menos o que ambiciono. Mostrar a Polônia tão viva na sua grandeza e no seu sofrimento atual, que o mundo inteiro terá de voltar-se para ela, terá de redimi-la.

HEINE: Com a música, revoluções podem nascer.

MICKIEWICZ: Hão de nascer.

(GEORGE SAND SE APROXIMA)

GEORGE SAND: Ainda se fala em música e poesia aqui?

HEINE: Ainda, e o Sr. Chopin já deve estar fatigado depois do repertório desta noite – uma das mais inesquecíveis noites que já vivi em Paris. Me retiro achando que é bem triste ser poeta apenas com palavras.

MICKIEWICZ: **(Rindo)** Eu vou me retirando também. Dois desconsolados poetas. Boa noite.

HEINE: Boa noite.

GEORGE SAND: Mickiewicz!

MICKIEWICZ: (Voltando) Sim?

GEORGE SAND: Como se poderia traduzir *Moia bieda*?

MICKIEWICZ: "*Moia bieda*"? Madame está aprendendo polonês? *Moia bieda* quer dizer "minha tristeza, minha mágoa".

SAND: Muito agradecida. Boa noite, Mickiewicz.
(AS PESSOAS SAEM, DEIXANDO CHOPIN E SAND SOZINHOS)

CHOPIN: Minha querida, eu ouvi você perguntar a Mickiewicz... **(Longa pausa)** Eu ouvi você perguntar o que significavam umas palavras polonesas...

SAND: Eu vi as palavras também...

CHOPIN: Sim... Você?...

SAND: Na gaveta dos seus manuscritos de música eu vi um velho envelope, cuidadosamente atado. Consegui dominar minha curiosidade a ponto de não abri-lo... mas não a ponto de não indagar de alguém o que significavam as duas palavras escritas com sua letra... "*Moia bieda*". Perdoe-me se fui indiscreta.

CHOPIN: Não, não, nada. De qualquer maneira, *moia bieda* é bastante desinteressante, a minha mágoa, quero dizer.

SAND: Talvez você prefira que não falemos.

CHOPIN: Aquele envelope tem apenas cartas, cartas e uma rosa murcha. Um romance tolo, uma paixão minha... **(Pausa)** Maria Wodzinska.

SAND: Você ainda?...

CHOPIN: Não, ela está casada. **(Rindo)** Um excelente casamento... Há cinco anos eu já havia deixado a Polônia, meus pais, minhas irmãs, quando me apareceu uma ocasião de rever os dois velhos a quem devo tudo. Não em Varsóvia – sabe Deus se eu ainda reverei a Polônia – mas em Karlsbad. Um grande vento de ventura parecia soprar a meu favor então, pois ao passar por Dresden fiquei uns dias com o Conde Wodzinski e a família. Um dos rapazes fora meu colega e... e sua irmã Maria me deixara uma doce lembrança. Havia pouco tempo eu lhe mandara uma valsa. Vendo-a, vendo seu cabelo dividido em bandós negros, seus olhos tão... poloneses, sua figura graciosa, eu me senti como que de volta à pátria!

SAND: E o exilado quis ficar para sempre...

CHOPIN: Sim, talvez esta explicação de romancista seja a certa. Maria Wodzinska era para mim alguma coisa genuína, minha. Minhas cartas nunca mudaram de tom, as dela mudaram. Deixei em Dresden uma quase noiva e em pouco tempo tinha apenas uma correspondente amável, cada vez mais distante e impessoal. São estas cartas, e uma velhíssima rosa alemã, que constituem a "minha mágoa", *moia bieda*.

SAND: Frédéric... Maria Wodzinska ainda ocupa na sua vida um lugar maior talvez do que você pensa.

CHOPIN: Não. Ela é como uma paisagem triste que eu vejo fora da minha janela.

(MÚSICA DE PIANO E DE VOLTA ÀS "NUVENS",
ONDE GEORGE SAND E LISZT ESTÃO)

GEORGE SAND: (Com a voz anterior, voz n. 1) Era de fato apenas uma paisagem triste, Franz Liszt. Maria Wodzinska já deixara de existir. Frédéric ainda estava apaixonado, mas por *moia bieda*, pela sua mágoa. Apaixonado pela melancolia e não por uma mulher. No entanto...

LISZT: Mas minha amiga, você decerto não ficou desesperada por comprovar que não havia *outra*...

GEORGE SAND: Mas havia, tinha de haver uma outra. Quando estávamos no Mosteiro de Valldemossa, em Maiorca, único lugar em que podemos morar na ilha, Frédéric escrevia os seus prelúdios, esses prelúdios que cada vez cativam mais os vivos. Eu o levei para Maiorca quando a moléstia já lhe havia invadido os pulmões, esperando que o sol quente da ilha lhe restituísse a saúde. Ai de mim! Muitos contratempos nos esperavam. Mas Frédéric estava feliz, uma felicidade nervosa, criadora. Eu saía às vezes sozinha, para longas caminhadas, depois que o inverno já começara. Ele tinha medo às vezes, ouvia fantasmas pelos corredores do mosteiro quase desabitado, mas compunha, compunha. Compunha com uma inspiração de amor, uma força sobrenatural, e eu novamente me debrucei sobre a isolada flor no meio do grande parque... Uma noite, quando voltei, chovia a cântaros. O velho mosteiro, à medida que eu me aproximava, parecia de fato alguma coisa mal-assombrada. Mas quanto mais perto eu chegava, ia tendo a impressão de que o mosteiro era assombrado por anjos. Anjos como ainda não os vi aqui, onde eles deviam existir. Cantavam...

(PRELÚDIO DA "GOTA D'ÁGUA", DE CHOPIN.
UMA PORTA BATE. A MÚSICA SÓ PARA QUANDO
SAND FAZ UMA PAUSA)

SAND: (Enérgica) Frédéric, que maravi... **(Pausa)** Frédéric, você...

CHOPIN: (Enquanto se levanta) Sim, sim? Eu... Oh, você? Pensei que não fosse mais ver você, que...

SAND: Meu querido, como você está pálido. Lágrimas!... E esta melodia, e esta música que você estava tocando.

CHOPIN: Que pesadelo, que horrível pesadelo! Quando a tempestade foi aumentando parecia que todo o mosteiro ia criando uma terrível vida. Os ciprestes lá fora pareciam sinistros monges curvados diante da ventania e outros monges começavam a povoar todas as celas abandonadas. **(Ele para e respira com dificuldade)** O vento se espremia em uivos pelas frinchas da porta. Pensei que você nunca mais voltaria do temporal, que tudo era o fim. Um frio intenso me invadiu. Eu... eu estava afundando num lago, lentamente, lentamente. No meu peito, no mesmo ritmo do meu coração, iam caindo gotas de água, água gelada. Comecei a tocar o meu adeus, este prelúdio.

SAND: O seu adeus?

CHOPIN: Sim, eu sentia o que sentem os afogados. Toda a minha vida parecia reconstituir-se diante de meus olhos... Do fim para o princípio. Fiquei dizendo adeus, adeus ao princípio. Em vez desta ilha onde todos me tratam como um condenado, onde queimam a cama em que eu durmo por medo do contágio, onde me evitam como a um leproso...

SAND: Não se excite, meu querido. A sua tosse voltará. Tudo isto já passou. Ainda ontem, você viu esses ignorantes mas bons camponeses se aproximarem, magnetizados pelo piano, olhando para você como para um deus. Em breve teremos um navio, voltaremos à França...

CHOPIN: Você é o meu consolo, meu oásis nesta ilha linda e malvada. Nada é sua culpa. Mas tem sido horrível, horrível! E ao contrário de tudo isto, eu dizia adeus à minha adolescência... E ia afundando, afundando no lago...

SAND: Você vai tomar uma bebida quente e deitar-se. Não pense mais em nada...

CHOPIN: Não pensar? Não pensar em Constância Gladkowska? Em Constância e na Varsóvia dos meus verdes anos. Nunca tive coragem de lhe dizer nada, de lhe declarar meu amor. Guardei-o em silêncio e nunca a esqueci.

SAND: Você não a esqueceu nunca?

CHOPIN: Agora, dizendo adeus à vida, eu a vi de novo. Mas através de um nevoeiro, de dentro do meu lago. E ela se fundia numa coisa maior. Eu via Constância, indo ao encontro de uma coisa enorme, e era a tudo aquilo que eu dizia adeus. É aquilo tudo que eu amo, que eu sinto como o fundo, a razão íntima da minha existência. Eu quero ir embora, ir embora para o meu passado e para além do meu passado. Minha saúde, minha vida...

SAND: Sua saúde há de voltar e a vida vai sorrir de novo. Você tem febre, meu querido, seus nervos estão tensos e esgotados.

CHOPIN: Olha lá, lá, lá fora. Veja como passa e repassa...

SAND: Não há nada lá fora, até a tempestade já amainou. Sua imaginação...

CHOPIN: Eu vi, eu vi Constância passando. Sorrindo para mim sem saber o quanto eu a quis, sem saber do meu segredo. E eu vi outra vez minha terra, a Polônia na primavera e a Polônia livre. E mais, mais longe...

SAND: Mas Frédéric, você me viu desaparecida no temporal, perdida para sempre, e seu adeus passou tão de leve por mim...

CHOPIN: Você é tudo, tudo que tenho, minha vida inteira. Que faria sem você este pobre doente, este corpo vencido?

SAND: Mas e Constância, Constância Gladkowska? E a sua visão do passado, das coisas que você realmente ama? Ah, Frédéric, eu sou apenas o seu presente...

CHOPIN: Você é tudo, tudo! O resto é só uma obsessão.

(MESMO PRELÚDIO E VOLTA ÀS "NUVENS")

SAND: **(Voz n. 1)** Eu tentei, Franz Liszt. Depois vi que era inútil. Resignei-me a ficar como a enfermeira, o jardineiro. Frédéric ia vencendo as crises da moléstia e seu sofrimento, físico ou espiritual, nunca pôde chegar à fibra do seu gênio. Durante os dez anos em que ele esteve sob as minhas vistas, como uma criança, brotou o melhor da espantosa obra. Em Paris ou no campo, durante o inverno quando sua saúde era precária ou durante os verões em que ele revivia, foi nascendo aquela teia de melodias.

LISZT: Mas um dia...

SAND: Não foi um dia. Não foi como em romances. Foram os anos. Nada de excepcional determinou nossa ruptura. Nosso amor, que já era apenas afeição, não estava mais sujeito a mudanças bruscas. Eu tinha as complicações da minha vida, da minha outra vida com a minha família, tinha meus livros, meus editores, tinha tudo o que todos temos lá em baixo, além do que muitos não têm: um Frédéric Chopin. Quando eu me afastei, arrastada pela minha própria vida, ele abriu as mãos, cavalheiresca e friamente...

LISZT: Para apenas sobreviver dois anos, dois anos de desgraça, perambulando pelo mundo, impossibilitado de continuar vivendo sem o único grande amor de sua vida. E ao morrer...

SAND: Eu sei, eu sei que devia ter estado à cabeceira de Frédéric. Eu estive lá, estive à sua porta, mas fugi. Ele não teve pensamentos para mim, Franz Liszt. E eu vi o cofre de prata que tanto havia conhecido. Acho que ao ver aquele cofre nas mãos de Frédéric agonizante, compreendi quem era minha rival. Quando, sem que ninguém me visse, entreabri a porta, sua irmã Louise estava perto do meu pobre e macilento Frédéric. Amigos enchiam o quarto. Pensei no mosteiro de Valldemossa, pensei no lago. Naquele instante ele de fato desaparecia nas águas geladas da morte. A Condessa Delphine Potocka, a velha amiga que ele sempre admirara, cantava para ele pela última vez, com uma voz suave, quase medrosa, como se um som mais forte pudesse apagar para sempre aquela vida bruxuleante.

(UMA ÁRIA SUAVE E DISTANTE)

CHOPIN: **(Moribundo)** Obrigado, minha amiga, obrigado. Parece que eu respiro melhor agora. A morte é linda como esta melodia, linda como a sua voz, condessa.

(SOLUÇAR DISTANTE)

CHOPIN: Meus amigos já se transformaram em sombras pelo quarto, tristes sombras... Louise?

LOUISE: Sim, Frédéric.

CHOPIN: Diga-lhes que se alegrem. Eu sonhei tanto com esta viagem. Não enxugue mais de minha fronte este suor frio. Ele é como um sopro fresco, uma viração amiga que parece vir de minha terra natal.

LOUISE: Não fale mais, meu irmão, feche os olhos, durma.

CHOPIN: Eles já estão quase fechados... Eu gostaria de ver agora as flores que me mandarão dentro em pouco. Flores sempre chegam tarde...

LOUISE: **(Chorando)** Frédéric, Frédéric...

CHOPIN: E não deixe que se esqueçam do meu pedido, Louise. Antes de me enterrarem, meu coração deve ser tirado do meu corpo. Eu não temo a morte, mas temo a vida. Temo ser sufocado, enterrado com um resto desta aflição que chamamos vida. E meu cofre, Louise, o cofre que eu trouxe da Polônia?

LOUISE: Está debaixo de sua mão, Frédéric.

CHOPIN: Abra-o, abra-o. Quero mergulhar os dedos pela última vez neste amado pó... **(Pausa)** Terra... terra da Polônia... Terra que nunca me sufocaria.

(NOTURNO E VOLTA ÀS "NUVENS")

SAND: (Voz n. 1) Eu não entrei, Franz Liszt. Minha rival, minha única rival, a Polônia, tinha estado ao pé do leito de morte como estivera ao seu lado durante a sua vida. Frédéric talvez tivesse acreditado no seu amor por Maria Wodzinska, por Constância Gladkowska, por seus pais, por George Sand. Mas pessoas não existiram para ele. Existiu o seu exílio e a sua visão da pátria.

LISZT: (Amistosamente) Das duas pátrias, George Sand. Ele não mentiu ao falar no "mais longe", "mais longe". Não mentiu ao dizer que só havia você e a obsessão, a grande obsessão. Exilado de duas pátrias, da Polônia e desta onde ele está agora, desta pátria que ainda não conseguimos achar. Talvez agora, agora que já compreendemos, possamos encontrar o caminho que leva à pátria dos grandes obcecados, dos que enquanto vivos estão num eterno exílio... *[(Pausa) A música, eu ouço aquela música outra vez! Venha, venha comigo! Talvez hoje, finalmente, encontraremos Frédéric Chopin.]*

(MÚSICA)

15 de novembro

Transmitida pela BBC em 15 de novembro de 1943

NARRADOR: Só quando adquirem uma clara consciência de continuidade histórica, começam a ser grandes as nações. Países, como homens, começam a desenvolver-se quase por instinto, impelidos para a frente pelo mesmo sopro de vida. E assim como a razão desponta um dia no indivíduo, a consciência nacional surge e imprime rumo à vida das nações. A nação brasileira, que comemora hoje 54 anos de vida republicana, sentiu muito cedo este apelo da consciência nacional. Em seu povo jovem, a tradição é uma força, e só os povos que avançam corajosamente para o futuro têm esse vivo culto do passado.

Um povo jovem, mas de austeras decisões. Que página mais bela do que a jornada republicana poderia ele escrever? Na história das revoluções o 15 de Novembro é talvez a data mais serena, a que melhor mostra uma inflexível determinação de progresso. Não se ensanguentou o solo do país porque a República era um anseio nacional. Atrás do exército em revolta estava a massa do povo brasileiro. Ao terminar a Guerra do Paraguai já este povo se achava voltado para as liberdades republicanas. E a 14 de novembro de 1889, quando o Rio de Janeiro fervia na expectativa de ver realizado o grande sonho, os jovens do país pareciam ser todos um só... Entremos numa casa carioca na véspera daquele grande dia 15. Entremos com este rapazinho, que está chegando demasiado tarde hoje...

(MÚSICA. UMA VELHA PORTA SE ABRE E SE FECHA)

MÃE: Meu filho, isto não são horas de se chegar em casa. Ainda mais nesses tempos, quando a gente nunca sabe o que pode acontecer de repente.

FILHO: (Ansioso) Onde está papai, onde está papai?

PAI: (Aproximando-se) Que foi, meu filho, que foi? Onde é que você andava?

FILHO: Eu estive com uns colegas da faculdade no Café de Londres. O fim da Monarquia está para qualquer instante, meu pai. Talvez amanhã...

PAI: (Interrompendo) Amanhã? Mas já está tudo articulado?

FILHO: Isto é o que dizem todos. Talvez amanhã seja feita a grande tentativa. O Brasil não pode mais esperar que o tempo decida o seu destino.

MÃE: Mas por isso vai o país mergulhar em lutas e revoltas? Que quer o exército, que querem esses revolucionários? Por que não dizem o que querem ao imperador?

FILHO: (Sério) Porque não querem o imperador.

MÃE: (Triste) Mas, meu filho, o velho imperador... Desde a minha infância eu o vejo governar o país. É um velho bom e honesto, uma veneranda figura.

FILHO: E o Brasil não é um país ancião, mamãe. É um país moço e cheio de riquezas, riquezas que esperam por nós, pelo nosso trabalho. O governo imperial é fraco, inativo. Estamos vogando, descendo ao sabor da corrente. Precisamos do vigor que só a liberdade absoluta pode trazer para desempenharmos a grande obra de construir o Brasil.

PAI: Minha querida, ele tem razão. Estão diante do Brasil todas as promessas de um futuro esplêndido. Mas se o país andar com seu tempo, aprender a governar-se dinamicamente. Os chefes republicanos demonstram esta energia. Veja o desassombro de Benjamin Constant...

FILHO: **(Interrompendo)** Falando como falou ainda outro dia na Escola Militar da Praia Vermelha. O ministro da Guerra estava presente. Não foi um discurso de conspirador e sim de um homem livre que arrisca a sua liberdade pela grande causa nacional. Foi atacado o ministério e o próprio regime.

MÃE: Isto porque o imperador permite, ele sempre permitiu a propaganda republicana.

FILHO: Permite? Ninguém permite o inevitável, mamãe. Por que não responde ele ao país, por que não responde aos discursos de Lopes Trovão e Silva Jardim? A resposta seriam grandes medidas de progresso nacional, realizações que provassem a vitalidade do regime.

MÃE: Ah, há pouco mais de um ano, ao tempo da Abolição, o povo ainda pensava de maneira diferente.

FILHO: Nunca, nunca! A Abolição já foi um movimento popular e republicano. Já veio com o mesmo sentido de inevitabilidade. O grande poeta do abolicionismo era um obcecado pela ideia da República. O Brasil que exigia liberdade para os seus negros e o que agora se fará República, conquistando liberdade para todos os seus filhos, são um só.

PAI: Sim, é verdade. A mesma força de libertação que prossegue em sua marcha. Por que não fez o imperador com que a escravidão se abolisse antes? Por que não tomou ele próprio, e muito antes de 1888, a iniciativa? Pessoalmente ele quase poderia ser chamado um abolicionista. Mas suas eternas hesitações, seu temor dos gestos apressados fizeram-no deixar com que as coisas seguissem demasiado lentamente para a justa impaciência do povo. Que tentará ele fazer agora, agora que a coroa lhe escapa das mãos?

FILHO: Marechal Deodoro saberá agir como grande chefe que é. Ele está enfermo, mas pronto para tomar a iniciativa a qualquer momento. Os ministros do Império serão presos.

MÃE: Meu Deus, meu Deus, e se houver resistência? Os soldados fiéis ao imperador decerto resistirão!

FILHO: Se houver resistência haverá luta. A República espera se impor não como um motim de quartel e um movimento de tiroteio. Ela é o que o povo quer. Mas a República vem para combater pelo Brasil e se tentarem impedir-lhe a marcha ela saberá abrir caminho.

MÃE: Meu filho, não vá. Você é um moço... quase um menino... o seu Brasil é o Brasil de amanhã. Não se arrisque.

FILHO: Eu preciso formar este Brasil de amanhã, que é o meu, mamãe. E não tema por mim. Estou certo de que tudo correrá bem. O inevitável é muito forte, mamãe.

PAI: Você precisa descansar, minha querida, vá.

MÃE: Eu ficarei rezando... **(Ela começa a partir)** Por você, meu filho... e pelo imperador.

(MÚSICA PATRIÓTICA)

NARRADOR: E o dia seguinte foi verdadeiramente o dia glorioso que até hoje orgulha o povo brasileiro. A República não veio manchada de pólvora e de sangue. As forças armadas que desde cedo percorreram as ruas do Rio de Janeiro estavam apenas consumando um ato histórico. As tropas se foram postar em frente ao edifício da câmara, e a voz do povo...

(SONS DA RUA, CAVALOS, ETC. E GRITOS:
"Viva a República!", "Viva o Marechal Deodoro!", "Viva a liberdade!")

NARRADOR: O Visconde de Ouro Preto, chefe do gabinete, tentou deter a maré popular, aquele irresistível impulso de libertação, e dirigiu-se ao general que entrara na câmara, dizendo-lhe que já no Paraguai ele fora valente, e tomava bocas de fogo ao inimigo. Fizesse agora outro tanto e tomasse as armas das forças de Deodoro. O general chamava-se Floriano Peixoto e respondeu:

FLORIANO: As bocas de fogo no Paraguai, Sr. Ministro, eram inimigas. Aquelas que V. Exa. está vendo são brasileiras... Fique V. Exa. sabendo mais, que estes galões que trago nos punhos foram ganhos nos campos de batalha, e por serviços prestados à nação, não a ministros.

(BARULHO DA RUA E GRITOS NOVAMENTE)

NARRADOR: Não havia mais forças fiéis ao regime e forças republicanas. Havia realmente a vontade do Brasil se impondo. Quando o imperador, que se achava em Petrópolis, chegou ao paço da cidade nada mais havia a fazer. Havia o governo provisório de Deodoro, Rui, Aristides Lobo, Quintino Bocaiúva, Benjamin Constant, Campos Salles, Wandenkolk e Demétrio Ribeiro. A República já iniciara a sua marcha.

(MÚSICA)

NARRADOR: E se entrarmos hoje numa casa carioca, bem podemos imaginar um velho, um avô de cabeça muito branca e um neto atento...

VELHO: Pois é, meu filho... Esta minha memória pode falhar em muita coisa, mas o grande dia 15 eu o guardo nos mínimos detalhes. Nenhuma lembrança da minha mocidade ficou tão clara. Eu vi a República no seu berço... Percorri essas ruas do Rio com as forças da revolução, ou da decisão republicana. Voltei para casa tonto de entusiasmo.

NETO: E a bisavó, a bisavó que ficou rezando pelo senhor e pelo imperador?

VELHO: A bisavó me fez compreender o Brasil melhor do que eu o compreendia então. Quando eu vi o imperador assumir a sua digna atitude, aceitar a vontade do povo como ele o fez, partir para o exílio sem uma palavra de queixa, eu compreendi a sua grandeza. Sem a sua fortaleza moral, a página da República nunca seria tão clara.

NETO: Ele soube conquistar seu lugar na história e no coração dos brasileiros.

VELHO: Porque nos deu esta consciência de povo que evolui, que vai determinando sua própria marcha, em vez de se debater e se dividir. Sabe... Hoje, a cada novo 15 de Novembro que o Brasil comemora, renova-se em mim a emoção *daquele* 15 de Novembro. Eu vejo os brasileiros se reunirem em torno do monumento do proclamador, e parece-me que tudo acontece de novo. Deodoro, no seu gigantesco bronze, erguendo-se acima da praça, acima do mar, é bem o marechal como nós o víamos em 1889. Mas, ao mesmo tempo, eu me lembro de uma outra estátua, esta em Petrópolis. Curioso que ela está à beira da Avenida 15 de Novembro, como se o monarca deveras tivesse se afastado para deixar passar o povo brasileiro na sua irresistível sede de progresso e liberdade...

(MÚSICA)

NARRADOR: País jovem e tradicional. Tão jovem que mudanças profundas na sua existência contam ainda com o testemunho dos vivos e tão tradicional que já fez de sua história um todo largo, compreensível e uno. Foi com a força impetuosa de sua juventude que o Brasil se alinhou entre as Nações Unidas, quando a sorte da guerra era ainda um mistério, mas foi obedecendo também à tradição de liberdade, democracia e respeito aos direitos humanos. Para a defesa destes princípios é que estremece hoje o solo brasileiro nos arrancos de uma indústria possante, é que seus aviões patrulham o litoral e que seus soldados – os soldados de Caxias e de Deodoro – se erguem, prontos para enfrentar o inimigo bárbaro.

(MÚSICA)

A história da BBC contada pelo Homem Comum

Transmitida pela BBC em 25 de novembro de 1943

HOMEM COMUM: (Ele fala com voz bem-humorada mas cansada) Eu sou o Homem Comum. Ainda não posso escrever minhas memórias completas, mas um dia o farei. Ainda me falta preparo, talvez. Há muitas coisas que ainda não consegui explicar a mim mesmo. Aliás, ao longo de toda a minha vida milenar tenho visto homens que se dizem superiores a mim, capazes de explicar todas as coisas e que me têm arrastado com orgulho para caminhos que diziam conhecer: nunca cheguei a lugar nenhum em companhia deles. Mas se só lentamente minhas memórias vão sendo escritas, certas lembranças que tenho irão certamente ocupar um lugar central – lugar que já ocupam na minha fragmentária biografia.

(Ele faz uma pausa e então continua, animado) Estranho que sejam lembranças tão ligadas à voz humana. Só, recentemente, muito recentemente, eu aprendi a difícil arte de ler e escrever. Muitos e muitos dos sábios que me roçaram através da história eu só conheço hoje, só hoje posso saber o que disseram. Mas houve homens que falaram apenas. E eu os ouvi. Talvez eles tivessem me adivinhado. Nunca hei de me esquecer do extraordinário grego. Eu não figurava entre seus discípulos, jovens que vestiam custosas túnicas e coroavam a fronte de rosas. Mas mesmo calçando sandálias rotas, meus pés nunca se cansavam de percorrer as ruas de Atenas até encontrar aquele homem de aspecto simples; assisti depois ao seu julgamento e, pela última vez, ouvi Sócrates falando aos atenienses...

(Pausa) Nunca pude esquecê-lo porque ele me deu a consciência do espírito humano, do meu espírito. Depois outra voz, uma grande voz soou e ficou cantando para sempre dentro de meus ouvidos. Esta era mais do que uma voz estranha. Era a minha própria voz transfigurada. E ela se dirigia a mim, diretamente a mim. Os apóstolos o rodeavam à beira do lago da Galileia, mas Jesus não falava aos escolhidos, e sim a todos, todos. A sua voz me deu a consciência da alma humana, da minha alma.

(Pausa e retorno ao tom bem-humorado inicial) Mas desde aqueles longínquos tempos meu modesto raciocínio de homem comum me convenceu de que se os homens se falassem, se um milagre pudesse fazer com que a voz humana pejada de ideias se ampliasse de modo a que todos a ouvissem, um milagre maior sobreviria, uma esplêndida era de compreensão universal. Tive de esperar, esperar séculos. Hoje, ao microfone de uma estação de rádio que este mês completou 21 anos, me parece tão simples o rádio... Mas com que emoção eu vi o nascimento da telegrafia sem fio numa casa de Bolonha! Só os três pontos da letra "S" em alfabeto Morse. Mas me pareceu uma grande música...

(*FADE OUT* NA VOZ. TRECHO DA 5ª SINFONIA DE BEETHOVEN)

GUGLIELMO: Bom, hoje é o dia. Vamos ver se a minha feitiçaria funciona mesmo!

ALFONSO: Que funciona nós sabemos, Guglielmo. Daqui do quarto você já fez tocar a campainha da porta sem nenhum fio condutor. Quase perdemos a empregada mais velha da casa, que não parava de se benzer, mas...

GUGLIELMO: Mas você acha que com a estação receptora a 1.700 metros de distância da transmissora as ondas do Sr. Hertz vão se impacientar e me mandar às favas... Pois eu garanto que elas estão a meu serviço. **(Em tom sonhador)** Sabe, Alfonso, eu não consigo sequer imaginar até onde poderemos ir com o sem fio...

ALFONSO: (Animado) Você acaba ou não acaba esses tubinhos e martelinhos?... Não aguento mais a expectativa. Já estou em ponto de arrebentar!

GUGLIELMO: Calma, calma...

ALFONSO: Calma, calma! Até parece que é diante de mim, e não de meu irmão, que estão prontas para se abrir as portas da imortalidade...

GUGLIELMO: E não faça discursos de fim de banquete. Estamos apenas preparando os *hors d'oeuvre* do sem fio.[35] **(Breve pausa)** Pronto!

ALFONSO: Afinal, afinal!

GUGLIELMO: Agora, temos de transportar a estação receptora lá para a colina. Vou transmitir o "S" em Morse. Bato os três pontos aqui e se você os receber lá agite a bandeira branca.

ALFONSO: Meu Deus, Guglielmo, quase mil metros! Impossível, impossível!

GUGLIELMO: Dentro de muito pouco tempo você estará agitando a bandeira branca.

ALFONSO: Eu grito, eu grito. Se eu ouvir lá...
  (*FADE*. SILÊNCIO. TRÊS TOQUES SÃO OUVIDOS. SILÊNCIO. UM GRITO A DISTÂNCIA: *"Viva! Viva!"*. A VOZ SE APROXIMA GRADUALMENTE)

ALFONSO: (Ofegante e animado) Perfeito!... Perfeito!... Sem fio, sem fio... Pela terra toda... Precisamos construir coisas enormes... Pela cidade inteira... Pelo país... Pela Europa... Os continentes vão se saudar por cima dos mares... Claro! Claro... Eu ouvi os três pontos, assim, bem nítidos: Tá-tá-tá...
  (A 5ª SINFONIA DE BEETHOVEN COMO QUE REPETINDO O TÁ-TÁ-TÁ)

---

[35] *Hors d'oeuvre*, termo francês para aperitivo.

HOMEM COMUM: E em 1896 Guglielmo Marconi já estava na Inglaterra. Em sua terra natal não havia grande encorajamento, e a vocação do sem fio parecia ser o mar. A Inglaterra, que era a pátria dos navios, iria ser a pioneira do rádio. Quando o bolonhês de 22 anos desembarcou aqui nesta ilha com sua grande ideia, eu me lembrei do genovês que um dia desembarcara na Espanha com outra grande ideia. As experiências entraram num ritmo de febre. O Departamento de Correios da Inglaterra acompanhou cada novo e audacioso passo do inventor. Sir William Preece e o grande cientista que era Sir Oliver Lodge estavam na vanguarda das descobertas científicas do tempo. Mas deixaram que o jovem italiano que soubera pôr em prática ideias que andavam no ar fosse abrindo seu caminho. Ergueram-se gigantescas antenas na planície de Salisbury. Sinais cruzaram o país em todas as direções e com a entrada do século XX os primeiros sinais transatlânticos eram transmitidos. Mas uma grande tragédia é que iria abrir desmesuradamente os olhos do mundo para o sem fio. O milagre técnico ia mostrar seu enorme valor humano para mim, para o homem comum.

(Pausa) O *Titanic*, Rei do Atlântico, saiu em 1912 de Southampton para Nova York. Mais de 46 mil toneladas de luxo e perfeição industrial e artística. O *Titanic* deixou o porto todo embandeirado, carregando a multidão mais alegre do mundo. Era o navio "inafundável", o colosso dos mares que nada podia assustar. E quando em pleno Atlântico, às onze e quarenta de uma noite gelada, mas em que as orquestras de bordo zombavam das tantas montanhas brancas que cercavam o navio, o *iceberg* chocou-se com o *Titanic* num estrondo medonho...

(SOM DO IMPACTO COM O *ICEBERG* E MÚSICA DE BAILE DIMINUINDO. UMA PORTA SE ABRE ABRUPTAMENTE)

OPERADOR DO SEM FIO 1: Capitão, que mensagem devemos mandar?

CAPITÃO: O regulamento internacional de pedido de socorro. Temos de mandar um C.Q.D. Diga que nos chocamos com um *iceberg*.

OPERADOR 1: Já, capitão!

(MENSAGEM SENDO ENVIADA)

OPERADOR 2: É... É o fim, capitão?

CAPITÃO: Nunca, nunca, com a ajuda de Deus. O *Titanic* não será afundado. Já fiz com que tranquilizassem os passageiros. Precisamos de auxílio, mas tudo acabará bem. Repitam a mensagem de socorro. Estarei de volta em dois minutos.

(FADE OUT NOS RUÍDOS DA MENSAGEM SENDO ENVIADA.
O CAPITÃO RETORNA E OUVE-SE O SOM DO RANGER DO NAVIO
E DE CADEIRAS SE MOVENDO)*

OPERADOR 1: Já obtivemos resposta do *Carpathia*, do *Frankfurt* e do *Olympic*. Mandei também o S.O.S., o novo sinal do regulamento.

CAPITÃO: Não cessem as mensagens por mais alguns segundos. Eu colocarei os salva-vidas em vocês. Não deixem parar o coração do meu pobre *Titanic*, rapazes. A água já invadiu a casa das máquinas. Os botes já foram arriados. A esperança agora é salvarmos vidas humanas.

*(SOM DO TELÉGRAFO ENVIANDO MENSAGENS.
EXPLOSÃO DISTANTE)*

CAPITÃO: Deixem a cabine, rapazes! Para os botes!

OPERADOR 1: Eu fico, capitão.

OPERADOR 2: Também eu, capitão.

CAPITÃO: Vocês já fizeram tudo o que marinheiros ingleses seriam capazes de fazer. Tratem de suas vidas agora. E depressa, depressa!

OPERADOR 1: Capitão, não consigo mais transmitir a mensagem. A água já nos cortou dos ares, já parou o coração do *Titanic*.

(GRANDE EXPLOSÃO E SOM DO NAVIO AFUNDANDO)

HOMEM COMUM: Mas enquanto pudera pulsar, aquele bravo coração lançara seu angustioso apelo a outros navios e até à costa. Os que se puderam salvar da pavorosa catástrofe deviam a vida àquela cabine. **(Pausa)** Mas antes que eu ouvisse o meu rádio, o rádio do povo, que transmite de uma terra para outra a voz dos homens e a música que eles criaram, outra grande tragédia estava no caminho, a Guerra que chamávamos "Grande". Eu lutei, lutei tentando esquecer que aquele invento que viera para irmanar os homens, auxiliava-os a matarem-se uns aos outros. Em vez de mensagens claras com que eu devia me fazer conhecido de todos os meus irmãos, os códigos secretos enxameando nos céus. **(Ele suspira)** Mas naquele mês de novembro de 21 anos atrás meu pobre sonho entrou em convalescença. Minha esperança se cobriu outra vez de folhas verdes. Primavera à vista...

LOCUTOR: Alô, alô. Fala 2L0. Fala 2L0. Estação de Londres da British Broadcasting Company. 2L0. Esperem um minuto, por favor.

(INTERVALO)

LOCUTOR: Alô, alô. Fala 2L0. Fala 2L0. Estação de Londres da British Broadcasting Company. Muito gratos pela espera. Ouviremos agora um número de música.

(SOM ANTIGO DE PIANO)

HOMEM COMUM: Foi exatamente assim que começou a BBC, numa pequena sala da Marconi House, em Londres. Me perguntarão: Por que é que princípio tão modesto teve um efeito de primavera nas suas desenganadas esperanças? É que aquela estação principiante, que pedia aos ouvintes que esperassem pelo piano, vinha apenas para dar notícias e irradiar música. 2L0 – nome com que a BBC foi batizada então – vinha inocente do pecado original do anúncio e da propaganda. Vinha jovem e travessa, levando música e levando ideias até os curiosos aparelhos de cristal com que os ingleses ouviam rádio então.

Seis anos depois de fundada mudava-se para um edifício em Savoy Hill. À medida que estações iam sendo estabelecidas em cidades da Inglaterra e da Escócia, os prefeitos das respectivas cidades vinham ao estúdio, de plastrom e cravo à lapela, fazer o discurso inicial. E na noite de ano-novo de 1923-1924, à meia-noite, pela primeira vez ouviu-se uma voz que ainda seria amada por todos os homens livres do mundo...

LOCUTOR: 2L0 chama as Ilhas Britânicas. Vamos ouvir o Big Ben.
(BIG BEN, SEGUIDO DE CANÇÃO DE NATAL)

HOMEM COMUM: E a BBC foi prosseguindo em sua marcha de bandeirante. Foi ampliando seus programas e à medida que os ampliava ia compreendendo mais a verdadeira vocação do rádio. A BBC – A Voz de Londres – era a voz de um Império também. E apenas a voz de um Império? Em princípio de 1927 a BBC mudava de nome e ultrapassava numa irradiação os limites do Império...
(MÚSICA)

LOCUTOR: Fala a British Broadcasting Corporation chamando as Ilhas Britânicas, o Império Britânico, os Estados Unidos da América e o Continente da Europa, de Londres, Inglaterra, através de Daventry 5XX e Chelmsford 5SW.

HOMEM COMUM: Em 1932 a BBC se mudava para Broadcasting House, seu grande edifício no centro de Londres. Um grande transmissor de ondas curtas já se erguia em Daventry para um serviço regular para o Império. De dentro de seu palácio de Londres, a cada novo Natal, o Rei Jorge V falava a todos os seus filhos britânicos...
(TRECHO DE GRAVAÇÃO DE DISCURSO DE NATAL DE JORGE V)

HOMEM COMUM: Em 1932 já se iniciara o serviço para o Império, em 1936 se inaugurava o melhor serviço de televisão que o mundo já viu até agora, e em 1938... Em 1938, no mês de janeiro, teve lugar uma grande novidade na BBC, grande mesmo se falarmos em televisão: a BBC tornou-se poliglota. Já não ia falar apenas inglês para quem pudesse entendê-la. No mês de janeiro de 1938 a BBC falou árabe...

(GRAVAÇÃO DE LOCUTOR FALANDO EM ÁRABE)

HOMEM COMUM: E dois meses depois, na noite de 14 de março, estava repleto o grande salão de concertos da Broadcasting House. Estavam presentes todos os representantes das repúblicas latino-americanas. Como segunda e terceira língua, a BBC tinha aprendido a falar espanhol e português para se dirigir aos latino-americanos. Abriu o programa um concerto da Orquestra Imperial da BBC.

(TRECHO DA "COCKAIGNE OVERTURE",
DO COMPOSITOR INGLÊS EDWARD ELGAR)

LOCUTOR: Estação de Londres da BBC, em seu Serviço Latino-americano. Ouviremos os Embaixadores do Brasil e da Argentina e em seguida uma saudação da BBC, em português aos seus ouvintes do Brasil e em espanhol a todos os demais países da América Latina. Ouviremos agora "Saudades do Brasil", de Milhaud.

(TRECHO DE "SAUDADES DO BRASIL")

HOMEM COMUM: Pouco tempo depois expandia-se a transmissão para a América Latina, em junho. E nunca mais se afrouxaram esses laços aéreos entre a Grã-Bretanha e a América Latina. A cotidiana mensagem da voz humana entre a BBC e vocês, intercâmbio que desmoralizou todas as ondas do mar que estão no meio, ia crescer sempre, desde aquela noite de 1938, em que pela primeira vez os brasileiros ouviram...

LOCUTOR: Estação de Londres da BBC...

HOMEM COMUM: 1938... Grande ano para a BBC e grande ano para mim, para o João da Rua de todas as terras... As nações do mundo tinham começado a se falar. Já estávamos no tempo do milagre...

(OUVE-SE UMA GRAVAÇÃO DE HITLER AO LONGE)

HOMEM COMUM: O próprio progresso da humanidade entregará o grande instrumento da compreensão...

(OUVE-SE UMA GRAVAÇÃO DE MUSSOLINI AO LONGE)

HOMEM COMUM: A todos os homens de boa vontade. E como não há de ter boa vontade cada um, se a segurança de todos é a única promessa de paz para cada indivíduo?...

(*FADE IN* NA VOZ DE HITLER E NA DE MUSSOLINI, ATÉ FUNDIREM-SE NUM RUÍDO QUE CRIE A IDEIA DE ALUCINAÇÃO, ENQUANTO O HOMEM COMUM FINGE NÃO OUVI-LOS)

HOMEM COMUM: Só loucura, só um criminoso delírio vindo bem do fundo das eras mais negras da humanidade poderia fazer com que os homens de hoje ainda se combatessem. A humanidade já regenerou pelo conhecimento e pelo avanço moral. Já ficaram muito para trás as taras inconfessáveis e os berros primitivos que clamavam por assassinato...

(AS VOZES AGORA SÃO ALTAS DEMAIS. *FADE*)

HOMEM COMUM: Mas era verdade, verdade! Que adiantara Munich, que adiantara a tentativa fútil de negociar com quem já tinha no espírito aquela brutal e primária sede de conquista? A figura patética do homem que tentara salvar a paz na cidade-berço do nazismo curvou-se abatida sobre um microfone da BBC em Downing Street, n. 10...

(TRECHO DA FALA DE CHAMBERLAIN: "*A STATE OF WAR EXISTS*")

HOMEM COMUM: Guerra, guerra que uma vez mais vinha tingir minhas mãos de sangue. E o poderoso inimigo não se iria deter diante de nada. Uma estranha moléstia ia dando uma cor só ao mapa da Europa, a cor dos uniformes alemães. Numa colheita rápida e sinistra iam sendo ceifadas as nações...

VOZ 1: A Dinamarca! A Noruega!

VOZ 2: A Bélgica!

VOZ 3: Holanda!

VOZ 4: Luxemburgo!

VOZ 5: A França!

(RUÍDOS DE GUERRA E MÚSICA)

HOMEM COMUM: Mas à medida que a voz humana ia silenciando nos países invadidos, à medida que a minha voz era sufocada no continente europeu, eu a ouvia renascer aqui. Vozes amordaçadas lá longe, mas que irrompiam aqui de mil microfones, que ressuscitavam, fundidas na voz de Londres...

(GRAVAÇÕES DE LOCUTORES DA BBC EM
DIVERSAS LÍNGUAS)

HOMEM COMUM: A BBC estava em guerra também. A Broadcasting House, com sua alongada forma de navio, fez o *blackout* de todas as suas janelas, revestiu-se de uma cor sombria. O alegre navio, como o próprio navio em que ancora – esta ilha britânica – embuçou-se como um couraçado dentro da noite. Mas dos mastros de suas antenas as vozes da esperança continuavam a brotar. A França desnorteada pelo que parecia uma derrota final ouvia às escondidas o General De Gaulle...

(TRECHOS DA FALA DE DE GAULLE:
"LA FRANCE A PERDU UNE BATAILLE. MAIS LA
FRANCE N'A PAS PERDU LA GUERRE!" – MÚSICA)

FRANCÊS: (Numa voz rouca e entusiasmada) A França só perdeu uma batalha. A guerra ainda havemos de ganhá-la!

FRANCESA: (Soluçando) Meu querido, meu querido... Que felicidade, que enorme felicidade. Como é fácil a gente acreditar em Deus...

FRANCÊS: Só uma batalha, Marie, só uma batalha. A segunda já começou.

FRANCESA: Paris renascendo em Londres... A voz indomável da França fora do corpo da França. Nunca, nunca hei de esquecer as palavras de De Gaulle.

FRANCÊS: Mas esse instante não é dos que ficarão apenas como uma memória, Marie. As palavras de De Gaulle são uma ordem de combate. Abriu-se a segunda batalha...

(BATIDA FORTE NA PORTA)

ALEMÃO: Abram em nome da lei.

FRANCÊS: Lei...

FRANCESA: Psiu... Está bem escondido o rádio?

(BATIDA FURIOSA NA PORTA)

FRANCÊS: Vou abrir, vou abrir, calma...

(PORTA ABRINDO)

ALEMÃO: Eu gostaria de fazer uma busca...

FRANCÊS: Há apenas três dias a casa foi tão bem revistada que o seu companheiro descobriu aqui a mais inesperada das coisas. Nem eu mesmo sabia que tinha...

ALEMÃO: Sim...

FRANCÊS: Uma garrafa de vinho!

ALEMÃO: (Ameaçador) Eu não estou aqui para brincadeiras, *Monsieur* Lablanche.

FRANCÊS: Brincadeira? Vinho nesses tempos, capitão?

ALEMÃO: Eu estou aqui para saber se o senhor tem algo mais perigoso e menos embriagador do que vinho... Ou talvez tão embriagador... **(Ele caminha pelo cômodo despreocupadamente)** Pelo menos muita gente se embriagou na cidade há pouco. Muita gente que a estas horas já tem a cabeça bem clara novamente. **(Ele faz uma pausa)**

Madame também não terá sentido esta curiosa embriaguez? Madame também não ouviu uma voz? **(Sarcástico)** Uma voz misteriosa?

FRANCESA: Ouvi, Sr. Oficial. Uma voz de esperança e uma voz de comando. Uma voz me dizendo que a França tinha perdido uma batalha, mas não a guerra.

(PAUSA. O ALEMÃO GRITA)

ALEMÃO: Ainda tem a ousadia de confessar! Acreditando nestas loucuras de um francês foragido. A França só poderá ser grande outra vez se ajudar o Reich na luta contra a Inglaterra. O rádio, onde está o rádio?

FRANCESA: Nada mais poderá diminuir minha esperança na França viva, Sr. Oficial. A voz da esperança não vai desaparecer com rádios confiscados.

ALEMÃO: Mas nós "confiscamos" pessoas esperançosas também, madame.

FRANCESA: (Honestamente) Mas prenda o país inteiro agora, capitão. Passe arame farpado pelos limites da França... É a única maneira de prender todos os que têm esperança. O senhor também tem esperança. Reviste a casa, prenda-me, cumpra seu dever. Mas diga-me se também o senhor, no fundo do seu coração, não vê a luminosa França que se ergue das ruínas. Diga-me e seremos amigos...

ALEMÃO: Presos, presos! Já tivemos bastante comédia. Falar nesta França é uma traição. Uma França escondida na Inglaterra, vendida! Soldados!

(O ALEMÃO CAMINHA RAPIDAMENTE PARA A PORTA
E COMEÇA A ABRI-LA. DE REPENTE, ELE PARECE TER SIDO ESTRANGULADO E
SEU CORPO CAI, FECHANDO A PORTA)

FRANCESA: Morreu. Morreu por não ter fé. Eu me entregava, eu morria feliz se ele pudesse ter fé.

FRANCÊS: Depressa, depressa, temos de fugir. Fugir para continuar a guerra. Este é apenas o *primeiro* morto da segunda batalha.

(MÚSICA)

HOMEM COMUM: A esperança ia acendendo, até a loucura, o heroísmo dos que pareciam mortos e que eram galvanizados pela voz de Londres. Sim, a BBC estava em guerra. Homens de todas as nações afluíam, de nações livres e de nações dominadas, todos vinham dizer a verdade ao mundo, vinham pregar a resistência, o poder da alma humana. Daquele seu risonho início na Marconi House a BBC se transformara na grave e imensa fortaleza da civilização. A Broadcasting House multiplicou-se pela Inglaterra. Se uma bomba a atingisse, "de algum lugar da Grã-Bretanha" sempre se ergueria a voz que alimenta até hoje o espírito da Europa. E enquanto Londres era bombardeada...

(BOMBARDEIO EM LONDRES. *FADE*)

BRASILEIRO 1: E para onde vamos nós, para onde vai a Seção Brasileira?

BRASILEIRO 2: Não tem importância. As bombas estarão caindo lá também.

BRASILEIRO 1: Isto é o principal. Em qualquer lugar teremos bombas e microfones. Bombas provando a teimosia dos alemães e microfones provando a fleuma da BBC.

BRASILEIRO 2: E o mais curioso e absurdo é que a gente aqui não consegue pensar nem por um minuto que as bombas alemãs vão conseguir alguma coisa. Elas explodem com um ódio impotente... não sei...

(EXPLOSÃO PRÓXIMA)

BRASILEIRO 1: Acaba de explodir mais desilusão nazista.

(MÚSICA)

HOMEM COMUM: E o mundo, afinal, começou a abrir os olhos que já viam luz depois da treva do pesadelo... O fim de 1942 já era uma nova época.

LOCUTOR 1: Estação de Londres da BBC. O desembarque aliado na África do Norte...

(FADE IN E FADE OUT DEPOIS DE CADA LOCUTOR)

LOCUTOR 2: ...a rendição incondicional da Itália...

LOCUTOR 1: ...de acordo com o Presidente Roosevelt encerrou-se como um "tremendo sucesso" a Conferência de Moscou...

HOMEM COMUM: Hoje, a voz da esperança já é quase a da vitória também. Mas o momento de glória da BBC ficou em 1940. Foi então que a voz de Londres vibrou com um acento clássico num sentido de eterno. Uma voz em que soavam as mais antigas e mais ilustres aspirações humanas. Quando a Grã-Bretanha parecia ao mundo um desamparado rochedo que entregara sua derradeira defesa a um braço de mar, aquela voz veio dizer que sofrimento e luta ainda eram as estradas que levavam os homens e as nações à liberdade e à glória. As verdadeiras vitórias são impossíveis sem que sangremos, suemos e choremos.

(TRECHO DO DISCURSO DE CHURCHILL:
"WE SHALL NOT FLAG OR FAIL". MÚSICA)

HOMEM COMUM: Eu sou o homem comum. Chamam a este século o meu século. Terei de fato chegado ao meu destino ou ainda empurrarão para outros séculos as palavras de ódio que desfiguram a voz humana?

Revista do ano

Transmitida pela BBC em 30 de dezembro 1943[36]

LOCUTOR: Estação de Londres da BBC. Apresentamos esta noite uma dramatização radiofônica escrita por A. C. Callado e dirigida por Michael Ould. Senhoras e senhores – *Revista do ano.*

(MÚSICA. SINOS)

LOCUTOR: O ano de 1942, que começara angustiosamente para as Nações Unidas, terminou com um alegre bimbalhar de sinos – sinos que tinham sido silenciados, e que só tocariam para dizer aos ingleses que a ilha estava sendo invadida, abriram subitamente as gargantas de bronze, lançando um claro grito de vitória. 1942 despediu-se fazendo quente o nevoento dezembro destas ilhas; o sol do deserto, o sol de El Alamein, aquecia cada coração inglês. **(Pausa)** E agora chegou o momento de nos despedirmos de 1943. Ele não desapontou as Nações Unidas. Ele já vai saindo, está quase saindo, tem apenas pouco mais de 24 horas de vida, mas se pudesse falar, ainda teria um fio de voz para relembrar sua vida de 12 meses...

1943: (Interrompendo) Um fio de voz? Sou eu o espaço de tempo que o senhor chama de 1943 – por sua conveniência. Minha voz está tão forte quanto a voz de qualquer outro período de tempo. O tempo é contínuo, indivisível. Eu não sou um elo, sou uma perfeita continuação do que os senhores chamaram 1942 e do que chamarão 1944.

---

[36] Não foi possível localizar o recibo deste roteiro, mas conhecemos sua autoria porque o nome de Callado está indicado como autor. Além disso, a datação foi possível devido a elementos indicativos encontrados em passagens do próprio texto.

LOCUTOR: Mas...

1943: Eu sei, eu sei que o senhor está surpreso, surpreso principalmente com a minha aparição aqui.

LOCUTOR: Mas...

1943: E eu sei, eu sei também que se o senhor não dividir o tempo em anos a história dos homens fica muito confusa. Eu compreendo isto tão bem que aqui estou. Só vou recapitular fatos da minha história. Descanse, descanse um pouco. Vou voltar ao que o senhor chama de primeiro dia do meu ano, 1º de janeiro de 1943. Esse dia me foi particularmente grato porque no Pacífico os japoneses tiveram de morder com força o fruto amargo da derrota e...

LOCUTOR: Perdão, perdão, Sr. 1943 – uma última interrupção e eu lhe entrego o microfone depois.

1943: Sim?

LOCUTOR: O senhor, apesar de ser apenas um abstrato pedaço de tempo, já mostrou ser antinipônico. Espero que seja antinazista também.

1943: Sim, naturalmente.

LOCUTOR: Então, por que é que quando o senhor se chamava 1940, por exemplo, favoreceu tanto os alemães?

1943: Eu não sou imparcial, eu olho com simpatia todo o esforço humano que é justo e nobre; mas só os homens podem decidir se eu serei bom ou mau. Não pense que Justiça e Liberdade são palavras inventadas pelos homens, palavras sem sentido para o Tempo. Uma e outra são minhas filhas, filhas da experiência de toda a humanidade, que é fruto do tempo, mas eu nem posso proteger estas filhas. Quando elas foram aprisionadas, ultrajadas, violadas na Alemanha nazista, eu continuei a passar, a passar, a passar. Mas voltei-me para os ingleses, que ainda estavam livres na Europa. Entreguei-me a eles, quando me chamava 1940; os ingleses são curiosos, pois chamam a mim, Tempo, de "dinheiro". Mas naquele ano eles se ergueram à altura de minha expectativa: chamaram-me de "Sangue, Suor, Lágrimas". Foram ao fundo da sua história, sopraram o pó das cotas de malha dos cruzados antigos e saíram novamente, para libertar minhas filhas Justiça e Liberdade.

LOCUTOR: (Emocionado) Compreendo, compreendo. E comece a sua história.

(ABRIR EM *LOW REFLECTING TONE*. SUGERIR PASSAGENS TRANQUILAS
DE "PACIFIC IMAGE", DE IVAN GOUGH. AMPLIAR PARA EFEITO
DE ONDAS DO MAR E SONS DO AMANHECER)

1943: No primeiro dia do que os homens chamam 1943, 1º de janeiro, os japoneses mordiam com força o fruto amargo da derrota. Ninguém diria o que ia de destruição feroz naquelas ilhas do Pacífico, que os homens têm pintado como tranquilos ramos de coqueiros à flor da água. Quem descesse, quem descesse dentro da selva da Nova Guiné, naquele 1º de janeiro, veria um terreno pantanoso, sugerindo febre, homens emboscados, a artilharia troando intermitentemente. Quem se aproximasse das tropas aliadas veria, entre os vários grupos, um formado por três homens em volta de uma metralhadora. Um australiano, um americano e um nativo.

(METRALHADORA)

AMERICANO: Poxa, esses japoneses são teimosos. O remédio com eles é mesmo ir catá-los a ponta de baioneta, vará-los de lado, como a gente vara azeitona de *cocktail* com um palito. Ah, meus *cocktails* de Nova York!

(METRALHADORA)

AUSTRALIANO: (Rindo) Meu velho, se o resto do ano vai bem como o princípio, em breve estarei lhe oferecendo um *cocktail* em Sidney.

NATIVO: Malu quer ver japonês atravessado como azeitona.

AMERICANO: Você há de ver vários ainda hoje, Malu.

AUSTRALIANO: Eu fico pensando às vezes no que seria de nós se não tivéssemos esses devotados nativos, esses homens de pés grossos que não se ferem nos espinhos e de alma cândida, boa.

AMERICANO: Tenho visto vários deles morrendo como quem de fato sabe por que luta. Eu penso nos Estados Unidos, você pensa na Austrália, eles pensam em nós, confiam no futuro que lhes vamos dar, combatem a praga nipônica sem perguntas.

NATIVO: Quando é que tem ataque. Malu quer ganhar mais batalha.

AUSTRALIANO: Hum... Acho que não tar...

SARGENTO: (Aproximando-se) Silêncio, minha gente. Vamos ter mais uma investida. Esse primeiro dia do ano está tão promissor que não podemos desperdiçar a boa sorte.

AMERICANO: Baioneta?

SARGENTO: Naturalmente. Vocês têm de atravessar o pântano pelo lado das árvores, rastejar colina acima e atacar de surpresa.

(DISPAROS. SOM DE ÁGUA E PASSOS NA LAMA. REPENTINAMENTE UM PANDEMÔNIO. PASSAGEM DE TEMPO. ELES ESTÃO DE VOLTA)

SARGENTO: Bem, mais uma povoação tomada. Tudo ótimo. E com vocês, rapazes, tudo correu a contento?

AUSTRALIANO: Não tudo, sargento.

SARGENTO: Algum ferido no grupo?

AUSTRALIANO: Dois feridos levemente... e um morto. Malu, sargento. O japonês já estava quase me alcançando quando Malu, esquecendo as armas civilizadas, apelou para a sua javelina e atravessou o japonês. Uma bala solta prostrou-o morto em seguida.

AMERICANO: Mas ele conseguiu a sua azeitona. Bravo, Malu...

(MÚSICA)

1943: E enquanto nas ilhas do Pacífico, na Birmânia, no mar e nos ares os nipônicos viam começar a desfazer-se seu sonho de conquista, na Europa começava o assalto russo a Veliki Luki. O general alemão Scheer ordena a resistência até a morte e seus comandados obedecem: veio a morte, veio o extermínio. Veliki Luki, o mais poderoso centro da defesa alemã na Rússia, volvia às mãos de seus filhos russos. Pouco mais tarde, no mesmo mês, em Londres e em Washington ouvia-se o seguinte anúncio:

VOZ: O presidente dos Estados Unidos da América do Norte e o primeiro-ministro da Grã-Bretanha estiveram em conferência em Casablanca desde 14 de janeiro. Durante dez dias os estados-maiores estiveram em consulta, reunindo-se duas ou três vezes por dia. Estudaram-se as frentes de guerra de todo o mundo e decidiu-se concentrar todos os recursos das Nações Unidas para intensificar a guerra em terra, no mar e no ar...

1943: E já no mês de fevereiro teve lugar a grande epopeia desta guerra. O nome desta epopeia da cidade do aço na Rússia foi escrito pelos ingleses numa lâmina de aço da cidade de Sheffield.[37]

MULHER: Stalingrado!

HOMEM: (Em voz tensa) Stalingrado!

1943: Em Stalingrado não foram exterminados todos os alemães porque eles já tinham aprendido que era melhor a rendição. Mais de 100.000,

---

[37] Referência à Espada de Stalingrado, espada comemorativa feita com aço de Sheffield e oferecida a Stalin após a vitória contra os nazistas na Batalha de Stalingrado.

no entanto, morreram, 91 mil foram capturados, e em mãos russas caíram 750 aviões, 1.550 tanques e 2.978 canhões.

(TRECHO DO HINO INTERNACIONAL COMUNISTA)

1943: Depois de Casablanca, depois da promessa de só aceitar a rendição incondicional do inimigo, o Sr. Churchill vai ao Cairo e à Turquia, e o Sr. Roosevelt a Natal. Os países vão cada vez aproximando-se mais uns dos outros para a conquista da vitória. Lutava-se à beira do Mediterrâneo, na África, lutava-se no Pacífico, e a fortaleza de Hitler começava a receber em cheio o impacto do poderio aéreo da RAF. A grande ofensiva, a ofensiva de 24 horas por dia.

VOZ 1: Colônia, Hamburgo, Berlim.

VOZ 2: Essen, Rotterdam, L'Orient.

VOZ 3: Dunkerque, Palermo, Messina.

1943: Através de março e abril prosseguiu a ofensiva aérea, travou-se a grande batalha do mar de Bismarck, lançou-se o último assalto contra o Afrika Korps. E Berlim continuava sendo atacada, atacada violentamente...

(MÚSICA. ATAQUE AÉREO)

1943: Eu posso lhes contar o que estava acontecendo sobre Berlim e depois... Mas primeiro vamos visitar o céu de Berlim. Naquela noite, houve um ataque contra a capital alemã por centenas de bombardeiros pesados da RAF. Num dos Lancasters, engenheiros da BBC tinham instalado com todo o cuidado os seus instrumentos de gravação — técnicos da BBC acompanharam a tripulação naquele voo. O bombardeiro voou até Berlim, chegou sobre a capital da Alemanha, localizou o alvo e então o lançador de bombas guiou o piloto sobre o objetivo, apertou o botão e... e aqui está o resultado.

(EXECUTAR A GRAVAÇÃO DO DISCO DE BERLIM:
"BOMB DOORS OPEN")

1943: Não se ouviu anunciar que as bombas tinham sido lançadas porque o avião subiu bruscamente, aliviado de duas toneladas de bombas, e a agulha do aparelho de gravação saltou, mas fiquem certos de que as bombas caíram mesmo. Depois, o avião foi atacado por um caça alemão. E foi isto que aconteceu. Ouçam.

(EXECUTAR A GRAVAÇÃO DO DISCO DE BERLIM:
"MACHINE-GUN FIRE". FADE E GRITOS DE COMEMORAÇÃO)

1943: É isso mesmo, abateram em chamas o caça, e voltaram à base. Era isso que estava acontecendo sobre Berlim. Pilotos aliados dentro da estranha chuva que sobe da terra para os céus, a chuva das baterias antiaéreas germânicas. E lá em baixo? E lá onde estouram as bombas que abrem o único caminho possível para a paz? Que se passará numa casa qualquer da capital do Reich, a capital do país que aprisionou as filhas mais caras da experiência humana, fruto do tempo? Há uma mulher trêmula mas orgulhosa e um velho sereno mas de cabeça baixa.

(MÚSICA E BOMBARDEIO PESADO)

MULHER: Esta caiu perto. Mas não faz mal... Eu felizmente não sou das que pedem satisfação a Goering porque bombas inimigas caem sobre a Alemanha... Eu sou germânica, aceito tudo, todo o sofrimento. Eu sou uma das mães da raça... **(Bomba cai perto)** Eu não tenho medo, eu não tenho medo. **(Ela grita)** Oh, mas fale, fale, covarde, senão enlouqueço.

HOMEM: Eu tenho a covardia do que não fiz. Não tenho covardia diante de bombas.

MULHER: Não me fale mais do que não fez, traidor. Porque é traição ao Führer mesmo lastimar não ter lutado contra ele quando ainda era tempo. Já estou enjoada da sua ladainha.

HOMEM: Minha filha...

MULHER: Eu proíbo, proíbo. Não sou sua filha. Não tenho pai que renega o Nacional-Socialismo, que renega o nosso Führer. Eu devia ter deixado o Hans denunciá-lo, antes de partir para a Rússia. Agora, agora **(ela soluça)** ele está morto, coberto pela neve russa, a boca cheia de neve. **(Ela soluça)** E você está aqui, lamuriento, velho, inútil ao Reich e traidor do Reich.

HOMEM: Sim, traidor do Reich porque nem tentei salvar o Reich, porque tive medo, medo principalmente do ódio do meu Hans e do seu ódio.

MULHER: Pois o meu ódio está vivo, vivo; eu vou denunciá-lo. Você é daqueles que a propaganda inimiga chama "a outra Alemanha", "a boa Alemanha", "a Alemanha que será amanhã". **(Ela ri)** Está bem carunchosa esta boa Alemanha.

HOMEM: **(Com mais entusiasmo)** Sim, eles ainda falam na boa Alemanha. A Alemanha humilde demais, sempre temerosa dos seus senhores militares, sempre com um Führer a borbulhar nas páginas da sua história. **(Bomba)** Mas estas bombas, estas bombas estão quebrando o orgulho da Alemanha militar. E estão talvez – eu acho que sinto isso em mim – dando coragem à Alemanha humilde, à Alemanha que pode se redimir.

(BOMBA)

MULHER: Você agora abençoa as bombas inimigas. **(Apaixonadamente)** Eu vou chamar os soldados, a Gestapo. Esta casa é pequena para a "grande Alemanha" e a "boa Alemanha".

(BOMBA CAI SOBRE A CASA)

1943: O ódio ainda soberano, o ódio que ainda anima a Alemanha nazista continua a arder. Mas a voz da outra Alemanha já se ouve, ínfima e distante, medrosa e indecisa, mas se uma subirá dos escombros é esta. E os escombros se foram amontoando através do ano. Caem Tunis e Bizerta, Mussolini perde todo o seu Império africano, a União Soviética esmaga os inimigos e dá um passo decisivo para criar uma paz em que ela será fator preponderante.

LOCUTOR: A notícia que nos chega de Moscou, da dissolução do *Komintern*, é, no terreno político, o fato mais importante da guerra. Ela vem pôr fim à preocupação, já há muito sem fundamento, de que o governo russo seguia uma política de revolução mundial e provar que ele segue uma política de colaboração mundial.

1943: Em maio, num dos *raids* mais impressionantes da guerra, a RAF arrebenta as represas de Möhne e do Eder. A água espadana alegre e selvagemente pela trágica região industrial onde se geram guerras. Em junho bombardeia-se Friedrichshafen, Krefeld, Mülheim, Bochum, Gelsenkirchen, Düsseldorf e, quanto à batalha do Atlântico, o Sr. Malcolm MacDonald, ministro britânico no Canadá, declara:

VOZ: A guerra antissubmarina segue seu curso favorável às armas aliadas. Nos últimos quatorze dias afundaram-se, pelo menos, quatorze submarinos.

1943: Em julho estava terminada a luta num continente e avançava para outro, para a fortaleza europeia. No dia 16, sob o comando do General Eisenhower, começam as operações de desembarque nas praias da Sicília. Hitler e Mussolini reúnem-se em conferência no Norte da Itália, mas já era muito tarde. No dia 25 o mundo ouviria:

VOZ: Benito Mussolini apresentou sua demissão ao Rei Vítor Emanuel, que a aceitou. O Marechal Badoglio foi encarregado de formar o novo governo.

1943: Em agosto eram vitórias na Rússia, era a conferência de Quebec, era a sombra gigantesca do medo se abatendo sobre os satélites de Hitler. Depois de avistar-se com o Führer, morre misteriosamente o Rei Boris da Bulgária.

VOZ 1: (Sussurrando) Foi morto a tiros por um policial...

VOZ 2: (Sussurrando) Foi envenenado...

VOZ 3: **(Sussurrando)** Foi punhal...

1943: E a 8 de setembro, a grande notícia...

VOZ: A Itália aceitou os termos de rendição incondicional às forças aliadas.

1943: E depois...

VOZ: A 1º de outubro os aliados entram em Nápoles – primeira grande cidade europeia libertada pelas Nações Unidas.

1943: Na Câmara dos Comuns, o Sr. Churchill declarava que de acordo com um tratado de aliança anglo-português, que data de 1373, Portugal cedia à Grã-Bretanha bases nos Açores. A guerra antissubmarina ia tomar feição mais decisiva ainda. E os acontecimentos sensacionais se sucedem. A Itália declara guerra ao Reich nazista. Os chanceleres da Rússia, Grã-Bretanha e Estados Unidos se reúnem em Moscou. Entra novembro e o exército da Ucrânia corta a retirada alemã na Crimeia; os russos retomam Kiev, terceira cidade em importância da União Soviética. E afinal...

VOZ: A Conferência de Tehran! O sonho de paz da América, da Europa, de todos os continentes começando a se materializar. Os chefes de Estado da Rússia, da Grã-Bretanha e dos Estados Unidos fazendo uma união que é uma promessa de paz eterna.

1943: Em dezembro Kharkov, os julgamentos de Kharkov, o princípio do resgate definitivo da Justiça. Ouçamos esta camponesa de Kharkov:

MULHER: Eu me chamo Lisa Alexandrovna, moro aqui mesmo, em Kharkov. Meus olhos ficaram secos de todas as suas lágrimas. Eles agora só têm um fogo de determinação, um pedido mudo de justiça. Eu vi minhas filhas arrastadas pela soldadesca nazista, e vi o solo russo regado por sangue russo. Vi enforcados pendendo como frutos mortos das árvores. E Hans Ritz, esse tenente alemão que acusou Hitler, Himmler e Rosenberg, também viu. Ele confessou tudo porque não podia negar. Porque as provas estavam em volta do tribunal, estavam nas árvores de onde penderam enforcados, estavam nos meus olhos, os olhos da mãe russa, que já chorou todas as suas lágrimas.

1943: Sim, eles não podiam negar. E quando estiver vingada minha filha Justiça, minha filha Liberdade já estará quase vingada. E olhem, olhem para dezembro. Eisenhower e Montgomery à frente do Segundo *Front*, e nas águas do Ártico...

(DISPAROS E EXPLOSÃO)

1943: Some para sempre o Scharnhorst que Hitler lançou ao mar em 1936 pensando que seria fácil destruir na Grã-Bretanha o espírito de Nelson e de Drake.

(MÚSICA)

1943: Mas, já que eu estou dividido, que os homens me chamam 1943, preciso partir. É meu último dia. Mas não creiam nisto, ingleses, russos, americanos, chineses, brasileiros, australianos, não creiam que comigo acabará a glória que eu trouxe nestes doze meses. Eu sou indivisível, e Justiça e Liberdade não são palavras abstratas. Eu continuarei, depois de 1° de janeiro de 1944, a estar com quem as defender. Estarei para todo o sempre. Eu sou eterno como tempo, as nobres virtudes humanas são eternas como parte do divino...

(MÚSICA)

"*Cavalcade* Carioca"

Transmitida pela BBC em 20 de janeiro de 1944
Retransmitida pela Rádio Globo em 31 de agosto de 1949

(MÚSICA LEVE. BATEM À PORTA)

MR. SMITH: *Come in, please.*

(UMA PORTA SE ABRE E SE FECHA)

MR. SMITH: Oh, a Srta. Maria, creio?

MARIA: Mr. Smith, não?

MR. SMITH: Sim, Mr. Smith, minha senhora... senhorita... D. Maria. Mas, antes de mais nada, eu preciso dizer sempre senhorita? Ou devo chamá-la "dona" Maria?

MARIA: Acho que o melhor é me chamar de Mariazinha.

MR. SMITH: Assim só? ...Mariazinha?

MARIA: Mariazinha e *você*. Como em inglês, Mr. Smith. Traduz o *you* e tudo dá certo.

MR. SMITH: Mas o meu livro de português diz que a gente não deve usar o "você" logo que conhece as pessoas. Só depois de certo tempo.

MARIA: É. Depois de um minuto, no Brasil.

MR. SMITH: Ah, isto faz as coisas muito mais *simplórias*.

MARIA: *Simples*, Mr. Smith. Mas... mas o seu português é admirável. Pela carta de apresentação do Mr. Johnson eu entendi que o senhor...

MR. SMITH: Ah, ah!... Senhor, não. Você. Você e John.

MARIA: Tem razão, o feitiço contra o feiticeiro. Mas eu entendi que você nunca tinha estado no Brasil. Pensei que fosse ter uma oportunidade de desenferrujar o inglês e, por fim, venho encontrar aqui no hotel um Rui Barbosa de cachimbo.

MR. SMITH: **(Ri, satisfeito)** É que desde que a firma abriu as filiais aqui no Brasil, eu fiquei encarregado lá na Inglaterra da correspondência e dos negócios brasileiros. Tive de aprender o idioma. E quando o Johnson voltou para Londres nós falávamos português.

MARIA: Bravos. E agora você veio acabar os preparatórios aqui.

MR. SMITH: Vim percorrer as filiais. Já visitei todas e agora tenho uma semana livre. E nesta semana eu queria que a senhora... que você... fosse minha secretária e me ajudasse a escrever o livro.

MARIA: O livro? Que livro?... Um relatório ou...

MR. SMITH: Não, o livro sobre o Rio de Janeiro.

MARIA: **(Espantada)** Ah, eu não sabia que o senh... que você era escritor, Mr. Smith.

MR. SMITH: Não sou, ou pelo menos nunca fui. Mas hei de escrever o livro sobre o Rio!

MARIA: Mas olhe aqui, John. Você tem uma grande responsabilidade. O Brasil tem sido vítima de autores de todas as nacionalidades, mas os ingleses têm muito boa cotação como autores de livros sobre o país. Seu compatriota Southey nunca esteve aqui mas escreveu uma *História do Brasil* de arromba. Tem a história do John Armitage, os livros de Henry Koster e de William Hadfield...[38] Já houve ingleses escrevendo coisas meio apressadas sobre o Brasil, mas a média é boa.

MR. SMITH: Eu sei, eu sei, mas o meu livro vai ser diferente. Um livro – um livro que vai ser o livro de versos que eu não pude escrever quando moço. Eu vivia lendo os poetas quando era jovem e sempre imaginando escrever o meu poema.

A luta pela vida me carregou e me fez esquecer os versos. Mas – e isto apesar de tudo o que eu já tinha ouvido e lido sobre o Rio – quando o meu navio entrou na baía e apareceram as montanhas azuis aconchegando as casas brancas da cidade, eu senti como se estivesse voltando no tempo, voltando ao meu passado. Depois que entrei num automóvel e quase sem tomar fôlego fui olhar a cidade do Alto da Boa Vista, da Mesa do Imperador, da Gávea... aí eu me convenci de que tinha voltado mesmo ao passado. Me convenci de que aquilo era amor outra vez, D. Maria. Amor como eu tinha sentido, quando era jovem, pelas meninas da minha província de Devon. Naquele tempo eu não escrevi os versos. Mas desta vez eu faço o livro sobre o Rio.

(PAUSA)

MARIA: Não precisava me dizer que era poeta, Mr. Smith, nem precisa mais me dar razões. Vamos começar o livro.

MR. SMITH: Aí é que está. Eu já li muito sobre a história do Brasil. Mas meu livro quer ser apenas uma impressão poética, uma "*Cavalcade Carioca*". Fatos sobre o Rio e de uma maneira...

---

[38] Henry Koster (1793-1820) foi um cafeicultor, aventureiro e autor de *Travels in Brazil* (1816). William Hadfield (1806-1887) foi um comerciante inglês e autor de livros sobre o Brasil, como *Brazil and the River Plate in 1868, their Progress since 1853* (1869). Sobre John Armitage (1807-1856), ver nota 24.

MARIA: **(Interrompendo e estalando o dedo)** Já sei! O Carnaval está aí!

MR. SMITH: Como?

MARIA: O Carnaval está aí, Mr. Smith.

MR. SMITH: Mas Carnaval?

MARIA: O Carnaval é uma loucura histórica, Mr. Smith. Não é só doi-dice do povo não. Faça do seu livro um sonho de Carnaval. O povo que canta pelas ruas e salta nos bailes está afirmando a sua alegria de existir, a sua vitalidade. E as fantasias são evocações do passado, uma repetição da história. Eu passo aqui depois de amanhã, domingo de Carnaval...

(PASSOS QUE SE AFASTAM)

MR. SMITH: Mas...

MARIA: *Goodbye*, Mr. Smith!

(BATE A PORTA. MÚSICA DE CARNAVAL AO LONGE)

MARIA: Está vendo, John? Aquele cordão que vai passando lá embaixo na avenida? Na terceira fila, com uma espada de pau no ar e botas de papelão, aquele camarada fantasiado de fidalgo, com barbas postiças. Se a gente o imaginar com botas de gamo, barba legítima e espada de verdade é só fazer um pouquinho mais de esforço e imaginar um fidalgo assim, chamado Gonçalo Coelho, a bordo de uma caravela que deixou Lisboa em 1503. A 1º de janeiro de 1504...

(MÚSICA SOLENE. MAR CONTRA UM BARCO)

COELHO: Que terá acontecido às naus de Vespúcio e Fernando de Noronha, Senhor, meu Deus?

PERO DE SOUSA: E que estará acontecendo à nossa nau, Gonçalo Coelho? Desde que a tempestade nos dividiu estamos à mercê de nossos próprios recursos.

COELHO: É verdade, Pero de Sousa. Mas estou tranquilo por nós. Viemos costeando esta terra e fundando feitorias para El-Rei com muita felicidade. O mar tem estado bonançoso e os ventos propícios. Penso nos outros. Como estarão entrando este novo ano do Senhor?

(PAUSA)

SOUSA: Primeiro de janeiro... Que o novo ano venha pejado de bênçãos para o nosso rei.

COELHO: Se Deus assinalasse o novo ano entregando-nos alguma coisa grande na nova terra... Talvez ele queira nos mostrar o ouro... Um marco áureo à entrada do ano...

(PASSOS QUE SE APROXIMAM)

IMEDIATO: Capitão, foi avistada a embocadura de um rio. Vamos aportar?

COELHO: O rio oferece boa entrada para a caravela?

IMEDIATO: Parece um rio imenso, capitão.

COELHO: Entraremos então. Dê as ordens.

(PASSOS QUE SE AFASTAM)

COELHO: (Para Sousa) Pero de Sousa, quem sabe? Este rio?...

(ESTALA A MADEIRA DO NAVIO. MAR. GAIVOTAS)

SOUSA: Gonçalo Coelho, deve ser aqui a terra dos tesouros...

COELHO: Nunca me senti tão grato a Deus pelos meus olhos, Pero de Sousa... Onde estaremos? Que fabulosa região azul será esta? O rio parece ser de pedras preciosas liquefeitas, um tesouro correndo para o mar. Veja as montanhas que se erguem como pensativos deuses de pedra. E o ar sobrenatural de tudo...

SOUSA: Nunca se acreditaria no artista que passasse para sua tela a entrada deste rio. A beleza aqui atingiu um ponto que está além da compreensão humana. Como chamar a este rio?

COELHO: Neste rio *começa* alguma coisa, Pero de Sousa. Ele foi dado aos nossos olhos no dia primeiro e há em suas águas uma qualidade eterna. Como se nele fosse sempre janeiro, sempre o início, sempre a repetição da vida. **(Pausa)** Rio de Janeiro. Ele se chamará Rio de Janeiro!

(MESMA MÚSICA SOLENE, QUE AOS POUCOS
É DOMINADA PELA MÚSICA DE CARNAVAL)

MR. SMITH: Que *invejoso* este D. Gonçalo Coelho, não? Que sorte! Ver o Rio de Janeiro ainda sem nome!

MARIA: *Invejável* é o que você quer dizer, John.

MR. SMITH: Veja lá, veja lá aquele cordão de índios. Estou me lembrando da flecha do Tamoio que varou o rosto de Estácio de Sá, fundador da cidade.

MARIA: Isto, Mr. Smith. Você já aprendeu a fazer história com o Carnaval. Primeiro veio Mem de Sá. [*Da ilha em que Villegaignon estabelecera a sua França Antártica dizia-se que não havia "outra fortaleza tão forte no mundo". Mas os portugueses de Mem de Sá souberam fazer dela o que os ingleses fizeram de Hamburgo agora.*[39]

MR. SMITH: *(Rindo) Esta foi boa, D. Maria.*][40]

MARIA: Mas os franceses estavam teimosos na Guanabara. Hoje, Mr. Smith, passado tanto tempo, a gente não pode deixar de prestar uma

---

[39] Referência à batalha de Hamburgo, ocorrida em julho de 1943, também chamada "Operação Gomorra", considerada o maior bombardeio a uma cidade ocorrido na Segunda Guerra Mundial.

[40] Os trechos em itálico entre colchetes, tanto aqui como adiante, estavam cortados a lápis no roteiro original.

homenagem ao bom gosto francês: eles fizeram o possível para ficar por aqui. Expulsos da ilha, vieram para a costa. Haviam se unido aos tamoios e fundado a aldeia de Uruçumirim na foz do Carioca. Percorriam a costa, depredavam feitorias portuguesas, iam até o Espírito Santo em correrias e assaltos. Até que chegaram ao Rio os dois galeões de guerra de Estácio de Sá. Antes de se lançar com suas tropas ao combate, o Capitão-mor Estácio de Sá fundou a cidade ao pé do Pão de Açúcar. Era o dia 20 de janeiro...

(MÚSICA SINFÔNICA.
RUÍDOS DE CONSTRUÇÃO)

ESTÁCIO DE SÁ: Espero que das nossas fortificações e casas aqui nesta Praia Vermelha ainda surja realmente uma cidade.

FRANCISCO DIAS PINTO: E uma cidade, D. Estácio, que nascerá com uma vitória. Desta feita haveremos de varrer destas praias o invasor francês, a despeito de nossa reduzida força.

ESTÁCIO: Que Deus vos ouça, D. Francisco Pinto, a vós, que sereis o alcaide da cidade que fundaremos hoje. Ele já fez milagres em nossa viagem da Bahia para cá.

DIAS PINTO: É verdade, senhor. E jamais esquecerei a calma resposta que vos deu o Padre Nóbrega quando os reforços que ele prometera recrutar tardavam tanto. Vós lhe perguntastes: "Que contas, padre, darei a Deus e ao rei se todo esse armamento se perder?".

ESTÁCIO: E ele me respondeu: "Senhor, de tudo darei conta a Deus. E se necessário for, irei também perante El-Rei responder por vós".

(AMBOS RIEM)

ESTÁCIO: E em verdade, cá estamos, dispostos a lutar com bravura e com humildade também. As armas da cidade são as setas de São Sebastião.

(UM SOLDADO SE APROXIMA)

154

SOLDADO: Sr. Governador da cidade, Sr. Alcaide-mor, venho dizer-vos que sois esperados na fortaleza para fundar em nome de São Sebastião e de nosso rei esta cidade do Rio de Janeiro.

(MÚSICA RELIGIOSA)

[(PASSOS E FORTES BATIDAS À PORTA
COM A ALDRABA)]

*[DIAS PINTO: **(Longe)** Quereis entrar?*

*ESTÁCIO: **(Longe)** Sim.*

DIAS PINTO: *Eu sou o alcaide-mor desta cidade e em minha cintura estão as suas chaves. Quem sois vós?*

ESTÁCIO: *Estácio de Sá, governador da cidade de São Sebastião do Rio de Janeiro em nome d'El-Rei.]*

[(PORTA PESADA SE ABRINDO)]

*[DIAS PINTO: **(Perto)** Eu vos reconheço meu capitão, em nome de Sua Alteza. Entrai.]*

[(CANTO RELIGIOSO)]

MARIA: Batizou-se a cidade, representada, então, por aquelas choças de palha e algumas fortificações.

MR. SMITH: Depois Mem de Sá fez o segundo núcleo do Rio no Morro do Castelo, depois que ao lado de Estácio de Sá já derrotara o inimigo.

MARIA: Mas John, eu nem estou mais ouvindo o povo cantando na rua. Vamos descer, vamos lá para a avenida.

MR. SMITH: Espere, espere, vai passando agora lá embaixo um grupo louco. A rapaziada gritando. Estou me lembrando de outro pedaço bonito *do* biografia do Rio.

MARIA: "Biografia" é feminino, Mr. Smith, e eu não vejo nenhuma fantasia nesse grupo de doidos. Que é que o senhor vai inventar?

MR. SMITH: Ora, D. Maria. Eles parecem doidos porque é Carnaval. Eles são os estudantes do Rio. Quando há algum Carnaval sério eles também vêm para a rua assim. Lembra-se daquele corsário que em 1710 quis tomar conta do Rio?

MARIA: Ah, o Duclerc. Como foi mesmo a história?

MR. SMITH: Pois se não fossem os estudantes aquele governador molengo, Castro Morais, era capaz de ter oferecido um baile ao *pirato*.

MARIA: *Pirata*, John. Agora me lembro. Os estudantes de Gurgel do Amaral.

MR. SMITH: E um frade muito *galante*.

MARIA: Frade galante, não. *Valente* deve ser o que você quer dizer.

MR. SMITH: Oh, não faz mal, não faz mal. Foi na casa daquele estudante...
  (RUÍDOS DE VÁRIAS VOZES FALANDO AO MESMO TEMPO)

GURGEL: Silêncio, silêncio. Nós todos já sabemos quem é o governador Francisco de Castro Morais. Em poucas palavras, esta cidade não tem um chefe, e um inimigo poderoso estará em pouco aqui, à nossa porta. É preciso que nós nos decidamos a defender a cidade.

VOZ 1: E vamos ter de defendê-la no meio das ruas.

VOZ 2: Onde arranjar as armas?

VOZ 3: Esta é a pior parte. O governador, além de indeciso e covarde, nem ao menos confia na coragem do povo. As armas estão com os que deviam usá-las e que não recebem ordem de fazê-lo.

VOZ 1: Uma esquadra inimiga de seis navios desembarcando homens onde bem entende! O governador ficou satisfeito em atingir a capitânia com um disparo e lavou as mãos do resto. Como se a esquadra toda viesse se entregar a ele.

GURGEL: Silêncio, meus amigos. Nós amamos o Rio demasiadamente para perder tempo criticando um imbecil. O que há agora é a nossa cidade em perigo. Ela há de ser defendida. As tropas que Duclerc desembarcou em Guaratiba foram assinaladas pela última vez no Engenho Velho. Como até agora essas tropas só se tiveram de haver com piquetes isolados de soldados, o provável é que já estejam quase na cidade. Vamos conseguir as armas de qualquer maneira.

(PORTA SE ABRE E SE FECHA)

VOZ 2: (Como se viesse entrando, cansado e arquejante) Gurgel, Gurgel.

VOZES: Ferido? Que houve? Que é que há?

(PAUSA)

VOZ 2: As tropas de Duclerc em plena cidade... avançando sempre... Frei Francisco de Menezes, com um grupo de homens, lutou como um leão no Largo da Lapa. Mas quando os deixei já recuavam pela Rua da Misericórdia. O inimigo está a caminho da alfândega, vai saquear a alfândega.

GURGEL: Companheiros, vamos arrebanhar tudo o que ainda exista de gente e de armas na cidade. Qualquer arma. Espadas ou garrafas, mosquetões ou cabos de vassoura. Vamos morrer pelo Rio, companheiros.

(MÚSICA IMPONENTE. TIROS. ESTRIDOR DE COMBATE)

GURGEL: (Gritando) Firmes, rapazes. Eles já estão recuando. E não hão de recuar até dentro dos navios, não. Pelo Rio, minha gente.

VOZES: Avante!

VOZES: Estão debandando, estão fugindo!
(AUMENTA O ESTRIDOR. RUÍDO DE ESPADAS)

GURGEL: Estão vencidos, Frei Francisco. Agora só a rendição.

VOZ 3: (Frade) Graças às suas tropas. O Rio nunca se esquecerá dos seus estudantes de hoje.

GURGEL: Nem de certo frade, que lutou como um demônio.

FRADE: Por esta vez passe a blasfêmia, meu filho...
(MÚSICA RÁPIDA)

MARIA: E naturalmente, Mr. Smith, será impossível a sua *"Cavalcade Carioca"* sem a chegada ao Rio da Família Real Portuguesa.

MR. SMITH: Aquilo foi *Cavalcade* mesmo.

MARIA: Das grandes. Doze embarcações de guerra, quatro transportes, navios mercantes, uma rainha-mãe, um príncipe-regente, uma princesa-regente, um infante de Espanha e um infante de Portugal, duas princesas, ministros, fidalgos, fidalgotes, cerca de quinze mil pessoas, tudo isto e...

MR. SMITH: Tudo isto e *o* esquadra britânica comboiando até a Madeira.

MARIA: *A* esquadra, Mr. Smith. Mas imagine só que loucura para os cariocas ainda muito bugres naquele tempo quando de dentro dos navios saiu aquele préstito de terça-feira gorda seguido de seges, baixelas, baús de joias, tapeçarias, quadros, penachos, esporas de ouro, chapéus de plumas. Para o Rio aquilo era a Europa inteira de mudança, um portentoso Carnaval no mês de março de 1808.

E iam se abrir os portos brasileiros, aparecer imprensa, biblioteca, Jardim Botânico. Dentro de pouco tempo estariam aqui os diplomatas estrangeiros e...

MR. SMITH: (Interrompendo) O primeiro a aparecer aqui foi Lord Strangford, ministro de Sua Majestade Britânica.

MARIA: Eu sei, ainda a esquadra!

MR. SMITH: Isto!...

MARIA: Olhe aqui, John, quando você quiser encaixar a chegada da família real na sua história de Carnaval, tome como ponto de partida estas senhoras que a gente vê na avenida torcendo o nariz diante do povo que se diverte. Ou tome uma das grã-finas que não suportam o Carnaval nas ruas, que querem ver esta magnífica explosão popular mumificada em bailes, empalhada em cassinos, fossilizada por determinações oficiais e policiais...

MR. SMITH: Mas como? Que é que têm essas grã-finas a ver com a família real?

MARIA: D. Carlota Joaquina, Mr. Smith! Até hoje ainda há uma séria birra nacional contra ela.

(MÚSICA RIDÍCULA)

D. CARLOTA: Este povo, este povo. O Sr. D. João fala como se aqui existisse mesmo um povo. Existe uma mestiçada! E esta horrorosa cidade do Rio de Janeiro.

D. JOÃO: Horrorosa cidade, minha senhora? Que coisa estapafúrdia.

D. CARLOTA: Estapafúrdia é sua vida aqui, com três franguinhos ao almoço, três franguinhos ao jantar e a Europa que fique por lá.

D. JOÃO: São muito bons os franguinhos. E se não fosse o Brasil há sete anos atrás, que teria sido de nós com aquele horroroso Napoleão solto, a dividir o meu Portugal em três porções e distribuí-lo amavelmente entre os amigos? Eu serei sempre um devoto de São Sebastião.

D. CARLOTA: Mas Sr. D. João, acorde, seja homem. O corso está tão liquidado quanto os franguinhos que vossa majestade triturou ao almoço. O corso está em Santa Helena, muito longe de Lisboa.

D. JOÃO: Mas por que deixar estes brasis tão cedo?

D. CARLOTA: O senhor não pretende se enraizar aqui como a famosa palmeira que plantou no Jardim Botânico, creio?

D. JOÃO: D. Carlota, o meu Portugal está bem cuidado lá na Europa. Eu estou criando aqui o novo Portugal. A gente é boa, D. Carlota, essa gente é o Portugal do futuro.

D. CARLOTA: Gente boa! Uns miseráveis colonos. E se vossa majestade continua com todas essas escolas de medicina, bancos do Brasil e fábricas de pólvora, ainda verá quem a pólvora do Brasil vai chamuscar. Mão firme com esta gente, Sr. D. João. Feche tudo isso quando sairmos do Rio. Colônia, isto tem de continuar colônia, senão...

D. JOÃO: (Calmo) Isto seria monstruoso... e estúpido também, minha senhora.

D. CARLOTA: (Explodindo) Estúpido, estúpido, seu rei de copas, seu molengão. Deixar a Europa por este país de pretos e ainda pensar que está sendo muito inteligente. Ah, imbecil! O Congresso de Viena reunido para criar a Europa de novo e o rei de Portugal criando toicinho no Brasil!

D. JOÃO: (Imperturbável) Por falar em Congresso de Viena e em colônia, já entramos em conversações secretas com o eminente Sr. de Talleyrand. Eu vou elevar o Brasil a Reino Unido.

D. CARLOTA: Como?! Reino Unido a Portugal?

D. JOÃO: E Algarves, D. Carlota. Eu explico. Portugal sozinho não tem força para impor seu voto e suas opiniões no Congresso. Fazendo do Brasil um reino, adquire todo o prestígio que lhe é necessário. Aí está. Reino Unido e esta bela cidade do Rio transformada em irmã de Lisboa.

(GRITO DE RAIVA DE CARLOTA. MÚSICA RIDÍCULA)

MARIA: E agora, Mr. Smith, eu vou para a avenida.

MR. SMITH: Espere, espere, eu estou vendo...

MARIA: Não está vendo nada. Eu vou mesmo.

MR. SMITH: Mas ainda falta muito para acabar a "*Cavalcade* Carioca".

MARIA: Eu sei, mas você sabe andar muito bem entre esses tipos de Carnaval. Eu lhe dou uma última bola. Fale no Entrudo.

MR. SMITH: Quem é o Entrudo?

MARIA: Entrudo é o avô do Carnaval. Em vez de lança-perfume a turma do Rio colonial começou o Carnaval saindo com lata de água e molhando os conhecidos na rua e dentro de casa. Mas agora eu vou. Minha baiana está esperando em casa.

(PASSOS)

MR. SMITH: Psiu, Mariazinha! Espere que eu também vou. Eu vou de Entrudo. Com *esta* baldinho de botar o gelo no whisky. Vou molhar todo mundo.

MARIA: *Este* baldinho, John. Ótima ideia. Se for parar no xadrez me telefone.

MR. SMITH: Que é o xadrez, Mariazinha?

MARIA: Ah, John, isto só vendo. Vamos pra folia!

(MÚSICA DE CARNAVAL)

Tristeza do Barão de Munchausen

Transmitida pela BBC em 24 de fevereiro de 1944

(MÚSICA OPERÍSTICA, ALGO COMO
A MARCHA EM AIDA, DE VERDI)

NARRADOR: A natureza humana tem uma indisfarçável admiração pelos extremos, pelo exagero. Isto não quer dizer que a maioria da humanidade não pense muito antes de fazer qualquer coisa, não se acautele, não olhe a cor do sinal do tráfego antes de atravessar as ruas que o destino de cada um abriu na cidade de nós todos; a posteridade do escudeiro Sancho Pança é pelo menos tão grande quanto a do patriarca Abraão. Mas nossa admiração continua com D. Quixote e nossa fascinação com os que metem o pé na rua diante do sinal vermelho, rubro de indignação. Santos, nós reverenciamos mais os que vão até a fogueira; bandidos, nós apreciamos os que disparam metralhadoras de dentro de um automóvel como se estivessem ligando o rádio; filósofos, os que começam por demonstrar a absoluta inexistência do homem.

Se hoje resolvemos rememorar num programa radiofônico as famosas "Viagens do Barão de Munchausen", não o fazemos como uma homenagem ao talento do humorista que as tivesse inventado. Ninguém inventou as viagens do Barão de Munchausen – isto é o mais extraordinário da história. *Elas foram contadas como verídicas.* O Barão de Munchausen existiu. Nasceu em 1720 em Bodenwerder, no Hanover. Durante alguns anos serviu no Exército Russo, tomando parte nas campanhas de 1740 e 1741 contra os turcos, viajou pela Europa e morreu na sua cidade natal em fevereiro de 1797. Um legítimo barão alemão. Ora, tendo existido e tendo contado suas aventuras como verdadeiras, o barão constitui um daqueles reis do exagero que não podem deixar de nos fascinar. As aventuras são de tal ordem que ninguém acredita mais na existência do barão. Ele desapareceu na magnificência das suas mentiras. Sumiu, diante do seu próprio gênio inventivo. E quando a gente pensa que de fato existiu um homem que, muito seriamente, contou aos amigos como, quando atacado por um lobo feroz, mergulhou a mão pelas entranhas do animal e depois virou-o pelo avesso como se o lobo fosse uma luva, é impossível não sentir respeito pela bravura da sua imaginação e não lhe dedicar um programa de aniversário. Apresentamos, portanto...

> (QUANDO O NARRADOR PRONUNCIA A PALAVRA "PROGRAMA", OUVEM-SE RUÍDOS NO MICROFONE, SUSSURROS, INTERFERÊNCIAS, COMO SE A TRANSMISSÃO ESTIVESSE COM PROBLEMAS)

NARRADOR: "As viagens do Barão de Munchausen"...

> (OS RUÍDOS TORNAM-SE MAIS ALTOS)

NARRADOR: (Em desespero) É impossível continuar, diretor!

MICHAEL: (Pelo alto-falante) Você está louco, narrador? Continue de qualquer maneira. Estamos no ar.

NARRADOR: Mas Michael, esses microfones enlouqueceram. É melhor parar a transmissão.

MICHAEL: Pelo amor de Deus, Ramos, continua!

NARRADOR: Não é possível, não é possível. **(Determinado)** Amigos ouvintes, somos obrigados...

> (QUANDO ELE DIZ *"Amigos ouvintes"*, OCORRE UM REPENTINO SILÊNCIO E OUVE-SE O SOM DE DOIS PÉS BATEREM CONTRA O SOLO)

MICHAEL: Pronto, pronto, toca pra frente.

NARRADOR: Mas... Ué... Apareceu um sujeito fantasiado aqui no estúdio.

MICHAEL: (Agitado) Um sujeito fantasiado? Oh, mas isto é o cúmulo!

NARRADOR: Ou então é um porteiro de cinema em Leicester Square.
(VOZ SOLENE, POMPOSA)

MUNCHAUSEN: Oficial da cavalaria hanoveriana, senhor.

NARRADOR: Quem é o senhor?

MUNCHAUSEN: Karl Friedrich Hieronymus, Baron von Munchausen.

NARRADOR: (Aborrecido) Escute aqui, meu amigo, a brincadeira já vai passando da conta. O Barão de Munchausen está sendo relembrado hoje porque morreu há 146 anos. O melhor que você tem a fazer é desembuchar logo como é que apareceu aqui no estúdio assim sem mais nem menos.

MUNCHAUSEN: (Friamente) O senhor é petulante e contraditório. Não acredita que eu seja quem sou — Karl Friedrich Hieronymus, Baron von Munchausen — mas parece sugerir que outra criatura além de Karl Friedrich Hieronymus seria capaz de morrer há 146 anos e de repente resolver espremer-se por dentro das antenas de uma estação de rádio e surgir num estúdio.

NARRADOR: Foi você... foi o Sr. Barão quem provocou aquele infernal ruído. Mas como é que o senhor voltou à terra?

MUNCHAUSEN: Meu rapaz, enquanto vivo eu estive duas vezes na Lua. Por que estranhar que depois de morto eu venha à Terra quando bem entenda?

NARRADOR: Bem, isto é verdade. Mas esta sua ideia veio criar uma porção de dificuldades. A sua vinda aqui pode ser muito interessante para os que estudam o espiritismo, por exemplo, mas o senhor estragou o programa sobre as suas viagens.

MUNCHAUSEN: Não estraguei coisa alguma. O senhor ia repetir a história das minhas viagens no século XVIII e eu pretendo narrar viagens recentes que tenho feito. Dolorosas viagens...

NARRADOR: Dolorosas viagens?... Ah, isto é outra coisa. O Barão de Munchausen deixou fama de ser um indivíduo sanguíneo, entusiasmado, e o senhor me parece muito... jururu.

MUNCHAUSEN: Estas viagens, estas últimas viagens me deixaram uma incurável tristeza. Negaram, negaram a inspiração que lhes dei!

NARRADOR: Quem, quem foi?

MUNCHAUSEN: Os senhores do Terceiro Reich. Eu lhe conto.

NARRADOR: E ande depressa, Sr. Barão, que já perdemos um tempo enorme.

(TROVÃO. MÚSICA RIDÍCULA)

MUNCHAUSEN: Quando eu já me havia cansado do paraíso, fui recentemente passar uns tempos em Marte. Ou melhor, os marcianos pediram o meu auxílio numas questões bélicas e lá fui eu. Mas a despeito do barulho que nunca cessa, um dia ouvi vozes humanas lá em cima. O berreiro era tão grande que mesmo os marcianos se inquietaram. Eram ameaças em voz estentórica, penetrante. Era alemão e eu prestei ouvidos. Fiquei comovido! Desde que eu deixara a terra, o gênio da aventura parecia ter morrido. Ninguém mais sabia viver grandes histórias e *contá-las* depois, soltando rédeas à imaginação. Mas aqueles alemães eram meus descendentes, carne da minha carne. Que coisas fabulosas diziam. E sem rir! Sérios! Na minha intensa alegria saltei de Marte sem paraquedas, roubei o anel de Saturno no caminho e fui cair dentro do Ministério da Propaganda em Berlim.

(ESTRONDO)

GOEBBELS: Eu me entrego, eu me entrego! Não me mate.

MUNCHAUSEN: (Satisfeito) Matar, matar meu filho dileto?

GOEBBELS: O senhor é meu pai mesmo, ou é um paraquedista?

MUNCHAUSEN: Sou teu pai espiritual, Joseph Goebbels, pois eu sou Karl Friedrich Hieronymus, Baron von Munchausen.

GOEBBELS: Isto é uma armadilha... Onde está o seu passe? Quem lhe marcou a entrevista?

MUNCHAUSEN: Calma, Joseph, você está nervoso. Ninguém diria, ouvindo os seus discursos.

GOEBBELS: O senhor é realmente Munchausen? Talvez eu deva mandar prendê-lo...

MUNCHAUSEN: Prender Munchausen? **(Ele ri)** Esta é digna de um descendente meu. Quantos exércitos e quantas forças aéreas o senhor poderia mobilizar para isto?

GOEBBELS: Sim, talvez eu devesse mandar prendê-lo. Porque o senhor não é o primeiro a aparecer com esta história de que eu sou filho do Barão de Munchausen. E estas pilhérias precisam acabar. Isto é o meu segredo, o segredo desta portentosa propaganda. Se eu não fosse filho do Barão de Munchausen não tinha importância. Mas a verdade é sempre detestável.

MUNCHAUSEN: "A verdade é sempre detestável"... Que axioma, meu filho, que bela concepção. É sua mesmo ou é daquele outro rapaz, o Führer?

GOEBBELS: O Führer é minha criação, Sr. Barão. Vide o *Mein Kampf*, página 198, o magnífico trecho que eu lhe ditei. Diz assim: "Na mentira grande há sempre uma certa força de credibilidade, porque a vasta massa de uma nação, na primitiva simplicidade do seu espírito, cai mais facilmente na mentira grande do que na mentira pequena. Qualquer homem tem coragem de pregar a pequena mentira em pequenos assuntos, mas se envergonharia de usar a falsidade em larga escala. À massa, jamais ocorreria fabricar inverdades colossais, e os homens da massa não acreditam que outros tenham o descaramento de deformar a verdade tão violentamente. Mesmo que a mentira seja claramente desmascarada eles ainda duvidarão, hesitarão, continuando a pensar que deve haver uma outra explicação. Pois a mentira enorme e despudorada sempre deixa traços atrás de si, mesmo depois de destruída – fato conhecido de todos os peritos-mentirosos deste mundo e de todos os que conspiram juntos na arte de mentir".

(O BARÃO BATE PALMAS)

MUNCHAUSEN: Bravo, bravo! Magnífico!

GOEBBELS: (Inspirado) Aí está... Eu consagrei a mentira, elevei-a às alturas de arte, estudei-lhe o mecanismo sutil. E você foi um dos meus clássicos, Munchausen.

MUNCHAUSEN: (Comovido) Obrigado, Joseph. Mas você está errado, sabe? Pois então você deixa coisas assim serem publicadas? Assim, a massa acaba ficando espertíssima. O que você fez foi descobrir as baterias antes de atacar. Mas há um remédio. Você precisa agora espalhar as notícias de uma arma secreta...

GOEBBELS: (Furioso) Notícias de *uma* arma secreta? Agora eu acredito que o senhor esteja morto há dois mil anos.

(GOEBBELS DISCA O TELEFONE E PUXA A CADEIRA)

GOEBBELS: Mandem-me aqui o General Dietmar. Depressa, depressa.

VOZES: Num segundo, doutor.

(PORTA SE ABRE E SE FECHA)

DIETMAR: Pronto, Dr. Goebbels.

GOEBBELS: General, recite a lista de nossas armas secretas.

DIETMAR: Inteira?!

GOEBBELS: O general não imagina que eu pretenda ficar aqui até dezembro. Vá fazendo uma seleção mental.

(RUFAR DE TAMBORES)

DIETMAR: Em Dantzig, em setembro de 1939, o Führer declarou: "Que eles não se iludam... Poderá chegar muito depressa o momento em que usaremos uma arma com a qual não poderemos ser atacados".

(TAMBORES)

DIETMAR: Em maio de 1940, o rádio de Bremen dizia: "É espantoso ver-se como caíram depressa as defesas de Liège. Mas se caiu o forte de Eben-Emael, foi graças ao novo canhão, a arma secreta do Führer". No mesmo mês, o *Messaggero* escrevia: "A Inglaterra será atacada por uma arma absolutamente secreta, os círculos militares de Berlim recusam-se mesmo a dizer se ela será empregada em terra, no ar ou no mar. A Inglaterra saberá cedo". Em setembro de 1941, o rádio alemão dizia à Inglaterra: "A arma secreta dos nazistas é um tanque voador. Foi especialmente desenhado e a ele se adaptam asas temporárias, cauda e motores de avião para o voo sobre o Canal da Mancha. Tudo isto o tanque larga automaticamente ao aterrissar, entrando logo em ação".

(TAMBORES)

DIETMAR: No mesmo mês, em russo para a Rússia: "O que os alemães estão empregando agora na frente oriental é um raio que imobiliza o motor dos aparelhos soviéticos". E ainda isto: "O que estamos usando ao sul de Stalingrado é a metralhadora elétrica que dispara três mil pentes por minuto, centro do interesse mundial. Os engenheiros bélicos de Berlim, que a inventaram e experimentaram, concordam com o nome que já lhe deu o inimigo: 'a foice da morte'".

(TAMBORES)

DIETMAR: Em alemão para a Noruega, junho de 1943: "Se os anglo-americanos empregam maior número de aviões, os alemães têm muito mais experiência, pontaria – e novos recursos. Os resultados de nossos ataques contra Londres e cidades do sul da Inglaterra parecem aumentar sempre, graças ao uso de uma superbomba".

(TAMBORES)

DIETMAR: Para os alemães, outubro de 1943: "O Dr. Goebbels previne todos contra o engano de interpretar a discrição alemã como fraqueza, o engano de encarar a escassez de declarações sobre as intenções do Führer e sobre as armas secretas como prova de que as represálias que prometemos eram mera propaganda". E no mesmo mês: "Agora está pronta a nova arma secreta do Reich para a desforra na guerra aérea. Seu poder destruidor sobre o alvo é de 90 por cento".

(TAMBORES)

GOEBBELS: Chega, chega. Não precisa mais, não.

DIETMAR: Mas não falamos nos caminhões de roda gigante...

GOEBBELS: Chega!

DIETMAR: Nas tremendas armas de nossos submarinos... Nas minas aéreas que prendemos em balões... Nos nossos lançadores de neblina e granadas... Nos canhões da frente russa que levantavam os corpos das vítimas a vinte metros de altura e que enlouqueciam todos os que estavam ao seu alcance...

GOEBBELS: Chega, chega, já lhe disse que chega.

DIETMAR: E os experimentos da ilha de Bornholm, e as promessas do Dr. Ley, e a bomba sugadora de oxigênio que ia matar todos por asfixia?... O canhão-foguete, Dr. Goebbels, mundialmente famoso. Da costa francesa ele talvez já tenha começado a estas horas a transformar Londres, o maior centro urbano do mundo, numa planície deserta atravessada pelo Tâmisa.

GOEBBELS: Não, nem o canhão-foguete.

(TAMBORES)

GOEBBELS: Desapareça, general, e vá brincar com o seu tambor lá fora.

(TAMBORES. *FADE OUT*)

MUNCHAUSEN: (Rindo) Muita ideia boa, sem dúvida. Eu nunca poderia negar minha paternidade espiritual, mas a mentira ficou ressecada, esturricada... não sei. Eu acho, Joseph, que lhe falta certa espontaneidade e um certo apelo à mentalidade poética e supersticiosa da massa.

GOEBBELS: Como assim? O senhor não quer que eu fale de lança-chamas que lançam rosas.

MUNCHAUSEN: Não é isto, não. Você se lembra por exemplo daquela minha aventura do obus? Eu estava comendo com o general, quando o obus disparado pelo inimigo caiu sem explodir sobre a nossa mesa e lá ficou, como uma sopeira. O general, como quase todos fariam em seu lugar, deixou a sala incontinente. Mas eu não só não ia ter medo do obus, como ainda jurei devolvê-lo ao inimigo. Dirigi-me à colina mais próxima. O inimigo não era visível a olho nu. Com meu incomparável telescópio consegui ver o grupo dos chefes do exército. Com a mão eu não conseguiria atirar o obus tão longe. Mas então, felizmente, eu me lembrei de que tinha no bolso exatamente a funda com que Davi matou Golias. Colocando nela o obus, decepei a cabeça do exército adversário.

GOEBBELS: Hum... Muito bem.

MUNCHAUSEN: Muito bem não, excelente. É sua "colossal inverdade", mas em termos de poesia e de superstição. A funda de Davi é irrespondível – é a sua arma secreta, Dr. Goebbels!

GOEBBELS: Será que dá resultado?... Eu positivamente não sei mais o que inventar.

MUNCHAUSEN: Está resolvido o seu problema. De mais a mais eu mesmo expliquei, a título completo, como estava comigo o precioso bodoque. Os Munchausen eram descendentes diretos da mulher de Urias, que como todo mundo sabe teve uma longa aventura com o Rei Davi, sendo toda a nossa família o resultado. Um dia os dois brigaram seriamente: não conseguiam chegar a um acordo sobre o ponto em que tinha sido construída a arca de Noé. Resolveram separar-se. Mas, ao fugir, ela subtraiu a preciosa funda. Com a funda matou todos os soldados que lhe saíram ao encalço. Ora, já que de suas mãos a funda veio através da família até os meus dias, bem poderá ter vindo até hoje também. Estava em Bodenwerder em fins do século XVIII, bem pode estar em Berlim em meados do XX.

GOEBBELS: Sim, sim. **(Repentinamente)** Mas espera. Essa história de Davi... **(Decidido)** Munchausen, rua! Você é judeu, Munchausen. Está proibido de dizer que eu sou seu filho. Soldados, soldados!

(*FADE OUT*: MÚSICA, SEMPRE EM
TOM OPERÍSTICO. *FADE IN*: CONVERSA)

NARRADOR: E o Sr. Barão tornou a sair pelo telhado?

MUNCHAUSEN: Não, eu fiz questão de enfrentar aqueles meninos que ele chamou e depois, ao sair do ministério, derrubei uns três ou quatro edifícios em volta. O povo de Berlim ficou pensando que era coisa dos ingleses.

NARRADOR: O senhor os derrubou assim, à mão?

MUNCHAUSEN: Não, eu... Com a funda de Davi, naturalmente.

NARRADOR: Ah!...

MUNCHAUSEN: Derrubei-os num repente de raiva, mas depois continuei minha viagem. Fui ao Ministério do Ar.

(MÚSICA E NOVO ESTRONDO)

MUNCHAUSEN: Marechal, antes de mais nada falemos sobre caçadas.

GOERING: (Ofegante) Mas o que é o senhor, um novo tipo de bomba?

MUNCHAUSEN: Eu sou o Barão de Munchausen, o das viagens e o das caçadas.

GOERING: Eu nunca ouvi seu nome mencionado antes.

MUNCHAUSEN: Neste caso o senhor me plagia inconscientemente. Suas histórias de caça são bem boas. O senhor nunca leu mesmo a narrativa das minhas viagens?

GOERING: Hermann Goering não perde tempo com livros. Só o do Führer, naturalmente.

MUNCHAUSEN: Que não foi o Führer quem escreveu.

GOERING: Hein, que história é essa?

MUNCHAUSEN: História que me foi contada por aquele maluco do Ministério da Propaganda.

GOERING: Goebbels, Goebbels! Naturalmente que o Führer escreveu o tal livro. Ele escreveu o livro e eu fiz a grandeza do Führer... Eu, com a Luftwaffe. Eu espero que aquele indivíduo não tenha lhe falado na minha promessa.

MUNCHAUSEN: O senhor se refere àquela magnífica tirada de setembro de 1939: "De qualquer maneira, eu garanto que eles não conseguirão atirar uma só bomba em território alemão". Esta foi ao meu jeito!

GOERING: O senhor não está zombando? Porque se está...

MUNCHAUSEN: Qual zombando! Assim é que deve ser.

GOERING: Eu também ainda gosto da frase, sabe?... O pior é que tem caído bomba à beça.

MUNCHAUSEN: Bombas só caem as que a gente confessa. O marechal nunca devia ter feito aquele outro discurso, o de setembro de 1942, pedindo desculpas pelas bombas inimigas e dizendo que a Luftwaffe andava tão ocupada na Frente Oriental.

GOERING: Afinal de contas o senhor me aparece aqui com esta farda de museu e começa a criticar o que eu tenho dito como se fosse da sua conta e...

MUNCHAUSEN: É da minha conta. Até os senhores inventarem esse Terceiro Reich, meu espírito parecia morto na terra. Os senhores são meus legítimos herdeiros. Mas é preciso agora não começar a manchar o nome da família Munchausen com hesitações. Nestes últimos *raidezinhos* contra Londres o senhor tem mandado uns cinquenta aviões e diz que mandou quinhentos: por que não fala em cinco mil?

(SOM DE ATAQUE AÉREO)

GOERING: Se o senhor quiser, sente-se um pouquinho. Eu vou ver se está tudo em ordem no abrigo lá em baixo.

(BREVE MÚSICA E *FADE IN*: VOZ)

MUNCHAUSEN: Esse que soava tão bem de longe era o fracasso maior. O do Ministério da Propaganda mentia demasiado conscientemente, mas esse era um grande trapalhão. Fui para o Führer já bem acabrunhado. Explodi na sala envidraçada de Berchtesgaden de muito mau humor.

(ESTRONDO E *FADE IN*)

MUNCHAUSEN: Führer?

FÜHRER: Da grande Alemanha, candidato às Ilhas Britânicas e a todas as Rússias. O senhor quem é e de onde vem?

MUNCHAUSEN: Barão de Munchausen, dos espaços siderais.

FÜHRER: Mestre ilustre da nova Alemanha! O senhor voltou para render homenagem ao Führer?

MUNCHAUSEN: Eu voltei para ver que minha inspiração é negada por todos aqui. Eu exijo reconhecimento público e não apenas cópia dos meus métodos – e quase sempre sem a minha coragem. Cópia pejorativa.

FÜHRER: O seu culto será instaurado na Alemanha em paz. Nada de Goethes e de Schillers – Munchausen. O senhor recorda da sua história do inverno russo? A neve era tão espessa que o senhor não conseguia achar São Petersburgo. Cansado da busca, o senhor amarrou o cavalo a uma estaca coberta de neve e adormeceu. Acordou com os pássaros cantando e o sol a aquecê-lo. O senhor olhou em torno e estava à porta de uma igreja. Lá do alto vinham uns desesperados zurros. A neve caíra durante a noite e o senhor viu que amarrara o cavalo na flecha de uma catedral.

MUNCHAUSEN: Exatamente.

FÜHRER: Ah, Munchausen, Munchausen, como tenho lembrado desta história. Onde terei amarrado o corcel fogoso da minha intuição?!

MUNCHAUSEN: Vamos. Ânimo! Faça discursos, minta a valer! Pelo que tenho visto vocês não conseguem mais se ajeitar nesta guerra; pelo menos façam barulho!

FÜHRER: Nem isto eu posso mais. Até os que me chamavam de Messias já não aparecem mais por aqui. Meus discursos são lidos antes. Estou sozinho, Munchausen, fique aqui comigo me contando histórias.

MUNCHAUSEN: Não, não, eu não posso.

FÜHRER: Então continuarei com a única que ainda me é fiel.

MUNCHAUSEN: Quem é?

FÜHRER: Ali na parede, a Gioconda que eu raptei do Louvre. Esta me adora. Ela é o gênio da beleza, eu sou o gênio absoluto.

(BREVE MÚSICA E *FADE IN*)

MUNCHAUSEN: E aí está por que é que eu fiquei triste. Disparo lá de Marte pensando que este Reich com tanta gente a me imitar fosse se embandeirar todo, e encontro uns Munchausen-mirins, mentindo com mais descaramento do que eu quando o auditório está longe, mas todos encolhidinhos em pessoa. Ora!

NARRADOR: Mas antes de voltar aos seus espaços siderais, por que é que o senhor não se alegra um pouco? Conte uma de suas velhas aventuras.

MUNCHAUSEN: Não posso. Já demorei demais. Há uma senhora me esperando lá fora.

NARRADOR: Ah, Sr. Barão! Então esta velha Terra não o tratou tão mal assim.

MUNCHAUSEN: Qual o quê! Uma maçada! É a Gioconda. Não houve meios de ficar com o Führer em Berchtesgaden.

(MÚSICA)

Ainda mais Força Aérea

Transmitida pela BBC em 23 de março de 1944

NARRADOR: (Para ser lido ao vivo) Estação de Londres da BBC! Este programa está sendo retransmitido pelas seguintes emissoras brasileiras.

A estação de Londres tem o prazer de dedicar os próximos trinta minutos ao esforço conjunto sempre crescente dos destemidos felobelistas dos Brasil e aos bravos rapazes da RAF que tripulam a já famosa esquadrilha de Typhoons Bellows Brazil. Apresentamos *Ainda mais Força Aérea!*[41]

(AVIÕES E TRECHO DA MARCHA
DA FORÇA AÉREA REAL BRITÂNICA - RAF)

NARRADOR: Como hoje em dia é perigoso darmos nomes de lugares e mesmo de cafés, digamos apenas: um café qualquer, algures no Brasil...

(*FADE IN*: CONVERSA EM UM CAFÉ)

JUCA: Só com taças de champanhe podemos brindar dignamente os Aliados, cada noite. Para esses grandes feitos, só a loura e espumosa rainha das bebidas, a filha mais nobre das uvas...

PEDRO: Isto mesmo, Juca, isto mesmo. Só champanhe...

GARÇOM: O que é que os senhores tomam?

---

[41] Felobelistas eram os membros da Fraternidade do Fole, organização transnacional fundada em outubro de 1940 com o objetivo de arrecadar fundos para doar às Forças Aéreas inglesas.

JUCA: Dois cafezinhos.

PEDRO: E um copo de água.

JUCA: Não devíamos ter sentado aqui, Pedro. Este garçom fica limpando a mesa o tempo todo, como se a gente pudesse tomar um café em quaisquer dez minutos. Dias atrás, com aquele maldito pano, ele apagou o mapa da cabeça de praia de Anzio e o traçado da Linha Curzon do mármore da mesa.

GARÇOM: Dois cafezinhos.

JUCA: Garçom, eu serei obrigado a me queixar ao seu patrão se você tirar o Vesúvio da minha mesa hoje.

GARÇOM: Tirar o quê?

JUCA: O açucareiro. É impossível qualquer demonstração estratégica sem objetos simbólicos e...

GARÇOM: É, mas se eu deixar o Vesúvio aqui os outros fregueses têm de tomar café amargo.

JUCA: Será que você não compreende que, para um açucareiro, ser o Vesúvio é um instante magnífico de glória?...

GARÇOM: O senhor está sempre com estas histórias, mas o patrão já me deu ordem de não deixar o senhor tirar charutos da caixa. O senhor pode comprar...

JUCA: (Interrompendo) Mas o charuto...

GARÇOM: Eu disse ao patrão que o charuto era o Churchill na conferência não sei de onde, mas ele disse que não pode. E uma vez o senhor se distraiu e acendeu o Churchill.

JUCA: Basta, rapaz, basta. Vocês vão perder um freguês, mas pelo momento me deixe em paz.

PEDRO: E você não trouxe o copo de água, garçom.

GARÇOM: (Zombeteiro) Já, já. O Rio Dniester já vem.

JUCA: (Pigarreando) Audaciosos esses pequenos. Mas como eu ia lhe dizendo ontem, a posição era Cassino... Você tem um lápis? **(Pausa)** Aqui, o litoral...

PEDRO: Juca, ô Juca!...

JUCA: A colherinha aqui, são as ruínas do mosteiro...

PEDRO: Ô Juca, você conhece aquele camarada lá?

JUCA: Por que é que eu havia de conhecê-lo?... Não me interrompa. Aqui...

PEDRO: Ele está fazendo sinais para cá.

JUCA: E eu com isto? Acho que o sujeito é louco. Fazendo espirais com o indicador no ar.

PEDRO: E lá vem ele para a nossa mesa.

(PASSOS SE APROXIMANDO E
CADEIRA ARRASTANDO NO CHÃO)

JUCA: (Polidamente) Creio que o cavalheiro deve estar equivocado. Eu não o conheço, nem o meu amigo.

FELOBELISTA: O senhor não viu pelo meu gesto quem sou eu?

PEDRO: Mas então o senhor sai enroscando o dedo pelo ar e acha que a gente vai saber...

FELOBELISTA: Deviam saber que sou um felobelista.

PEDRO: Um quê?

FELOBELISTA: Um felobelista, um Irmão do Fole.

PEDRO: Irmão de quem?

FELOBELISTA: Pois então os senhores não conhecem a Fraternidade do Fole e a Comunidade da Campanha do Fole. Os senhores não são nem Sopros?...

JUCA: Isto é Maçonaria?

FELOBELISTA: Não é bem isto.

JUCA: (Violento) Escuta aqui, se isto é de quinta coluna vamos bater um papo na delegacia ali da esquina.

FELOBELISTA: Não me segure pela gola do paletó porque se eu perco a paciência esta casa vai pelos ares. Eu já sou um Vendaval. Veja o meu emblema: branco sobre fundo dourado.

JUCA: Que emblema é esse, afinal? E não pense que vai assustar ninguém dizendo que é pé de vento.

FELOBELISTA: Vendaval é a minha categoria e ambos os senhores me devem um certo respeito, pois não são coisa alguma ainda. E eu não saio daqui sem deixar os senhores pelo menos no estado um pouco menos ignominioso de Sopro. Isto está resolvido. Pensem que os senhores não existem, não são nada, nada. São, são... calmaria, falta absoluta de vento. **(Pausa)** E o que é isto? Um mapa? Ora seus calmarias, isto lá é maneira de se ajudar ingleses, russos, americanos, chineses, franceses e nossos patrícios brasileiros em guerra?

JUCA: Escuta aqui, por que é que você, para variar, não se mete com a sua...

FELOBELISTA: Não, eu vou me meter com a sua vida, Sr. Calmaria. Então o senhor não sabe que desde novembro de 1940 a Campanha do Fole está em vigor no Brasil e que por cada avião inimigo que a RAF derruba os felobelistas contribuem com cinco centavos? Então o Sr. Calmaria, ou os Srs. Calmaria não sabem que do dinheiro obtido metade vai para a RAF e metade para a FAB, para comprar novos aviões? Não sabem que FAB e RAF são iniciais para Força Aérea à Beça e Rebentando a Alemanha do Führer? Os senhores, tanto um quanto o outro, precisam sem demora morrer com cinco cruzeiros iniciais, transformando-se em Sopros. Depois, à medida que forem pagando os cinco centavos por cada avião abatido, irão passando lentamente a Rajada, Vendaval, Furacão, Tornado, Tufão e finalmente serão condecorados com a Ordem do Fole!

(PAUSA)

JUCA: Essa história é séria mesmo? Dá em alguma coisa?

FELOBELISTA: Em alguma coisa? Dá em esquadrilhas de aviões, Sr. Calmaria.

JUCA: Mas que ideia o nome da confraria: Fole. E você com esse fole no escudo. Devia ser a Campanha das Águias Negras, do Condor Desesperado, dos Falcões de Caça.

FELOBELISTA: Ora, seu...

JUCA: Juca, Juca é o meu nome. O dele é Pedro. Deixa dessa história de calmaria.

FELOBELISTA: Ora, seu Juca. Para que essa prosopopeia toda? Falcões e águias são conversa para alemão. Lembre-se de que uma das coisas que a RAF está defendendo é o humor inglês. Fole é o símbolo leve de uma coisa que provoca vento. Foles dão as notas alegres das gaitas escocesas...

JUCA: É, para quem gosta daquela barulheira. E depois, a minha imaginação é ardente, poética...

FELOBELISTA: Pois pense nos foles que avivam o fogo das lareiras inglesas. Se o senhor é poeta, lembre-se de que esses foles hoje estão desaparecendo, com os fogões a gás e a calefação central, mas o seu colega Shakespeare...

JUCA: Shakespeare? O que é que tem Shakespeare a ver com foles?

FELOBELISTA: Pois pense no seu colega Shakespeare, não criando *Macbeth* ou o *Sonho de uma Noite de Verão*, mas na posição ridícula em que todos nos achamos um dia: namorando. Ainda está de pé, em Stratford-upon-Avon, no *cottage* em que morava sua noiva, Anne Hathaway, e entre os objetos da casa preservados até hoje está o grande fole que atiçava as chamas na lareira. Imagine o jovem William, com o coração num fogaréu dentro do peito e imagens de *Romeu e Julieta* em labaredas dentro da cabeça, tocando fole para aquecer as mãos frias de Anne Hathaway...

JUCA: Leve os cinco mangos. Se Shakespeare também era um felobelista...

FELOBELISTA: Eu talvez não fosse tão longe...

JUCA: Pedro, você também vai ser Sopro.

PEDRO: Está bem, está bem. Mas eu não acredito muito que com esta história de cinco centavos a gente chegue a comprar avião.

FELOBELISTA: Não acredita, não é? Pois dentro de poucos minutos começa o programa... **(Pausa)** Ora, que diabo! Já começou o programa da BBC: *Ainda mais Força Aérea*.

JUCA: **(Autoritário)** Ô garçom, isto aí é rádio ou caixa de bombons? Liga a geringonça aí em uma das estações que estão retransmitindo da Inglaterra essa história de "Mais Foles para não sei quem".

GARÇOM: Como é o negócio?

FELOBELISTA: Faça o favor de ligar numa das estações que costumam retransmitir os programas da BBC...

(VOZ DO LOCUTOR, JÁ EM MEIO A SUA FALA)

LOCUTOR: Estão ouvindo um programa da estação de Londres dedicado aos milhares de felobelistas no Brasil. E agora, nada mais natural do que perguntarem aos felobelistas brasileiros o que está acontecendo com os aviões da esquadrilha Bellows Brazil. Para isso temos aqui um eminente sócio honorário da Campanha do Fole, o correspondente de guerra da seção brasileira da BBC, Francis Hallawell. Hallawell foi passar um dia com a turma que pilota esses aviões marcados com um fole verde-amarelo e voltou cheio de novidades. Hallawell, aproxime-se.

HALLAWELL: Bom, antes de mais nada, quero informar os felobelistas brasileiros sobre a gente que tripula os aviões Bellows Brazil. Estou certo de que todos gostariam de encontrar os pilotos valentes que vivem amargurando a vida dos alemães a bordo dos aviões que vocês mandaram. Falar sobre cada um dos homens encarregados da esquadrilha seria difícil, pois eles são 50 ao todo, 25 sendo pilotos. Mas entre esses pilotos, alguns eu fiquei conhecendo bem quando passei um dia entre os nossos Typhoons. E por essa amostra a gente pode ver que não só praticamente toda a comunidade das nações britânicas está representada na esquadrilha Bellows Brazil, como ainda está representada por um pessoal alegre e disposto a rebentar mesmo a Alemanha do Führer. O oficial-comandante da esquadrilha é um escocês pequeno, rijo e com um senso de humor seco e forte como o whisky da sua terra. "Beaky", "Bicudo", é um piloto inglês que está com a esquadrilha desde sua formação; para contrariar a impressão geral, em vez da tradicional calma dos ingleses, Bicudo é extremamente explosivo e queima-se por qualquer coisa. Depois vem um outro escocês, Cass; eu o estava encontrando pela primeira vez, mas ele me perguntou:

CASS: O senhor não me acha muito pior assim?

HALLAWELL: Pior? Mas pior como?

CASS: Eu tinha um grande e alinhadíssimo bigode e fui obrigado a raspá-lo para tirar o retrato da carteira de identidade.

HALLAWELL: Depois vem Kelly, um irlandês louro, extremado como todos os de sua raça: passa os dias entre um grande ódio pelos nazistas e um grande amor por todas as mulheres desse mundo. "Boots" é um canadense dobrado que ganhou esse apelido de "Botas" por ocasião de seu primeiro voo; não se sabe bem por que razão, na hora H ele não conseguiu se resolver por um dos seus seis pares de botas, calçando um depois do outro; quase que saiu para o campo de pé no chão. Gilly é um australiano decidido, treinado nos vastos espaços do seu país e contando uma porção de histórias no pitoresco inglês da sua terra.

Ainda há mais dois escoceses que preciso mencionar. O primeiro, "Wee Mac", ou "Mac-Mirim", porque é o mais temido entre os companheiros por uma razão muito simples: é um gênio para inventar apelidos. Carimba todos os recém-chegados com os mais terríveis nomes. O segundo é Joc, de Glasgow, que também está com os Bellows Brazil desde a formação da esquadrilha. A Joc eu pedi que escolhesse um dia de ação da esquadrilha de caças-bombardeiros Typhoons Bellows Brazil e contasse a vocês tudo o que aconteceu. E ele começou:

> (FALA DE JOC, PRÉ-GRAVADA. *FADE OUT*: FALA DE JOC E *FADE IN*:
> A TRADUÇÃO DA FALA, O "JOC BRASILEIRO")

JOC: Me pediram que, como piloto da esquadrilha Bellows Brazil, contasse hoje a vocês o que vocês poderiam ver se viessem do Brasil passar um dia conosco. Escolhi no meu diário um dia marcado em vermelho, um dia de boa sorte. Tudo se passou numa terça-feira e essa terça-feira começou como começam mais ou menos todos os meus dias: com alguém a me sacudir vigorosamente às sete horas da manhã.

> (BARULHO DISTANTE DE MOTORES DE AVIÃO)

BATMAN: São sete horas... Vamos seu!...

JOC: Vá para o diabo que o carregue, já disse. Quero dormir.

BATMAN: São sete horas e um minuto.

JOC: Hein! Já são sete? Por que não disse há mais tempo? Você já conseguiu acordar o Botas?

BATMAN: Botas, ô Botas, Mac, Kelly!
    (SONOLENTOS GRUNHIDOS RESPONDEM)

JOC: Temos de pegar no pesado hoje, minha gente.

VOZES: Já vou... Estou pronto... Eu já estava acordado...

JOC: Logo depois do *breakfast* temos de ir receber as instruções.
    (PESSOAS ANDANDO)

CASS: Poxa, que frio! Ah, e ainda me obrigaram a raspar o bigode!
    (RUÍDOS DE AVIÃO.
    FADE OUT E *FADE IN*: SALA DE REUNIÕES,
    PESSOAS ENTRANDO)

VOZES: Bom dia, comandante... Bom dia, comandante... Bom dia, comandante...

COMANDANTE: Bom dia, rapazes. Temos hoje uma operação de escolta, de proteção contra fogo antiaéreo, para ser mais exato. Nossos bombardeiros vão atacar um comboio que está tentando furar o bloqueio e a tarefa de vocês é silenciar qualquer fogo antiaéreo do inimigo. Vocês vão voar a "nenhum metro", se posso dizer assim, o mais baixo possível. As rotas serão Um, Nove, Zero por vinte minutos e depois Um, Cinco, Zero por doze minutos. Vocês levantarão voo às onze e dez para encontrarem os bombardeiros às onze e quinze.

Creio que vocês podem esperar fogo antiaéreo dos maus, mas vocês já conhecem a coisa... E não se esqueçam de manter o olho aberto para os caças inimigos. Creio que os navios estão transportando carga valiosa e portanto bem protegida...

(FADE OUT e FADE IN)

JOC: Por volta das nove e meia fui ao aparelho ver se tudo estava em ordem, meu paraquedas, meu Mae West[42] e tubos de oxigênio. Quando cheguei os mecânicos já estavam às voltas com os aparelhos, alguns aviões já erguiam voo e outros recebiam munição e gasolina. Encontrei o meu mecânico por baixo da cauda do meu aparelho. O barulho no campo era infernal.

(BARULHO DE MOTORES)

JOC: (Gritando) Tudo ok com o meu Bellows?...

MECÂNICO: Como é?

JOC: Tudo em ordem no avião?

MECÂNICO: Ok.

JOC: A Mae West?

MECÂNICO: De braços abertos à sua espera.

JOC: Oxigênio?

MECÂNICO: À beça.

JOC: A máquina cinematográfica?

---

[42] Mae West era um colete salva-vidas usado por pilotos durante a Segunda Guerra Mundial. O dispositivo foi inventado em 1928 por Peter Markus, mas ganhou o nome de Mae West graças à atriz americana de mesmo nome, que participou no esforço de guerra da Royal Air Force (RAF). O nome Mae West dado ao salva-vidas remete, de forma bem-humorada, aos seios avantajados da atriz, símbolo sexual nos anos 1930 e 1940.

MECÂNICO: Tudo ok.

(BARULHO DE AVIÕES DECOLANDO)

JOC: Às onze e cinco eu já estava instalado no avião e o demônio do mecânico ainda me dizia para ser carinhoso com a Mae West. Cinco minutos depois o nosso líder começou a decolar, eu apertei o acelerador e meu aparelho começou a roncar.

(AVIÃO DECOLANDO)

JOC: Estávamos no ar. O aeródromo já parecia um ridículo quintalzinho lá embaixo e afinal tudo desapareceu sob as nuvens. Nós não usamos nosso rádio senão ao entrarmos em ação, e mesmo então só o fazemos quando o líder tem alguma última recomendação a fazer. Mas os detalhes que recebemos durante a instrução são em geral suficientes. Às onze e quinze tínhamos encontrado os bombardeiros e automaticamente cada um de nós tomou seu respectivo lugar. O mar cinzento não tinha uma cara nada convidativa e instintivamente eu me aconcheguei a Mae West. Íamos a boa velocidade e afinal começamos a voar tão baixo que era mais como se estivéssemos fazendo esporte num aeroplano do que voando num caça Typhoon Bellows Brazil.

(AVIÕES VOANDO EM FORMAÇÃO)

JOC: Não foi difícil localizar o inimigo. O furador do bloqueio estava ancorado, voltado para noroeste, quando nos aproximamos pelo seu flanco à estibordo. À nossa direita podíamos ver um, dois navios de escolta, que imediatamente abriram fogo sobre os bombardeiros...

(SOM DE ARTILHARIA ANTIAÉREA)

JOC: Dois de nossos camaradas saíram da formação e rumaram firmes para cima dos dois barcos-escolta e atacaram.

(SOM DE ARTILHARIA ANTIAÉREA, AVIÕES MERGULHANDO E DISPAROS DE CANHÃO. PARA A ARTILHARIA ANTIAÉREA)

JOC: Enquanto isso todos os outros ajudavam os bombardeiros no ataque ao navio grande. Ele abriu seu fogo antiaéreo e foi a nossa vez.

(ARTILHARIA ANTIAÉREA, AVIÕES MERGULHANDO,
TIROS DE CANHÃO, BOMBAS CAINDO, EXPLOSÕES)

JOC: Nossa parte de silenciadores do fogo antiaéreo foi terminada depressa e a dos bombardeiros não menos. A última olhadela que lancei ao navio mostrava-o absolutamente de péssima saúde. E não fiquei olhando por muito tempo, pois a voz do líder chegou aos nossos ouvidos:

LÍDER: Dois Junkers Ju 52 à vista.

JOC: Como se a voz tivesse um poder direto sobre os motores, rompemos a formação imediatamente e tocamos para cima dos Junkers.
(AVIÃO INIMIGO VOANDO ESTÁVEL. AVIÃO MERGULHANDO
E SOM DE METRALHADORAS. AVIÃO É ABATIDO)

JOC: Tive o prazer de ver primeiro um e depois o outro Junker 52 saírem assobiando e largando um rabo de fumaça, até que esfriaram dentro do mar...
(AVIÕES MERGULHANDO, DISPAROS DE METRALHADORA,
AVIÃO CAINDO NO MAR. MÚSICA)

JOC: Por volta de uma e meia estávamos de volta à base. Fomos diretamente para nossa sala de interrogação, onde, com um cigarro e uma xícara de chá – ou café, com boa sorte –, temos de contar a história detalhada e metodicamente ao oficial do dia.
(BARULHO DE XÍCARAS E VOZES)

OFICIAL: Bom, rapazes, como foi a operação? **(Para Mac)** Tome um cigarro, Mac.

BEAKY: Bom, no duro, no duro nós encontramos os bombardeiros às onze e dezesseis...

KELLY: Tinha nuvem demais no princípio. Voamos bem baixinho, estávamos quase de lancha...

ROD: Encontramos o objetivo às...

BOOTS: E as baterias antiaéreas do objetivo nos encontraram...

GILLY: Iniciamos o ataque...

CASS: E despachamos os Junkers Ju 52 antes dos pilotos dizerem "*Achtung*" ou enxergarem os foles verde-amarelos...

OFICIAL: Pelo amor de Deus, silêncio! Um de cada vez. Vamos Bicudo, você que começou.

BEAKY: Como eu ia dizendo, no duro, no duro, encontramos os bombardeiros às onze e dezesseis...

(FADE OUT E FADE IN)

JOC: E quando acabamos com a inquisição, estamos prontos para uma refeição substancial e em geral temos o resto do dia para ler, escrever cartas, jogar *snooker* ou não fazer nada. Mas às vezes, naturalmente, mal acabamos com a inquisição e já há uma outra missão a desempenhar. Mas naquela terça-feira não houve. E assim chegamos ao fim do nosso dia. Mas antes de dizer boa noite a vocês, eu gostaria de ajuntar em nome de nós todos da Esquadrilha Bellows Brazil, que é com grande prazer que pilotamos os seus aviões. Cada Typhoon da esquadrilha tem o seu grande fole verde-amarelo pintado na fuselagem – e eu posso garantir a vocês todos que, juntos, nós provocamos uma ventania bem à altura dos esforços de vocês aí no Brasil. Boa noite, Brasil!...

NARRADOR: Ouviram da estação de Londres da BBC *Ainda mais Força Aérea*. Um programa dedicado aos milhares de felobelistas no Brasil e aos jovens rapazes da RAF que tripulam a já famosa esquadrilha de Typhoons Bellows Brazil. Original de A. C. Callado, produção de Michael Ould. O programa foi retransmitido pelas seguintes emissoras brasileiras...

(MÚSICA)

Charles Dickens ou
O Mistério de Edwin Drood

Transmitida pela BBC em 8 de junho de 1944

(MÚSICA DE ABERTURA. *FADE IN*: SONS DE TRÁFEGO)

BRASILEIRO 1: Não, eu não digo que não goste de Londres, absolutamente. O que talvez esteja acontecendo é que o Rio ainda exerça muita influência. Talvez ainda seja muito forte o contraste entre uma cidade branca, ensolarada, alegre e esta poderosa mas carrancuda metrópole, fria...

BRASILEIRO 2: **(Interrompendo)** Aí é que você se engana. Aliás, com passeios como o que estamos fazendo hoje, andando sem rumo pelas ruas de Londres, você ainda se convencerá de que...

BRASILEIRO 1: **(Interrompendo)** De que Londres, mesmo em tempo de guerra, tem um Carnaval todos os dias, não é?...

BRASILEIRO 2: **(Rindo)** Não. E é claro que Londres é uma cidade inteiramente diferente do Rio de Janeiro. Mas você se convencerá de que a cidade que lhe parece agora fria e carrancuda tem uma alma, uma fascinante alma.

BRASILEIRO 1: Bem, eu não estou duvidando do poder interior de Londres. Basta a volta que nós demos ontem pela *city* e pelos cortiços da zona pobre para a gente fazer uma ideia do tutano da cidade.

Tomar bomba daquela maneira e continuar a vida como se a Luftwaffe estivesse jogando ovos de Páscoa é mesmo de a gente tirar o chapéu. Mas isto não impede que Londres seja uma cidade seca, dura.

BRASILEIRO 2: Não é não. Eu concordo se você disser que Londres é reservada, eu diria mesmo modesta. Modesta das suas virtudes, dos seus vícios...

BRASILEIRO 1: Hum... Modesta dos seus vícios.

BRASILEIRO 2: Mas é mesmo. Uma cidade arisca, desconfiada. Exige que a gente procure entendê-la para então se entregar.

BRASILEIRO 1: Vamos ver, vamos ver. Que rua é essa aqui?

BRASILEIRO 2: Acabamos de entrar em Marylebone High Street.

BRASILEIRO 1: Nossa Senhora da Boca do Monte! Que cidade mais louca. Exige mesmo que a gente procure entendê-la. Em dez minutos nós já passamos por um beco sem saída chamado Marylebone Mews, por uma passagem chamada Marylebone Lane, por uma rua enorme chamada Marylebone Road e entramos noutra rua enorme chamada Marylebone High Street.

BRASILEIRO 2: Mas veja, veja. Bem no princípio, esta casa aqui, a número um, já fará com que você guarde Marylebone High Street na memória.

BRASILEIRO 1: O que é que tem a casa? Uma casa escura, nada excepcional...

BRASILEIRO 2: Então olhe na parede, lá em cima. A placa azul com a inscrição em letras brancas.

BRASILEIRO 1: Ah, sim. **(Lendo)** "Charles Dickens (1812–1870). Novelist. Lived here." O Dickens! Que interessante.

BRASILEIRO 2: Que interessante e que simples. Charles Dickens. Ano do nascimento e ano da morte. Romancista. E depois: Morou aqui. E aí tem você uma prova da reserva de Londres, do seu horror ao barulho.

BRASILEIRO 1: Curioso mesmo. Desta vez você marcou um tento. O bom Dickens... A fama dele ainda está durando, não é?...

BRASILEIRO 2: Está durando e há de durar para sempre, meu velho.

BRASILEIRO 1: Bem, eu tenho as minhas dúvidas.

BRASILEIRO 2: Como assim? Depois de Shakespeare ninguém criou um mundo tão vasto na literatura inglesa.

BRASILEIRO 1: Ora, tão vasto em tamanho pode ser. Mas não vai passar pela cabeça de nenhum maluco comparar Dickens com... mas nem digo com Shakespeare, que não dá confiança a ninguém, dentro ou fora da Inglaterra... mas nem mesmo com alguns dos modernos romancistas britânicos.

BRASILEIRO 2: Dickens foi o grande desbravador, meu amigo, O mundo que ele criou é vasto em todos os sentidos. Ele esgotou o mundo real dos ingleses, colecionou todos os tipos, não deixou nada a fazer em matéria de descrição objetiva. Quando um colapso o matou aos 58 anos, o terreno estava pronto para o romance introspectivo – estava quase pronto para que aparecesse um outro gigante, como o seu querido James Joyce.

BRASILEIRO 1: Ora, muito bem! Você acha o Dickens um fenômeno e depois vem com esta história de descrição objetiva e não sei mais o quê. Como se alguém pudesse ser um grande romancista sem ser um introspectivo, um psicólogo. Eu já não falo nos modernos. Contemporâneos de Dickens, meu velho, eram Balzac, Stendhal, Flaubert – Dostoiévski! Imagine. Enquanto esses escreviam de verdade, Dickens ia criando seus tipos unilaterais, planos. Um grande observador da vida inglesa ele foi, mas os tipos que criou ou eram uns monstros de ferro fundido ou uns anjos de açúcar-cande. Com ele não havia meio-termo: ou o sujeito era vilão até os calcanhares ou mocinho até a ponta do cabelo.

BRASILEIRO 2: Ah, mas aqui continuamos na mesma discussão. Dickens, que andava mais por Londres num dia do que nós dois juntos fazemos num mês, não só foi o grande romancista de Londres como foi ele próprio um produto de Londres. Assim como Londres custa a se revelar, Dickens só começou a se revelar verdadeiramente no seu último livro, o livro que ele nunca terminou: *O Mistério de Edwin Drood*.

BRASILEIRO 1: *O Mistério de Edwin Drood*? Sim, sim, me lembro de ter lido alguma coisa a respeito desse livro que ele deixou inacabado.

BRASILEIRO 2: Você não devia ter lido a respeito, e sim lido o livro, o que há do livro.

BRASILEIRO 1: Ora, eu não creio que num último fragmento de livro ele fosse fazer o que não fez nos inúmeros livros que pôde escrever até o fim. O fato é que ele não conseguiu ter a visão do homem como um ser torturado e dividido, bom e mau ao mesmo tempo, não conseguiu penetrar a verdadeira tragédia humana. Ele foi um reformador social, um defensor dos pobres e dos infelizes, mas nunca chegou às raízes do drama. Talvez porque ele próprio fosse muito pouco dramático, muito simples, como os homens que criava.

BRASILEIRO 2: Pois eu lhe garanto que Dickens foi muito mais trágico do que a maioria desses exibicionistas modernos que põem a alma na capa do livro. Dickens foi um recalcado. Como as personagens que criava, ele fazia tanto ruído e era tão jovial de medo que a tragédia viesse à tona, que os fantasmas aparecessem.

Isso até André Maurois notou, em seu estudo sobre Dickens, e isso Edmund Wilson provou numa penetrante análise da vida e da obra de Dickens.[43]

BRASILEIRO 1: Escuta, acho que aquele polícia lá defronte já está ficando preocupado. No meio do todos os nossos brasileiros gritos ele só pescou até agora a palavra "Dickens", o que naturalmente é pouco para tranquilizá-lo.

BRASILEIRO 2: É. Vamos até o Regent's Park, que é pertinho daqui. A temperatura hoje está camarada para Londres e poderemos sentar lá. E você vai se levantar convencido da natureza tempestuosa de Dickens.

(FADE OUT E FADE IN)

BRASILEIRO 2: Para compreender Dickens, você precisa antes de mais nada situá-lo na rocha da Inglaterra vitoriana. O popular Dickens não poderia ser tão popular se não fosse um romancista de certo modo puritano. Ele podia atacar as leis erradas ou rir-se delas, enfurecer-se porque a Inglaterra abandonava as poéticas aldeias que salpicavam de branco o campo inglês para afluir às cidades onde nascia a indústria, as cidades que cresciam, inchavam, que se esparramavam como borrões de carvão na terra da Inglaterra. Ele podia atacar a hipocrisia em *Martin Chuzzlewit*, o orgulho em *Dombey e filho*, a avareza em *A Christmas Carol*. Mas não podia, ou melhor, não se admitia, na Inglaterra vitoriana, que um escritor criasse todos esses vícios e os misturasse às boas qualidades numa criatura só. A Inglaterra vitoriana acreditava em preto e branco: o cinzento para ela era absurdo. Quem saía do preto e branco não ficava popular, como Emily Brontë não ficou.[44] Pois bem, Charles Dickens estava à beira de perder a sua popularidade

---

[43] André Maurois, pseudônimo do escritor francês Émile Salomon Wilhelm Herzog (1885-1967). Edmund Wilson (1895-1972), escritor e crítico norte-americano. Callado refere-se provavelmente ao célebre artigo sobre Dickens intitulado *The Two Scrooges*, publicado por Wilson em março de 1940 na revista *New Republic*.

[44] Emile Brontë (1818-1848), escritora e poetisa inglesa.

quando, naquele dia 9 de junho de 1870, sua cunhada disse à velha empregada da casa que fosse chamar o escritor para jantar...

(MÚSICA IMPONENTE. BATIDAS NA PORTA,
QUE SE ABRE E SE FECHA)

EMPREGADA: Sr. Dickens...

DICKENS: (Chateado) O que é que você quer? Você não vê que estou trabalhando?

EMPREGADA: Mas Sr. Dickens...

DICKENS: (Mexendo papéis) Oh, Senhor, não se pode ter um pouco de calma nesta casa!

EMPREGADA: (Tímida) É que Miss Hogarth mandou dizer que o jantar está esfriando.

DICKENS: Desculpe-me. Não leve a mal minha irritação. Tanto trabalho me põe nervoso, e nervoso logo com quem é tão dedicada. Vamos embora!

EMPREGADA: O senhor vai ter vinho de maçã, pudim, uma porção de coisas boas.

DICKENS: Pois vejamos estas iguarias todas. Me dê o braço.

EMPREGADA: Está tonto outra vez, Sr. Dickens?

DICKENS: Só um pouquinho. Eu estou me sentindo melhor hoje.

(ELES VÃO EMBORA.
PORTA SE ABRE E SE FECHA)

CUNHADA: Ah, Charles, em boa hora. A sopa está esperando, mas você...

DICKENS: (Assustado) Já sei, já sei, estou abatidíssimo.

CUNHADA: Não, não, você está parecendo cansado, um pouco mais cansado. Mas vamos começar a jantar que isto passa. Você trabalhou demais. Não creio que nenhum livro lhe tenha dado tanta preocupação quanto este *Mistério de Edwin Drood*.

DICKENS: Ah, se eu apenas conseguir terminá-lo!

CUNHADA: Conseguir terminá-lo? Que tolice é esta? Naturalmente você o terminará.

DICKENS: Para os outros livros todos eu precisava de alegria em torno, movimento, gente para copiar e para caricaturar, precisava de vida só. Desta vez eu preciso de recolhimento, silêncio, paz. É tão difícil encontrar paz. E esse poderá ser o meu grande livro.

CUNHADA: Sente-se, Charles.

(SOM DE CADEIRA E TALHERES)

CUNHADA: Todos os seus livros têm sido grandes, admirados pelos críticos e pelo povo.

DICKENS: Mas *Edwin Drood* vai ser o livro do meu desespero. Não só eu não tenho mais a antiga facilidade que tinha de escrever um romance em três semanas, como não o escreveria se pudesse. *Edwin Drood* está sendo escrito penosamente e só poderá ser escrito penosamente...

CUNHADA: Charles, são tão sombrias suas ideias ultimamente. Você devia lutar para reconstruir sua vida. Talvez aí Catherine voltasse...

DICKENS: (Irônico) Eu me separei de minha esposa e sua irmã sabendo perfeitamente o que fazia. Continuo a não acreditar absolutamente que a volta de Catherine me trouxesse paz para terminar *Edwin Drood*. Talvez uma outra pessoa, talvez Ellen...

CUNHADA: (Baixo) Charles, você não deve falar nesta mulher diante de empregados.

DICKENS: "Esta mulher." Esta mulher é pelo menos uma esperança. E a única coisa que importa é que eu possa terminar o livro do meu desespero. Você não compreende? Eu sacrificaria tudo por isto. Não quero mais popularidade, dinheiro, convites da Rainha Vitória ou do príncipe de Gales. Repito: eu só quero terminar meu livro.

CUNHADA: Mas você o terminará, Charles.

DICKENS: Terminar, terminar *Edwin Drood*.

CUNHADA: Acalme-se, Charles. Charles, você está se sentindo mal?!

EMPREGADA: (Assustada) Sr. Dickens! Sr. Dickens! Meu Deus, meu Deus!

CUNHADA: Deite-se, deite-se para descansar.

DICKENS: (Desfalecendo) Sim, no chão. Não hei de terminar o livro...

(MESMA MÚSICA E *FADE IN*)

BRASILEIRO 2: E um colapso encerrou a vida de Dickens. *O Mistério de Edwin Drood* ficou sem solução. Mas ficou do livro o bastante para que se compreenda a modificação em sua vida que este livro revelava.

BRASILEIRO 1: O excesso de trabalho no livro o matou.

BRASILEIRO 2: O excesso de trabalho e outros excessos. O número de vezes em que ele cometeu o assassinato de Nancy, por exemplo.

BRASILEIRO 1: Dickens?... Assassinato?...

BRASILEIRO 2: (Rindo) Não se assuste tanto. Mas entre outras coisas, o Dickens que você imagina como um burguês tão sem paixões tinha uma grande atração pelo crime. Você não ignora que um dos maiores sucessos de Dickens eram as suas leituras. Sempre houve nele um fascínio pelo teatro e, um belo dia, ele resolveu começar a ler trechos de seus próprios livros para o público. Ele os lia emocionalmente, como um verdadeiro ator, e a multidão se comprimia horas para conseguir comprar um bilhete e ouvi-lo. Perto do fim da sua vida ele continuou com estas leituras a despeito das mais enérgicas proibições médicas. E continuou, principalmente, com a leitura do assassinato da jovem Nancy, no seu livro *Oliver Twist*. O trecho do brutal crime tanto parecia transtornar a ele como à sua plateia.

(FADE IN: SOM DE APLAUSOS)

VOZ: Silêncio, silêncio, por favor. Depois de nos ter deleitado a todos com esse trecho de *David Copperfield*, o Sr. Charles Dickens vai ler uma parte extraída dos capítulos de *Oliver Twist* que se intitulam "Consequências Fatais" e "A Fuga do Sr. Sikes".

(BURBURINHO, NO QUAL SE OUVE...)

VOZ DE MULHER: Nancy, a morte de Nancy!

DICKENS: (Tosse, etc.) "O homem tentou violentamente libertar os braços; mas os da jovem estavam como que atados ao redor dos seus, e, por mais força que fizesse, ele não pôde afastá-los. 'Bill', disse a jovem, tentando colocar a cabeça sobre o peito do facínora, 'aquele cavalheiro e a boa senhora me falaram ontem à noite de um novo lar num país estrangeiro onde eu poderia acabar meus dias em solidão e em paz. Deixe-me vê-los outra vez e implorar-lhes, de joelhos, que mostrem a mesma misericórdia e bondade para com você; e deixemos ambos esta horrenda casa para, afastados um do outro, vivermos vidas melhores e esquecermos como temos vivido. Nunca é tarde demais para o arrependimento. Isto me disseram eles e isto eu sinto agora — mas nós precisamos de tempo, um pouco, um pouquinho de tempo!'

"O ladrão libertou um braço e empunhou a pistola. A certeza de ser imediatamente preso se atirasse atravessou-lhe a mente como um relâmpago, a despeito da fúria que o inflamava; e duas vezes, com toda a força de que dispunha, ele golpeou com a pistola o rosto da jovem, que quase tocava o seu. Ela cambaleou e caiu, quase cega com o sangue que lhe jorrava da funda brecha na fronte. Era uma visão terrível. O assassino recuou vacilante até a parede e, tapando os olhos com a mão, empunhou um pesado cajado e golpeou-a de novo."

(MURMÚRIOS VINDOS DA MULTIDÃO)

DICKENS: (Continua) "De todos os sinistros feitos que, sob o manto da escuridão, tinham sido cometidos dentro dos vastos limites de Londres, aquele era o pior. O sol – o brilhante sol que todos os dias traz não apenas vida nova, mas esperança e ânimo para o homem – despontou sobre a cidade fervilhante de gente em claro e radiante esplendor. Através de janelas de cristal frisado e de janelas com remendos de papel, sobre cúpulas de catedral e sobre fétidos sótãos, ele espalhou seus raios igualmente. Ele iluminou o quarto onde jazia a mulher assassinada. Sim, iluminou. O homem tentou impedir-lhe a entrada, fechou a janela, mas o sol espalhava seu ouro lá dentro. Se a visão tinha sido terrível à luz morta da madrugada, o que seria agora?

"Ele não se movera, apavorado de mexer um dedo. Ouviu-se um gemido, houve um movimento da mão; e, com terror aliado à cólera, ele golpeou e golpeou de novo. Ele pensou em atirar um cobertor sobre ela; mas seria pior, não vendo aqueles olhos, imaginá-los vivos ainda a fitá-lo, do que vê-los vidrados em direção ao teto, como que acompanhando lá o reflexo do lago de sangue que tremulava e dançava à luz do sol.

"O homem fez fogo, acendeu o lume na lareira, lançou o cajado às chamas. Havia cabelo na extremidade, cabelo que se incendiou, retorceu-se até se transformar numa cinza leve. Ele se lavou, esfregou a roupa: havia nódoas que não saíam, era preciso cortar pedaços da roupa e queimá-los. E todas aquelas manchas pelo chão do quarto! É que até as patas do cachorro estavam ensanguentadas.

"Durante todo esse tempo, nem uma só vez ele voltara as costas ao cadáver – não, nem por um momento. Terminadas as preparações ele se dirigiu, ainda de costas, para a porta, carregando o cachorro para que o animal não manchasse novamente as patas e carregasse provas do crime para a rua. Ele fechou a porta suavemente, trancou-a, tirou a chave e deixou a casa..."

(APLAUSOS E GRITOS)

DICKENS: **(Arquejante)** Eles ainda estão aplaudindo lá fora, não?...

MÉDICO: Sim, eles ainda estão aplaudindo. Mas como seu médico, Sr. Dickens, quero avisá-lo ainda uma vez.

DICKENS: Já sei, já sei que não posso continuar com as leituras.

MÉDICO: Já é tão grande a sua glória de romancista, Sr. Dickens. Para que sacrificar a sua saúde pela glória de ator também?

(PASSOS)

FORSTER: Charles, você esteve magnífico.

DICKENS: Meu caro Forster, meu grande e único amigo. Venha me consolar um pouco que o médico não quer que eu continue: me acha um péssimo artista...

MÉDICO: **(Rindo)** Eu estava tão transido de admiração quanto o seu auditório, mas...

DICKENS: Eu sei, doutor. Ah, Forster, me sinto cansadíssimo agora... Ufa... Vou abrir o colarinho...

FORSTER: Descanse, descanse um pouco, Charles. Fique quieto.

(FORSTER E O MÉDICO AFASTAM-SE DE
DICKENS E MURMURAM ENTRE SI)

FORSTER: Então, doutor, que lhe parece?

MÉDICO: Parece-me definitivamente que o Sr. Dickens terá muito pouco tempo de vida se persistir em ser escritor, ledor e comediante. Quando eu lhe tomei o pulso antes da leitura, 72 pulsações; pois estavam em 112 quando ele terminou. Seu estado de agitação era extremo. Ele ainda me disse: "curioso, doutor... Olhando um cartaz na parede depois da leitura eu só consegui ler a metade do que estava escrito". Isto quer dizer, Sr. Forster, que ele está em permanente perigo de congestão.

FORSTER: De fato precisamos convencê-lo.

MÉDICO: Ele só ouve o senhor. Tente, tente enquanto é tempo. Agora, a cada noite, para dormir, o Sr. Dickens precisa tomar um soporífero; e precisa tomar um estimulante antes de cada leitura.

DICKENS: (Chamando) Forster!

FORSTER: (Aproximando-se) Sim, Charles.

MÉDICO: Bem, meus senhores, boa noite. E cuide bem de si, Sr. Dickens.

DICKENS E FORSTER: Boa noite, doutor.
                              (PORTA ABRE E FECHA)

DICKENS: E então, gostou, Forster?

FORSTER: Imensamente. Mas você precisa...

DICKENS: Ellen, Ellen Ternan estava presente?

FORSTER: Sim, estava. Mas você precisa me ouvir, Charles. Essas leituras não podem continuar. Especialmente esses trechos fortes, que te esgotam. Por que é que você não abandona tudo isto para terminar o seu *Edwin Drood*?

DICKENS: Eu tenho um certo medo de continuar aquele livro, Forster. Tem... tem muito de mim mesmo dentro do enredo complicado. Você já me fez há tempos revelar a minha própria infância dentro do *David Copperfield*. Mas no *Edwin Drood* eu creio que vou revelar muito da minha alma também.

FORSTER: Meu caro amigo, revele a sua alma em mais um grande livro, em lugar de buscar este sucesso efêmero das leituras. E esses trechos que você lê, esse tremendo assassinato... lembre-se do que lhe disse aquele médico, ao ouvir o trecho certa ocasião: "Sr. Dickens, se uma das mulheres presentes soltasse um grito de nervosismo, um ataque histérico coletivo se seguiria...".

DICKENS: É verdade, é verdade... Estranhos todos esses seres humanos, Forster. Eu tenho a impressão às vezes de que, me lendo ou me ouvindo, as pessoas estão dando expansão a sombrios projetos que têm medo de nascer. **(Pausa)** E que escrevendo, eu talvez esteja cometendo com pena e tinta os crimes que minhas personagens cometem com pistolas e punhais...

(MÚSICA)

BRASILEIRO 2: Seriam estas as palavras de Dickens depois daquelas tremendas leituras...

BRASILEIRO 1: Sim, sim, sem dúvida... **(Pausa e alegre)** Mas você está esquecendo o outro Dickens, o Dickens que ficou no coração dos ingleses, talvez muito mais verdadeiro do que o sombrio Dickens dos últimos tempos. Imagine o Dickens dos 23, 24 anos, tendo com o seu *Pickwick* o sucesso mais furioso do mundo! O menino pobre, o repórter lutador, subindo à mais estonteante das famas de repente! E o Dickens cantor por excelência do Natal, da doçura humana...

BRASILEIRO 2: Muito bem, esse Dickens existiu tanto quanto o outro – ou melhor, esse Dickens sempre procurou sufocar o outro, aniquilá-lo. Procurou sufocar o Dickens antivitoriano, casado mas profundamente infeliz, chorando Tâmisas de lágrimas quando morreu a irmã mais moça de sua mulher, por quem ele sempre tivera uma paixão platônica. O Dickens apaixonado por Ellen Ternan já no fim da sua vida, separando-se da esposa – e o Dickens sensível ao extremo, doentio... Você sabe que, com a exceção de Forster, seu grande amigo e depois biógrafo, praticamente todos ignoravam os fatos da sua infância. Seus filhos, sua mulher, não sabiam que *David Copperfield* era sobre a infância de Charles Dickens... Não sabiam que ele jamais esquecera o tempo em que esteve em humilhante exposição numa vitrine de loja imunda. Naquele tempo, seu pai, John Dickens, estava preso em Marshalsea por dívidas. Charles, com 12 anos, foi trabalhar numa fábrica de graxa por 6 *shillings* por semana, em companhia de rapazolas rudes e grosseiros...

(MÚSICA)

BOB: Você é parente do dono da loja, não é, seu magrelo?

JOVEM DICKENS: Meu nome é Charles John Huffam Dickens.

BOB: Nome grande demais para quem vive sujo de graxa. Além disso, você é magrelo mesmo. E você é parente do dono da loja, não, magrelo?

JOVEM DICKENS: O Sr. Lamert é meu parente distante.

BOB: Hum... Eu logo vi.

JOVEM DICKENS: Por quê?

BOB: Você vai ver, você vai ver...Você agora vai ser o sucesso da vitrine. Toda a pequenada da vizinhança vem te admirar agora.

JOVEM DICKENS: Eu não conheço os meninos daqui. Não tenho amigo na vizinhança.

BOB: (Rindo) Mas eles vão te conhecer, ha, ha... Mas aí vem o patrão com as novidades. Psiu!

(PASSOS SE APROXIMANDO)

SR. LAMERT: Ah, cá está o pequeno Charles.

JOVEM DICKENS: Bom dia, seu Lamert.

SR. LAMERT: Charles, você corta e prega esses rótulos nas latas de graxa tão bem, tão depressa e com tanta habilidade que a minha loja ficaria importante se os passantes pudessem te ver...

JOVEM DICKENS: Obrigado.

SR. LAMERT: Não, não tem nada que agradecer. Só quero que você me faça um favor...

JOVEM DICKENS: Pois não, seu Lamert.

SR. LAMERT: De agora em diante, em vez de trabalhar aqui no fundo da sala – que é tão escuro, tão frio –, você vai trabalhar lá, sozinho.

JOVEM DICKENS: Lá onde? Perto do fogo?

SR. LAMERT: Não, dentro da vitrine, onde ficam os potes de graxa. Você vai fazer o serviço lá.

(PAUSA)

JOVEM DICKENS: (Apavorado) Na vitrine, seu Lamert?... Diante de todo mundo que passa na rua?

SR. LAMERT: Pois então! O que é que tem isto? Você não gosta que vejam como você trabalha bem?

JOVEM DICKENS: Não, não, por favor. Pelo amor de Deus.

SR. LAMERT: Que asneira é essa? Quem é o patrão aqui?

JOVEM DICKENS: Eu... Eu faço tudo que o senhor quiser, mas não me ponha na vitrine. Eu sei que morro de vergonha, seu Lamert.

SR. LAMERT: (Furioso) Morre de vergonha, não é? Você devia morrer de vergonha por outras coisas. Com o pai na prisão porque não paga o que deve e morrendo de vergonha porque vai fazer um trabalho honesto, na vitrine de uma loja honrada. Já para o seu lugar. A cadeira está lá. Vamos.

JOVEM DICKENS: Pelo amor de Deus...

SR. LAMERT: Para a vitrine ou para a porta da rua, seu mandrião!
(MOVIMENTO E BARULHO DE LATAS)

SR. LAMERT: Ah, isto sim. Eu sabia que você era um bom menino. Isto. Junte suas latas, seus rótulos e vá...
(O MENINO ARRASTA UMA CADEIRA,
SEUS PASSOS SÃO OUVIDOS POR UM LONGO TEMPO)

BRASILEIRO 2: E foi talvez esta experiência inicial a responsável pelo Dickens sombrio de mais tarde. E talvez por isso ele sempre vacilasse antes de revelar os cantos mais negros da alma: era como se ele se fosse sentar novamente numa vitrine, entre potes de graxa, à vista de todo mundo.

BRASILEIRO 1: Sim, sim, é como se ele tivesse ficado para sempre em estado de choque.

BRASILEIRO 2: E quando, em *O Mistério de Edwin Drood*, ele abandonou um estilo mais superficial do romance e começou a criar John Jasper, exemplo extremo de dualismo humano, o John Jasper que dividia sua vida entre uma catedral inglesa, cachimbos de ópio e uma sanguinária seita oriental, não conseguiu acabar o livro...

BRASILEIRO 1: A terminar a revelação ele preferiu...

BRASILEIRO 2: Preferiu o colapso de 9 de junho de 1870...
(FADE OUT E FADE IN)

DICKENS: "Esta mulher." Esta mulher é pelo menos uma esperança. E a única coisa que importa é que eu possa terminar o livro do meu desespero. Você não compreende? Eu sacrificaria tudo por isto. Não quero mais popularidade, dinheiro, convites da Rainha Vitória ou do príncipe de Gales. Repito: eu só quero terminar meu livro.

CUNHADA: Mas você o terminará, Charles.

DICKENS: Terminar, terminar *Edwin Drood*.

CUNHADA: Acalme-se, Charles. Charles, você está se sentindo mal?!

EMPREGADA: (Assustada) Sr. Dickens, Sr. Dickens! Meu Deus! Meu Deus!

CUNHADA: Deite-se, deite-se para descansar.

DICKENS: (Desfalecendo) Sim, no chão. Não hei de terminar o livro...
(MÚSICA)

Rui, o professor de República
(15 de novembro)

Transmitida pela BBC em 15 de novembro de 1944

(Música de abertura. Sons de disparos distantes; som de "samba em Berlim".[45] Dois homens chegam e se sentam ruidosamente)

SOLDADO 1: Êta, ferro!... Hoje estou cansado mesmo.

SOLDADO 2: E eu, menino! Ah, eu me lembro de quando passava pelas agências de navegação perto da Praça Mauá. Aqueles lindos cartazes: "Visitem a Itália". "Venham ao país do sol e da música." Cá estou eu, aprendendo a andar em atoleiros e ouvindo canhões e metralhadoras.

SOLDADO 1: Mas você ainda há de cantar samba em Berlim. De mais a mais estamos tendo uma experiência das mais estranhas. Conhecer o país do sol e da música assim!

SOLDADO 2: Esse negócio de experiências estranhas é bom para você, que vive pensando em novas peças de teatro. E por falar nisto, você já tem o esboço da que ia fazer sobre um soldado brasileiro na frente italiana?

SOLDADO 1: Tenho, sim.

SOLDADO 2: Vamos a isto, vamos a isto. O camarada chega, salva um batalhão inteiro, acha uma italianinha...

---

[45] *Samba em Berlim* (1943) é o nome de um filme musical brasileiro, do gênero *chanchada*, dirigido por Luiz de Barros (1893-1981).

SOLDADO 1: Eu te prometi uma peça, não um argumento para Hollywood.

SOLDADO 2: Então desembucha, homem. Como é o herói? Que tal o meu tipo?

SOLDADO 1: O herói é velho, baixinho, nervoso, cabeçudo, e tem fartos bigodes brancos. Chama-se Rui Barbosa.

SOLDADO 2: Mas... **(Pausa)** Chega de tapeação. Que é que o Rui Barbosa iria fazer aqui? O homem morreu há séculos. E imagine o Rui atacando como nós atacamos hoje de manhã.

SOLDADO 1: Muito mais difícil e corajoso do que o nosso ataque desta manhã foi, para o Rui de mais de 70 anos, a campanha pelos sertões da Bahia, atravessando rios em canoas, e fazendo a língua portuguesa trovejar mais do que todos os canhões que ouvimos aqui.

SOLDADO 2: Está bem, está bem, deixo o seu herói em paz. Mas pelo amor de Deus, como é que você vai meter o Rui nesta campanha? De mais a mais, a qualquer tempo você pode escrever o que quiser sobre ele. Não seria muito melhor pensar agora na guerra? Eu não digo que você vá dramatizar a própria guerra. Mas situe sua peça na frente da luta. E também não precisa pensar que eu só suporto "argumentos para Hollywood!".

SOLDADO 1: (Rindo) Não, eu sei que não. Mas o curioso da peça – pelo menos eu espero que seja curioso – estará na realidade da minha situação. Isto é, eu colocarei a peça na frente de luta. Colocarei na peça um teatrólogo que jamais se preocupou com assuntos históricos, que esteve sempre caçando dramas humanos, que sempre prestou toda a atenção ao indivíduo, ao ser íntimo, e não à couraça de cada indivíduo, o cidadão. E, no entanto, esse teatrólogo, entrando pela primeira vez em contato com o drama humano em sua mais terrível forma – a guerra – e tendo em volta de si milhares de dramas pessoais, volta-se, em busca de tema, para a figura impessoal de um estadista; e segue, em linha reta, para a voz pública do Brasil, que defendeu a liberdade com mais ímpeto e mais fúria, que desde antes da Abolição até depois do centenário da Independência lecionou democracia aos brasileiros com uma voz cheia de inspiração e de ira – como um professor leciona uma classe que teima em não aprender.

SOLDADO 2: Não há dúvida que é um grande tema, o Rui, e que a ideia do teatrólogo é boa. É mesmo verdade que só com a distância a gente parece poder medir a profundeza das raízes que nos ligam a um pedaço de terra. Mas... francamente, eu não consigo ver o Rui numa peça moderna.

SOLDADO 1: Aí você tem razão. Com Rui, à primeira vista, só parece ser possível escrever uma peça à la Corneille, num estouro de alexandrinos celebrando inumanos combates...

SOLDADO 2: Isto. E o Rui de túnica, invariavelmente certo, dizendo coisas maravilhosas, a personificação do Direito Civil, da Lei Internacional, da Revisão da Constituição de 1891...

SOLDADO 1: Toda a razão. Mas atrás da vida pública de Rui, está a sua tragédia humana...

SOLDADO 2: Tenha paciência, meu velho. Eu só tenho uma lembrança muito vaga do Rui, mas estive folheando o livro que você tem aí do João Mangabeira.[46] E se confesso que tive quase um choque com a incrível beleza dos discursos transcritos, não achei uma linha que te autorizasse a descobrir tragédias humanas na tranquila casa de São Clemente. Não vá você ter agora um ataque agudo de modernismo e começar a freudizar e psicanalisar o Rui...

---

[46] João Mangabeira (1880-1964) foi um jurista, político e escritor brasileiro.

SOLDADO 1: Não, nada disto. A tragédia humana do Rui também não é muito humana. Mas é ultrarreal e, através dela, podemos, numa peça, projetar sem alexandrinos sua vida pública. Tem duas faces a sua tragédia, e ambas são consequência da sua enorme superioridade no meio político de seu tempo – e do nosso tempo também, apesar do mundo ter dado tantas voltas desde a sua morte. José Veríssimo, num trecho de crítica, refere-se assim à Campanha Civilista de 1909-1910, e ao papel de Rui nela: "Feita de um lado por um homem que é uma das mais vivas forças intelectuais do momento presente, que possui uma vasta, senão profunda, cultura, uma ilustração como só se encontra nos povos que ainda não puderam fazer a divisão do trabalho intelectual".[47] Eu ponho o Rui em cena ainda um rapazinho, saindo do Ginásio Baiano do Barão de Macaúbas e esperando ter idade suficiente para ingressar na Faculdade de Direito. Estamos em Salvador.

(SOM DE PIANO: ALGUÉM ESTÁ ESTUDANDO)
(UMA MENINA BATE À PORTA E ENTRA)

MENINA: Papai, papai...

JOÃO BARBOSA: Que correria é esta, minha filha?

MENINA: Ah, papai, aquele piano enjoado. Já estou há mais de duas horas lá sozinha.

JOÃO BARBOSA: Ora esta! E quem quis estudar piano? Quem é que quer dar concertos?

MENINA: Eu sei, eu sei que sou eu. Mas o Rui agora não há meios de me ajudar, papai.

JOÃO BARBOSA: Ajudar como?

MENINA: Ele vem estudar também e tocamos juntos.

---

[47] José Veríssimo Dias de Matos (1857-1916) foi escritor, educador, jornalista, estudioso da literatura brasileira e um dos principais idealizadores da Academia Brasileira de Letras.

JOÃO BARBOSA: Ora, D. Brites, pois seu irmão precisa estudar piano também para a senhora estudar? Ele tem muito que fazer.

RUI: (Entrando) A benção, papai.

JOÃO BARBOSA: A benção, meu filho. Sabe que sua irmã está em greve, porque não quer estudar piano sozinha? Quer que você largue os estudos e venha batucar com ela.

MENINA: Pois é, ele vive metido com as matemáticas, os discursos de fim de ano, as declinações latinas e não sei mais o quê. É preciso não deixar ele se esquecer da arte!

RUI: Imagine quem está falando em arte, com toda esta pose. Ah, mas eu tenho uma coisa para te contar, Brites.

MENINA: O que é?

RUI: Ontem à noite, quando você tocava aquela admirável fuga...

MENINA: Sim, sim...?

RUI: Eu vi ao canto da sala um vulto... Foi uma visão que tive...

MENINA: Como foi? Quem era?...

RUI: O espectro de Bach, soluçando de desgosto sob a mesa ainda posta, um guardanapo convulsamente apertado contra os ouvidos. Aproximei-me do nobre fantasma e disse: "Perdoa, João Sebastião, perdoa que...".

(JOÃO BARBOSA RI)

MENINA: Ele está troçando de mim, papi. E o senhor também. Eu vou embora, vou estudar sozinha, mas quando eu der os meus concertos...

(*FADE OUT* NA VOZ. PORTA BATE)

RUI: (Alto) Daqui a pouco eu vou lá te ajudar, maninha. **(Para o pai)** Ufa, eu andei traduzindo umas estrofes de Leopardi.[48] Que magnífico poeta, mas que difícil de traduzir.

JOÃO BARBOSA: Meu filho, você está trabalhando demasiadamente. Nesta vida a gente precisa repousar também. E depois, você parece querer abarcar o mundo com as pernas. Cuidado com o diletantismo e com a dispersão.

RUI: Mas há tanto que aprender. Eu às vezes fico apavorado...

JOÃO BARBOSA: É isto. Você tem uma grande capacidade de estudo e está na idade dos grandes apetites. Tome uma linha. Veja bem o que quer fazer e então aplique-se. No colégio você precisou estudar tudo para receber das mãos do arcebispo da Bahia a medalha de ouro. Mas na vida é difícil conquistar medalha de ouro em todas as disciplinas...

RUI: Eu... eu acho que quero entrar na luta política, como o senhor. Mas para isto é preciso saber quase tudo, não?

JOÃO BARBOSA: Ah, meu filho, assim você assusta a política... Política, principalmente na nossa terra, é muito mais habilidade do que saber.

RUI: Mas o senhor sempre me diz que sem o saber de seus filhos uma nação não pode ser grande.

JOÃO BARBOSA: Verdade, verdade, mas então você se aplique à história política geral do seu país, veja as reformas que há a fazer...

RUI: Mas é preciso saber a história dos outros países. Dos mais atrasados para evitarmos erros, dos mais adiantados para nos beneficiarmos das lições que dão. Ora, se estudarmos a história de um povo sem a sua

---

[48] Giacomo Leopardi (1798-1837) foi um proeminente poeta e filólogo italiano, figura central do romantismo europeu.

literatura, estaremos estudando esse povo sem o seu espírito; se dentro da literatura não estudarmos a poesia, estaremos estudando o espírito sem a alma; se não conhecermos a filosofia deste povo, estaremos estudando a política sem o esqueleto, a forma...

JOÃO BARBOSA: **(Rindo)** Que nos protejam todas as igrejas da santa terra baiana! Meu filho, assim você talvez se torne um Pico della Mirandola,[49] mas não um político. Quanto tempo você levará para se considerar preparado? No entanto, há causas que você pode desposar amanhã, apenas com o ardor da sua juventude.

RUI: A Abolição...

JOÃO BARBOSA: A Abolição é uma. E muitas outras. **(Pausa)** Meu filho, escute. Eu me alegro muito com a sua diligência no estudo mas... você não se acha um pouco ambicioso demais?

RUI: Não, papai.

JOÃO BARBOSA: Você quer ser político, artista, pianista, homem de letras, poeta...

RUI: Eu sempre disse ao senhor que no ginásio há um excelente poeta, e não sou eu.

JOÃO BARBOSA: Eu sei, o menino que declamou aquela poesia no aniversário do Macaíbas. O filho do Sr. Alves.

RUI: Pois é, o Antônio de Castro Alves. Eu só sei, papai, que posso aprender tudo o que estudo. E sei que é preciso aprender o máximo. Eu poderia tentar apenas a poesia ou o ensaio ou o teatro, Mas... mas acho que isto seria quase uma traição.

---

[49] Giovanni Pico della Mirandola (1463-1494) foi um filósofo da renascença italiana conhecido por sua prodigiosa erudição.

JOÃO BARBOSA: Como traição, meu filho? O que é que você quer dizer?

RUI: Eu acho que agora, agora que o Brasil se forma, são necessários brasileiros que o formem. Que façam o Brasil grande, em vez de se fazerem grandes eles mesmos. E para isto é preciso saber muito, muito...

JOÃO BARBOSA: Mas um poeta também faz um país grande.

RUI: Eu quase lhe negaria o direito de ser apenas poeta antes de ter em volta de si uma grande nação.

JOÃO BARBOSA: Mas outros também trabalharão ao mesmo tempo que você.

RUI: Aqui o senhor talvez tenha razão em me chamar orgulhoso, em vez de ambicioso, porque eu... eu como que não confio em ninguém. Tenho uma impressão de solidão. Como se em certos momentos de minha vida eu fosse ser obrigado a fazer tudo só – um Robinson Crusoé.

JOÃO BARBOSA: Queira Deus que não seja orgulho, meu filho. Um Robinson Crusoé numa ilha de vinte milhões de habitantes?...

RUI: Queira Deus que não seja orgulho, papai. Mas eu só contarei com mais uma pessoa, o Sexta-feira humilde, o povo desta terra que eu sei que é um povo grande, o povinho miúdo que precisa encontrar as avenidas da sua liberdade e produzir os seus poetas, os seus artistas...

(MÚSICA. DE VOLTA AO *FRONT* ITALIANO)

SOLDADO 1: Eu, portanto, imaginaria Rui numa cena assim, em sua casa. A ideia do Robinson Crusoé teria vindo frutificar mais tarde, quando Rui, precisando erguer contra a politicagem e as fraudes eleitorais o povo do Brasil, empunhou como um relho o Jeca Tatu de Monteiro Lobato...

(FADE OUT E FADE IN: RUI)

RUI: (Colérico e sarcástico) Solta D. Pedro o grito do Ipiranga. E o caboclo, em cócoras. Vem, com o 13 de Maio, a libertação dos escravos, e o caboclo, de cócoras. Derriba o 15 de Novembro um trono, erguendo uma República; e o caboclo, acocorado. No cenário da revolta, entre Floriano, Custódio e Gumercindo, se joga a sorte do país, esmagado quatro anos por "Incitatus", e o caboclo ainda com os joelhos à boca. A cada um desses baques, a cada um desses estrondos, soergue o dorso, espia, coça a cabeça, imagina, mas volve à modorra e não dá pelo resto. De pé, não é gente. A não ser assentado sobre os calcanhares, não desemperra a língua, nem há de dizer cousa com cousa... O mato vem beirar com o terreirinho nu da palhoça. Nem flores, nem frutas, nem legumes. Da terra, só a mandioca, o milho e a cana. Porque não exige cultura, nem colheita. A mandioca sem vergonha, não teme formiga. A cana dá a rapadura, dá a garapa, e açúcar, de um rolete espremido a pulso, a cuia do café.

(FADE OUT E FADE IN: SOLDADOS)

SOLDADO 1: A ideia da solidão ele a desenvolveu mais tarde em inúmeros tons diversos. Quando, no governo Campos Sales, foi brutalmente preso o conselheiro Andrade Figueira, Rui bradava em tons bíblicos, como se fosse o último homem que ainda invocava Deus...

(FADE OUT E FADE IN: RUI)

RUI: Misericórdia, Senhor, que nos abandonaste! Nada nos ficou da tua lei, nem da tua imagem. Perdemos todos os sentimentos humanos. Desde o patriotismo até a piedade, desde o respeito ao próximo até o de nós mesmos, desde a consciência até a vergonha... Labutamos na cratera de um inferno. Os depositários da autoridade empunharam o facho e a picareta. Aos seus repetidos golpes foram desmoronando todas as tradições, todos os prestígios, todas as inviolabilidades sociais, os verdadeiros esteios e contrafortes de todos os regimes que não confiam no papel das constituições... E ainda falam em conspiração? Há necessidade, acaso, de conspirar contra isso? Essa gente está cega. Ela é que inaugurou a conspiração em todas as consciências. E dessa ninguém se livra...

(*FADE OUT* E *FADE IN*)

RUI: Rejeito as doutrinas de arbítrio, abomino as ditaduras de todo gênero, militares ou científicas, coroadas ou populares, detesto os estados de sítio, as suspensões de garantias, as razões de Estado, as leis de salvação pública; odeio as combinações hipócritas do absolutismo dissimulado sob as formas democráticas e republicanas, oponho-me aos governos de seita, aos governos de facção, aos governos de ignorância; e quando esta se traduz pela abolição geral das grandes instituições docentes, isto é, pela hostilidade radical à inteligência do país nos focos mais altos da sua cultura, a estúpida selvageria dessa fórmula administrativa impressiona-me como o bramir de um oceano de barbárie ameaçando as fronteiras de nossa nacionalidade.

(*FADE OUT* E *FADE IN*:
FRONT ITALIANO E MÚSICA)

SOLDADO 1: Desde o seu primeiro discurso político em 1868 até seus últimos esforços em prol da política baiana em 1923, a vida de Rui foi uma luta contra a impossibilidade de dividir o trabalho que tinha a fazer.

SOLDADO 2: *É* curioso que, candidato duas vezes à presidência, Rui tenha em ambas sido derrotado, uma vez pelo Hermes da Fonseca outra pelo Epitácio Pessoa.

SOLDADO 1: Curioso e nos leva à segunda parte da tragédia pessoal de Rui, que assim não precisará aparecer sempre de túnica. Em 1909 como em 1919, eu diria que ele foi derrotado exatamente por ser superior ao meio. Ele estava sempre certo demais... o que irrita quase todo mundo...

SOLDADO 2: (Rindo) Já vejo onde você vai chegar. Mais ou menos à concepção de Shaw em *Santa Joana*.[50]

SOLDADO 1: Exatamente. À fogueira com Joana d'Arc, que à custa das "vozes" que ouvia sabia mais do que todos. Mais tarde, temos prazer até mesmo em canonizar as Joanas. Mas se elas ressuscitam, pro fogo de novo. Rui nunca seria presidente, meu velho.

SOLDADO 2: Dizem que houve sujeira na contagem de votos ao tempo do Hermes.

SOLDADO 1: Eu chegaria a dizer que no caso do Rui isto é de somenos importância. Ele não chegaria a presidente como Joana não chegou a marechala de França. Como? Pois se os próprios amigos dele só o convidaram às vésperas da Convenção, cerca de 48 horas antes da nomeação do candidato civil que tentaria impedir a queda do país no militarismo. Ninguém queria o abacaxi. Rui recusou várias vezes. Rodrigues Alves recusou terminantemente. Não havia ninguém. Então foram pedir a Rui que ele fosse o "mártir da Conversão". Nesses termos. Ele aceitou o martirológio. E seja dito para a eterna glória do seu nome que, se não assumiu a presidência, Rui transformou o abacaxi na Campanha Civilista, talvez a mais bela página de reação popular que já se verificou no país.

SOLDADO 2: Mas até os amigos?

SOLDADO 1: Ele teve alguns excelentes amigos. Mas eu tenho a impressão de que mesmo esses Rui assustava um pouco... Seja como for, Rui se manteve sempre digno e sempre falou em termos modestos sobre as suas próprias qualificações para presidente do país. Mas era tão evidente que ele devia ter chegado ao Catete que atrás de suas próprias palavras a gente sente o homem perplexo. Por que não teriam

---

[50] Bernard Shaw (1856-1950) foi um dramaturgo, crítico e polemista irlandês. *Santa Joana* é o título de uma de suas peças, que estreou em 1923.

seus amigos e admiradores teimado, insistido, até levá-lo à suprema magistratura do país? A resposta, no caso, cabe a um pernambucano, o Sr. Rosa e Silva. Quando ainda havia tempo para se erguer um candidato civil com maiores possibilidades de sucesso contra a candidatura Hermes, perguntou-lhe o Senador Francisco Glicério se apoiaria o nome de Rui Barbosa. E ele respondeu:

VOZ: Com o Rui, nem para o céu!

SOLDADO 1: Aí estava a resposta do Sr. Rosa e Silva, como também, quase a contragosto, a dos próprios amigos de Rui. Com o Rui nem para o céu, nem que ele instalasse uma escada de Jacó no Pavilhão Mourisco.

SOLDADO 2: Mas não podemos negar que poucos brasileiros tiveram como ele manifestações populares tão gigantescas. Quando ele voltou de Haia, e mais tarde de Buenos Aires, o país o recebeu com delírio.

SOLDADO 1: E isto não é nada. Em Haia, em 1907, de acordo com os documentos oficiais da conferência, como diante da opinião do jornalista inglês William Stead, de Robert Bacon, embaixador americano em Paris, e de vários outros, Rui foi qualquer coisa como um fenômeno. A princípio quase ridículo, por falar tanto e tão enfaticamente em nome de um paisote de 25 milhões, praticamente sem Exército e sem Marinha. Esta era a opinião geral. Mas Rui defendia exatamente o princípio da igualdade jurídica dos estados. A princípio, os outros foram forçados a ouvi-lo. No fim, a aplaudi-lo. O homem impossível, que estava sempre certo, triunfava em Haia também. Em Buenos Aires, em 1916, sua concepção da neutralidade ressoou aos ouvidos do mundo. É a concepção moderna da neutralidade vigilante e arriscada, e não de apatia. O mundo teria de escutar sua famosa frase: "Os tribunais, a opinião pública, a consciência, não são neutros entre a lei e o crime". Assim sendo, não seria de espantar que Rui voltasse como um triunfador de ambas as missões, em que tornou o Brasil famoso, por algum tempo, no estrangeiro. Mas houve muito mais do que isto. Houve o seu jubileu de vida política, houve o busto, em vida, do original. Deram-lhe tudo, todas as glórias. A presidência é que não lhe davam. E, às vezes, ai dos que lhe davam o voto. Numa entrevista concedida ao *Correio da Manhã*, Rui contou ao redator a história de uma visita que recebera no seu hotel em Caxambu, pouco tempo depois de ter sido vencido nas urnas pelo Sr. Epitácio Pessoa...

(MÚSICA. ALGUÉM BATE À PORTA)

RUI: Pode entrar.

FUNCIONÁRIO: Há um senhor que deseja vê-lo, Dr. Barbosa.

RUI: Como se chama ele?

FUNCIONÁRIO: Rodolfo da Trindade, conselheiro.

RUI: Rodolfo da Trindade? Trindade... não conheço nenhum Rodolfo da Trindade. Eu estou ocupadíssimo. Peça-lhe para voltar mais tarde.

FUNCIONÁRIO: Ele disse que é muito urgente, conselheiro.

RUI: Ora, que maçada. Como é ele?

FUNCIONÁRIO: É... Está muito pobremente vestido, conselheiro.

RUI: Mande-o entrar.

(O FUNCIONÁRIO RETIRA-SE E FECHA
A PORTA. APÓS UMA PAUSA, OUVE-SE UMA
TÍMIDA BATIDA NA PORTA)

RUI: Entre, por favor.

(A PORTA SE FECHA)

RUI: Bom dia, Sr. Trindade.

TRINDADE: Bom dia, seu doutor.

RUI: Sente-se. **(Pausa)** Então, a que devo o prazer da sua visita?

TRINDADE: Eu fui despedido, seu doutor.

RUI: Despedido de onde, meu amigo?

TRINDADE: Dos Correios da Bahia. Eu era estafeta, tenho mulher e quatro filhos.

RUI: Mas...

TRINDADE: Despedido porque votei no senhor para presidente.

RUI: **(Após pausa, com amargura)** Pobre homem, para que você fez a loucura de votar em mim? Você não sabe que eu nada tenho, nada valho, nada posso?

TRINDADE: O senhor falou baiano, seu doutor, e eu achei que devia lhe dar o meu voto.

RUI: E por isso o administrador dos Correios achou que devia pô-lo na rua. É assim a nossa República, Sr. Trindade. O senhor veio da Bahia até cá?

TRINDADE: Vim, seu doutor. Depois de muita lida consegui passagem de graça num vapor.

RUI: Para o Rio?

TRINDADE: Para o Rio. Não encontrei o senhor lá e me disseram que o senhor estava em Caxambu. Então, vim para Caxambu.

RUI: Pois você vai ficar aqui no hotel. Eu vou escrever ao ministro da Viação. Quando o seu caso estiver resolvido, você volta à Bahia.

TRINDADE: Mas eu tenho que voltar para o Rio já, seu doutor.

RUI: Mas por quê?

TRINDADE: Minha mulher e meus quatro filhos estão lá e não têm o que comer.

RUI: Você trouxe a mulher e os filhos também, Sr. Trindade?

TRINDADE: Trouxe, seu doutor. Eu não ia deixar a família lá.

RUI: Bravo, meu filho. Tiram-lhe o emprego por causa do livre exercício do seu voto mas não o domam assim. Lá vem você, arranjando transporte para toda a família, reclamar o que lhe é devido. Bravo, meu filho.

TRINDADE: Eu também sou baiano, seu doutor...

RUI: Eu bem o estou vendo, meu filho. Agora você vai comer aqui e em seguida regressa ao Rio com algum dinheiro para a família. E você volta para os Correios, não tenha dúvida.

(MÚSICA. DE VOLTA AO *FRONT* ITALIANO)

SOLDADO 2: É, parece que vai ser possível humanizar o Rui dentro de uma peça. Afinal de contas ele encarna bem o Brasil em busca de responsabilidade política e de liberdade. De qualquer maneira a peça será um pouco solene, mas justifica-se. **(Boceja)** Bem, acho que vou dormir, meu velho. Quero ler o primeiro ato um dia desses. Boa noite.

SOLDADO 1: Boa noite. **(O outro sai)** É mesmo difícil meter o Rui numa peça... Demasiadamente idealista... demasiadamente cívico... Mas por que não uma alegoria na peça? Quando quis escrever o seu capítulo de *O grande inquisidor*, Dostoiévski foi buscar seu molde em poemas e representações do século XVI, quando divindades podiam aparecer em cena. Para o diabo com as convenções modernas. Por que não um diálogo de espíritos, o de Rui e um outro grande espírito?...

(TRECHO DE MÚSICA. DISTORÇÕES E ECO)

RUI: Quem és tu, espírito tão mais luminoso que todos os outros? Tua aparição me deslumbra e, entretanto, eu quase diria que "reconheço" tua face de luz. Qual é o teu nome?

VOZ FEMININA: Eu não tenho nome, pois tenho um milhão de nomes. Eu tenho tomado o nome do sonho de cada sonhador. A minha unidade tem se fragmentado em milhões de variedades.

RUI: Mas de onde vens tu, então?

VOZ FEMININA: Do fundo imemorial do tempo. Nasci antes do primeiro lampejo de razão porque nasci do primeiro impulso de amor.

RUI: Não tens nome, mas és alguma coisa. A existência das coisas...

VOZ FEMININA: Não raciocine, Rui. Estamos além do raciocínio. Mesmo assim, talvez os símbolos humanos te possam dar uma brumosa ideia do que sou. Eu sou o Princípio Feminino, o início das coisas. Os hebreus me chamaram de Lilith e eu fui criada antes da mãe Eva. Fui a primeira companheira do homem e depois o seu demônio, porque eu o lançava contra as arestas e as chamas do ideal. Só os pequenos me desconhecem. Os grandes, mesmo que se despedacem nos recifes como navios bravos em mares desconhecidos, amam-me, perseguem-me, precisam de mim para a procriação dos sonhos, a gestação das ideias, a multiplicação dos germens divinos na humanidade.

RUI: E que nome te dei eu, entre os teus milhões de nomes?

VOZ FEMININA: Tu me chamaste República.

RUI: Sim, agora te reconheço. Eu bem que te amei.

VOZ FEMININA: E podem descansar os que me amaram.

RUI: Mas eu não triunfei...

VOZ FEMININA: Moisés também não pôde levar seu povo através do Jordão. Mas seu povo atravessou o Jordão.

RUI: Então eu também já venci? Deixe-me olhar um instante a região das coisas temporais. O mundo que eu sonhei em paz, o Brasil que eu sonhei feliz...

VOZ FEMININA: (Afastando-se) Ainda não... Ainda não... Ainda não...

(MÚSICA)

O anel perdido: um conto de Natal

Transmitida pela BBC em 21 de dezembro de 1944

NARRADOR: Este programa de Natal é sobre os ingleses e inglesas que, até certo ponto justificadamente, são olhados pelo mundo com suspeita. Eles são conhecidos como *conscientious objectors*. Bem ao pé da letra, diríamos "objetores por consciência". Eles já existiam na outra guerra e a Enciclopédia Britânica definiu o "objetor" como uma pessoa que "por motivos morais ou religiosos se recusa a servir como combatente, ou que nega obediência às leis, alegando que o Estado não tem direito de forçar o indivíduo a executar serviço militar de nenhuma espécie". A natureza humana ainda não está educada para as grandes leis libertárias. Haverá os que se querem aproveitar dos tribunais especialmente criados para os objetores como uma porta de fuga dos horrores da guerra. Mas são poucos os que têm a coragem de ser tão covardes. De um modo geral, os milhares de objetores registrados na Inglaterra são homens de convicções sinceras. E se este conto de Natal tenta apresentar um dos que aqui existem é porque, mesmo que nas suas fileiras haja os insinceros, o mero fato de existirem e de terem sido respeitados, mesmo na angústia de 1940, é um título de orgulho para o país a que pertencem.

(MÚSICA)

JOYCE: (Consigo mesma) Natal de 1944... Que mistério lá fora nas árvores geladas de frio. Como é que há tanta gente que não vê o mistério em nada? **(Rindo)** Ah, Peter, Peter, você acabou por me converter. Eu sempre pensei que se algum dia me anunciassem a tua morte, a notícia viria como um ladrão dentro da noite. Ela veio hoje como uma revelação. *O "acaso" morreu com você, as "coincidências" desapareceram todas: tudo na vida agora tem um sentido. O "véu pintado" do teu amigo Shelley se esgarçou diante dos meus olhos, e a verdadeira, a fantástica urdidura da vida apareceu atrás...*[51] O dolman do teu uniforme de soldado das baterias antiaéreas já parece um torso sem vida na cadeira. E palpita em minha mão, vivo, este pequeno anel com uma pedrinha azul. Como começou toda esta história? Tínhamos ficado noivos naquele Natal de 1938. Cruzavam-se os brindes...

(AMBIÊNCIA DE CEIA DE NATAL)

PAI: Ninguém mais se candidata a uma fatiazinha de peru? Você, Peter?

PETER: Não, muito obrigado.

PAI: Você hoje tem direito até à carcaça deste peru irlandês. Além de ficar noivo, você ainda faz anos hoje com Deus nosso Senhor...

MÃE: Não brinque com estas coisas, John! Você quanto mais velho fica mais perde o juízo. Na frente destas crianças...

JOYCE: (Interrompendo) Ora, mamãe, deixa o velho se divertir hoje.

MÃE: Ele não precisa destas brincadeiras para se divertir.

JACK: De mais a mais eu protesto veementemente. O senhor concede a mão de sua filha ao Peter, sabendo que eu sou candidato tão antigo quanto ele, e ainda acha que ele tem direito à carcaça da ave...

PAI: Bem, eu volto atrás. Eu não sei se Joyce gosta de ser comparada a um peru de Natal, mas já...

---

[51] Referência ao soneto *Lift not the Painted Veil [...]*, do poeta inglês Percy Shelley (1792-1822), publicado postumamente em 1824.

JOYCE: Já que ele se consola com tão pouco, dê a carcaça a ele, papai. Mas espera aí, Peter está com uma cara de quem hesita à última hora. Você está lutando entre a gula e o amor?

PETER: Não, mas eu estava pensando que talvez fosse boa ideia guardar este meio peru assado na geladeira para o ano que vem.

JOYCE: Guardar o quê?... Peter vai entrar num dos ataques de dizer loucuras.

PETER: Jack, você que entende de máquinas frigoríficas...

JACK: Eu não entendo de coisa alguma e vou querer mais uma fatia. E você não comece com seus absurdos. Agora que você me ganhou definitivamente a noiva eu não tenho mais paciência em estoque. Sabem para que ele foi me buscar no banco outro dia, dizendo que precisava me ver urgentemente?

PAI, MÃE, JOYCE: Que foi?

PETER: Ora, Jack, não diga nada.

JACK: Queria saber se eu conhecia alguma confeitaria que fizesse um bolo de Natal que tivesse a área do jardim da casa da tia dele. E queria fazer uma encomenda de 1938 velas para comemorar o aniversário de Jesus Cristo. Sem se preocupar com exatidões de calendário, ajuntou. **(Risos)**

MÃE: **(Séria)** Eu já sabia que vinha heresia!

PETER: Pois não era não. Este é o mais antigo desejo da velhinha mais religiosa que já existiu. Infelizmente, nós sempre achamos que é impossível satisfazer os desejos das crianças e dos muito velhos. Que é que tem? Um bolo, e cada vela um ano da era cristã. E elas bem podiam ser apagadas mais uma vez, hoje.

PAI: Hoje?! Claro que hoje não! Temos que fazer mais um brinde, meus amigos. E este é um brinde sério. Ao Sr. Neville Chamberlain, que com seus esforços afasta da Europa a sombra da guerra.[52]

TODOS, MENOS PETER: Ao Sr. Chamberlain!

JOYCE: (Baixo) Bebe, Peter!

PETER: Eu não acho que um guarda-chuva possa cobrir toda a Europa. Ele precisaria ter, em quilômetros quadrados...

PAI: (Interrompendo) Meu caro Peter, este guarda-chuva já é um símbolo da paz.

PETER: Um ramo de oliveira, mas de luto, enrolado em pano preto.

PAI: Você preferiria a guerra, talvez? Se você tivesse vivido como eu vivi, como um bicho, uma minhoca nas trincheiras da França, talvez reconhecesse o serviço que vem prestar ao mundo este honesto velho com seu guarda-chuva.

PETER: Eu não quero ofender os seus sentimentos, Sr. Jones. Mas eu respeito demasiadamente o serviço que o senhor, que a sua geração prestou. Abrindo mão do nosso prestígio em Munich, não adiantamos a causa da paz. Para que perder tempo em construir alguma coisa sobre um paiol de pólvora?

MÃE: E para que discutir num jantar de Natal e de noivado? Vocês dois vão acabar já, já com essa história.

JACK: Apoiado, Sra. Jones. *O primeiro-ministro aqui é a senhora.*

---

[52] Arthur Neville Chamberlain (1869-1940), político britânico que atuou como primeiro-ministro entre 1937 e 1940. Assinou com a Alemanha o Acordo de Munich em 1938, na tentativa de evitar a eclosão da Segunda Guerra Mundial.

MÃE: Isso mesmo. **(Para dentro)** Mary, traz o pudim.

(BREVE INSERÇÃO MUSICAL)

PETER: Creio que já é hora de ir embora, Joyce.

JOYCE: Não. Você ainda tem muito tempo para o ônibus. Eu ainda não te desejei feliz aniversário e você ainda não me disse nada sobre as emoções que tem sentido neste dia de noivado. Você hoje está mais seco do que uma torrada sem manteiga.

PETER: Para o ano você talvez me diga que eu estou mais seco do que uma torrada sem margarina. E guarde mesmo o peru na geladeira, porque com a guerra provavelmente eles emigrarão das mesas de Natal.

JOYCE: Peter, você já está me irritando. Primeiro começou a discutir com papai, que ficou ranzinza para o resto da noite, e agora você continua com esses palpites. Que é que você faria no lugar do primeiro-ministro? E chega mais para perto da lareira e de mim, vamos.

PETER: Ah, Joyce, esta perguntinha é mesmo terrível. Não sei como há homens que ambicionam o poder, o mando. Que é que eu faria no lugar do primeiro-ministro?! Eu também iria falar com este irmão Caim do Carlitos,[53] mas para perguntar a ele, com toda a seriedade, se ele não vê como é idiota o que está fazendo. Eu me recusaria terminantemente a assinar um pacto ou a entrar em guerra com ele. Imagine se o resto do mundo se recusasse terminantemente a fazer guerra. Imagine todos aqueles senhores prussianos, marchando, com retreta e tudo, contra países que nem levantassem a cabeça para ver a parada. Imagine os exércitos avançando, declarando se apossar de tudo, adelgaçando-se na ocupação, fazendo-se cada vez mais finos, mais tênues, mais sem objetivo. Exércitos humilhados, ridicularizados,

---

[53] Aqui Hitler é tratado como o "irmão Caim do Carlitos". Trata-se de uma dupla referência, primeiro ao personagem bíblico Caim, que assassinou seu próprio irmão Abel; segundo a Carlitos, personagem cômico de Charlie Chaplin (1889-1977).

inúteis, uma gigantesca *tournée* da Wehrmacht transformada em Hagenbeck e Sarrasani, com os italianos atrás cantando "La Giovinezza" e "O Sole Mio"...

JOYCE: Ora, Peter, você sabe muito bem o quanto tudo isto é impossível. Seria preciso nada mais nada menos do que uma população inteirinha de Gandhis na Europa. Como primeiro-ministro, portanto, você seria um fracasso!

PETER: Joyce, você é uma covarde e uma malandra. Você bem sabe que mesmo sem Munichs e sem guerras eu seria um primeiro-ministro das Arábias. **(Pausa)** Mas... agora me diga uma coisa. Que é que você faria se uma guerra fosse declarada?

JOYCE: Você sabe muito bem que a minha filosofia é simplista. Eu gosto muito de liberdade para todo mundo e acho a guerra um estúpido horror. Mas que diabo, nós ainda somos nações, isto é, tribos, e nos momentos graves a consciência tribal é necessária. Nossas opiniões estão muito bem até a hora do incêndio. Depois vamos jogar baldes de água.

PETER: E tocar fogo nas casas alheias também. Aí é que eu vejo o absurdo deste nosso mundo alucinado. Parecemos civilizados, já respeitamos – ao menos na Inglaterra, graças a Deus – a liberdade individual. Vamos evoluindo penosamente, mas com certa segurança. Já há verdadeiros profissionais da poesia, da música, da pintura. O bom gosto e o bem viver já deixaram o ambientezinho das salas aristocráticas e já passam como uma lufada vivificadora pelas praças públicas. No entanto, em cada país, a possibilidade da guerra é encarada como normal. A fantástica ideia da matança em grande escala continua a ser encarada como natural em certas circunstâncias. É como se uma família bem-educada vivesse em muitos bons termos dentro de uma casa, mas sabendo que, um belo dia, um dos membros da casa pode aparecer na sala com o facão da cozinha e que isto é o sinal para se lutar com a louça, a baixela, os revólveres...

JACK: (Aproximando-se e batendo palmas) Muito bem, bravos, estive escutando sua lamentação pacifista. Mas o que é que vai se fazer se ainda há tanta gente "primitiva" e que responde ao apelo dos tambores como os nossos mais longínquos avós faziam?

PETER: Já sei, já sei que você vem com as suas ideias do infame subconsciente humano e do apelo da guerra sobre as massas. E você, Jack, é o mais manso dos homens...

JACK: Eu?!

PETER: (Interrompendo) Não adianta fazer pose de ferrabrás e matamouros. Eu hoje fiquei noivo de quem você queria ficar noivo e você me mandou um relógio despertador – e de ouro, veja bem – em vez de uma bomba-relógio.

JACK: Mas você mesmo andou falando mal do Chamberlain.

PETER: Porque na pior das hipóteses ele ainda podia ter arregimentado a opinião europeia contra a agressão, em vez de assinar um pacto que já estava caduco na hora da assinatura.

JACK: Talvez, inconscientemente, você esteja esperando a guerra. Por isso é que você não gostou do pacto...

JOYCE: Sai desta, Peter. E sem ficar queimado, como você já parece estar.

PETER: Não se deixe levar por teorias muito profundas mas muito novinhas, meu caro Jack. O que há em cada homem, mais profundamente enraizado do que o mal, é o amor do mistério, da aventura. Não se iluda com "apelos da guerra". Os jovens que parecem ceder a eles não estão cedendo a impulsos de destruição e assassinato. Estão se evadindo da vida cotidiana, estão entrando no desconhecido. A guerra é feia, é mecânica, é arranjada. Em princípio, ela é cálculo, é o joguinho de xadrez do agressor intoxicado de poder. Depois é que vem a paixão dos jovens, que às vezes acreditam até na santidade da agressão, porque a fé é uma função natural do homem e, se lhe arrancam todos os deuses metodicamente, ele é capaz de adorar um fuzil-metralhadora. **(Pausa)** O homem quer sempre procurar, buscar alguma coisa, ele quer vaguear, ser livre, afrontar o perigo e defrontar-se com a Esfinge no caminho de Tebas. Num mundo que ainda não aprendeu a deixar os homens crescerem livres e harmoniosos, a guerra pode aparecer aos moços imobilizados como uma promessa de salvação.

JACK: Lá vem você de novo com seu mundo de flanadores, de palmilhadores de estradas.

PETER: Exatamente. E será assim, mesmo quando os homens estiverem palmilhando astros, colonizando estrelas. A procura, a busca, renasce com cada nascimento. **(Quase consigo mesmo)** A gente nunca sabe onde poderá encontrar o anel.

JACK: Bom, Joyce, acho que o Peter vai começar com as loucuras outra vez. Vou levá-lo comigo que já é tarde.

(MÚSICA)

JOYCE: E no ano seguinte, foi bem silencioso o nosso jantar de Natal.

(FADE OUT E FADE IN)

PAI: E afinal, nada conseguiu afastar a guerra da Europa.

MÃE: Tinha que ser. Mas não se esqueçam do vinho ou da cidra, meu Deus.

JOYCE: Isto mesmo, mamãe. Não fosse a sensatez das mulheres este mundo ainda estaria pior do que está.

PAI: À saúde de Jack Morlay, do nosso amigo Jack, que já está na Força Expedicionária Britânica.

MÃE, PETER, JOYCE: Saúde.

PAI: Bem. Vamos nos levantar. O ano passado eu estava brindando a paz, este ano brindo um soldado.

MÃE: Pobres meninos.

PAI: Pobres meninos, mas enquanto eles existirem podemos ter esperança de um mundo decente algum dia.
(SONS DE CADEIRAS SENDO ARRASTADAS)

JOYCE: (Um pouco longe) Venha para o nosso canto aqui perto do fogo, Peter.

PETER: Num segundo, estou acendendo o cigarro. Vamos.

JOYCE: Você é um desaforado muito grande. Quase não tem aparecido, quase não fala mais em se casar comigo e não desenruga essa testa. Sabe que eu já escolhi um anel para você me comprar? Antes do ano-novo você tem que aparecer aqui com ele.

PETER: Combinado. Depois de amanhã vamos buscá-lo.

JOYCE: E por falar em anel: eu me lembro do Natal passado, quando você resmungou qualquer coisa a respeito de "poder encontrar o anel". Eu não disse nada porque pensei que você o estivesse procurando mesmo...

PETER: Ah, era outra coisa.

JOYCE: Então deixa de mistério. Que anel era aquele?

PETER: Ora, meu bem, tolice.

JOYCE: Vamos deixar de histórias. Você estava falando em "buscas", "procuras" e anéis.

PETER: Ora, você conhece estas lembranças de infância que a gente tem. Eu acho que ninguém gosta de falar sobre elas. Há uma espécie de pudor, porque elas hão de parecer aos outros tão tolas e são para nós mesmos tão terrivelmente importantes. Você sabe como é, Joyce... Um belo dia a gente se lembra de um pedacinho do passado bem distante com uma espantosa nitidez. Uma miniatura da infância. Numa moldura de memória bem pequena, se projeta aquela cena. Não há nada antes da cena, nem nada depois. Só o instante.

JOYCE: Sim, sim.

PETER: Pois aquele dia, há um ano, eu estava falando na eterna busca do homem, e um desses recortes de infância se apresentou, claro e bem focalizado, diante dos meus olhos. Éramos um grupo de crianças debaixo de uma árvore. Todos procurando um anel. Minha irmã perdera o anel – um simples arozinho de ouro com uma pedra azul. **(Pausa e rindo)** Como você está vendo, perfeitamente idiota. Mas desde o instante em que me lembrei da cena, ela não me sai de diante dos olhos, eu vejo tudo através dela. Como se esta iluminada rodela de passado estivesse pintada nos dois vidros do meu par de óculos.

JOYCE: Eu tenho também umas lembranças vívidas e às vezes eu não sei nem situar. **(Pausa)** Mas Peter, agora diga-me uma coisa. O que é que você pretende fazer?

PETER: Fazer? Mas eu estou procurando...

JOYCE: Não, não, agora eu estou falando sério. Que é que você pretende fazer agora que estamos em guerra?

PETER: **(Devagar)** Eu vou ser julgado um dia desses.

JOYCE: Julgado?...

PETER: Sim. Eu me recusei a servir nas forças armadas.

JOYCE: Peter!

PETER: Sim, minha querida. Eu sabia que isto ia te magoar. Não é lá muito agradável a ideia de um noivo objetor...

JOYCE: Mas Peter, não é por minha causa. Você tem ouvido os boatos pessimistas sobre as possibilidades que têm os aliados de deter um inimigo que vem se preparando para agressão e conquista. Nesses momentos, a nobreza de homem não é tomar atitudes originais. E que é que você vai dizer ao tribunal? Você nem tem uma religião – ao menos que eu saiba.

PETER: Eu tenho todas.

JOYCE: Não é com respostas literárias que você vai provar o seu caso.

PETER: Não, se até a você elas parecem literárias...

JOYCE: Peter, isto é uma decisão.

PETER: São decisões como as que a gente toma de fazer uma operação ou escrever um livro. É uma luta, Joyce. Pode ser que eu esteja errado. Pode ser que a humanidade ainda esteja forçada a se matar. Mas não há dúvida que alguém precisa começar a se recusar a matar.

JOYCE: E você quer ser um pioneiro! Estoura uma guerra e você descobre a sua vocação num relâmpago: "Não matarei, os outros que morram!".

PETER: Por favor, minha querida.

JOYCE: (Irônica) Que é? Estou falando muito alto? Você não quer talvez que papai ouça? Mas todo mundo vai conhecer as suas belas ideias!

PETER: Joyce, eu vou embora. Depois de amanhã nós nos encontraremos e falaremos...

JOYCE: Não, meu caro, não nos encontraremos não. Se você pode ter imponentes ideias sobre a adoção súbita de todas as religiões, eu também posso te dizer que descobri em mim o velho espírito da raça, o espírito de luta pela liberdade. Se em cada dois ingleses um ainda pensar como eu, nós estamos salvos. E não se assuste que é esmagadoramente maior o número dos que pensam como eu. Nós garantiremos o futuro, Peter, de todas as religiões!

(MÚSICA, DISPAROS DE ARMAS E RAJADAS DE METRALHADORAS. BATIDAS À PORTA)

JACK: **(Voz cansada)** Pode entrar!

PETER: Coronel Jack Morlay!

JACK: Com todos os diabos! O desaparecido Peter! E fardado.

PETER: Meio fardado só.

JACK: Ah, você está com o serviço de ambulâncias. Mas conte-me tudo, homem.

PETER: Estou com os Quakers.

JACK: Mas onde é que você tem andado? Nós nos vimos pela última vez no Natal de 1938, não foi? No Natal de 1942 você me aparece na África do Norte! Mas que cicatriz é esta no pescoço, Peter?

PETER: Uma bala alemã em Creta. Vinha com tanta pressa que só teve tempo de me fazer cócegas no pescoço e continuou a toda.

JACK: **(Rindo)** Sempre o mesmo Peter! Mas que diabo, por que é que você esconde o heroísmo dos amigos, seu salafrário?!

PETER: Quem é que vem falar em heroísmo com todas essas medalhas?

JACK: (Sério) Peter, eu tive um choque quando você se recusou a servir. Mas eu tenho visto o Serviço de Ambulâncias dos Quakers. A diferença é que vocês vêm para a guerra desarmados.

PETER: Ah, eu estive brigando comigo mesmo por muito tempo. Fui julgado e estive preso duas vezes. Na prisão, encontrei um *quaker* fleumático. Ele ia sair para servir com as ambulâncias. Eu ainda continuava um objetor extremista e disse a eles: "Servindo nas ambulâncias você está deixando outro homem livre para matar". Ele respondeu: "Meu velho, não vá abrir concorrência com Deus. Ele conhece a tarefa de cada um. Cuide da sua alma que já é trabalho para o dia inteiro". "Mas assim a gente não reforma nada", eu teimei. Ele disse: "É porque você não tem certeza de reformar nem a sua alma. Se você soubesse como apenas uma que se reforma mesmo altera a química da alma universal!". Enfim, o homem me deu tais surras neste boxe religioso, que quando dei por mim estava em Creta.

JACK: Ótimo, Peter. Como Joyce vai ficar orgulhosa! **(Pausa)** Peter, você já sabe...

PETER: (Rápido) Eu soube, sim, Jack. Por isso é que eu estava te procurando. Vim trazer o meu abraço. Para Joyce, melhor marido que eu só você...

JACK: Eu tentei te encontrar antes de casar com ela, mas foi impossível. Sabe, ela está desde 1940 nas baterias antiaéreas de Londres. Diz ela que derrubou três aviões, mas eu não acredito muito não.

PETER: Vamos deixar isto em dois e um provável.

JACK: (Ambos rindo) É melhor. Mas vamos comemorar este Natal de alguma forma. Vem. Vamos embora. E parabéns pelo aniversário!

(PORTA SE ABRE E SE FECHA. MÚSICA)

JOYCE: Graças a Deus acabou este jantar de Natal, Jack, e graças a Deus você está aqui.

JACK: 1944 e ainda guerra. Mas agora não pode durar muito.

JOYCE: Jack... é certo mesmo que Peter?...

JACK: É sim, minha querida. Morreu na Holanda.

JOYCE: Que pena eu tenho de nunca mais tê-lo visto. Às vezes eu tenho tido uma impressão tão forte de que ele queria me falar. Naquele Natal na África...

JACK: Naquele Natal na África ele me entregou uma coisa para você.

JOYCE: Mas eu nunca recebi nada!

JACK: Pedido expresso dele, minha querida. Você se lembra daquelas ideias do Peter... Ele esteve extraordinário todo o dia, como eu te contei. Mas o motivo, meio absurdo, eu não mencionei porque ele me fez prometer silêncio – a menos, disse ele, se alguma coisa me acontecer.

JOYCE: Mas... o que foi?

JACK: Nós fomos até o vilarejo mais próximo de tardinha e entre outras coisas Peter comprou numa velha árabe um bolo. Um bolo cheio de sortes, ela informou. O bolo era uma coisa medonha, mas sem dúvida estava cheio de sortes. Eu não sabia se estava mastigando aquela incrível sola de coco ou se mastigava uns *sequins* de metal, uns amuletos de madeira ou até conchas!

JOYCE: Sim, sim. Mas o que aconteceu?

JACK: Aconteceu que o Peter... Mas está aqui na minha carteira. Ele mesmo arranjou esta caixinha com o pior retrato da Esfinge de Gizé na tampa. Aqui está. O Peter tinha mastigado o anel...

JOYCE: (Lentamente) Um simples arozinho de ouro com uma pedra azul...

JACK: De ouro eu duvido, minha querida. Mas eu vou buscar a última carta que ele escreveu. Ele dizia outra vez que eu entregasse o anel se alguma coisa lhe acontecesse. Um momento.

(JACK VAI SAINDO)

JOYCE: (Chorando) Não é preciso mais nada. Eu entendi a tua mensagem, Peter. Você encontrou o que queria.

(MÚSICA)

Le Visage du Brésil

Transmitida pela Radiodiffusion Française provavelmente em 3 de maio de 1945[54]

NARRADOR: O impulso criador que fermentava na alma do homem da Renascença tinha que se cristalizar numa obra definitiva. A divina febre nunca se acalmaria apenas com a criação das estátuas, dos quadros, dos livros e das catedrais. Era preciso qualquer coisa maior. Que grande criação seria esta, capaz de pôr fim à angústia dos homens da Renascença? Que imperecível e enorme realização artística ficaria para a posteridade como prova da misteriosa seiva fecundadora que animava os europeus de então?

E como sempre acontece quando uma inspiração realmente grande nos assalta, os europeus daqueles tempos, para criarem a sua obra-prima, precisaram sair de si mesmos, esquecer seus países, esquecer a Europa, abandonar tudo, como os místicos tudo abandonam para conhecer Deus. A obra-prima dos homens da Renascença foi a América. A angústia criadora produzira o Novo Mundo.

(MÚSICA)

---

[54] Embora não tenha conseguido localizar o recibo do pagamento deste roteiro no Arquivo Nacional da França, parece razoável atribuir-lhe tal datação tendo em vista dois fatores. Primeiro, Callado esteve na França apenas durante o ano de 1945, quando trabalhou para a Radiodiffusion Française. Segundo, Callado costumava ambientar seus roteiros em datas coincidentes com a da transmissão. Exemplos disso são os textos *Jean e Marie*, transmitido em 14 de julho de 1943 e cuja história se passa no feriado francês do Dia da Bastilha (14 de julho); e *15 de Novembro*, transmitido em 15 de novembro de 1943 e cuja história aborda a Proclamação da República no Brasil (15 de novembro de 1889). Por fim, o 3 de maio foi, até dezembro de 1930, o dia oficial de comemoração do "descobrimento" do Brasil. Como o roteiro se refere diretamente a 3 de maio, é provável que a data da transmissão seja 3 de maio de 1945.

NARRADOR: No ano de 1500 – oito anos depois da descoberta da América – o Rei D. Manuel I de Portugal via sair do Tejo uma luzida esquadra cheia de estandartes reais e das bandeiras brancas com a cruz de Cristo. A esquadra, comandada pelo almirante Pedro Álvares Cabral, ia para as Índias, em busca de objetos preciosos e especiarias. Mas uma grande calmaria obrigou Cabral a se afastar da costa africana. Por tudo o que se sabia na época, só existia oceano naquelas paragens. No entanto, a 3 de maio daquele ano de 1500 ressoou no navio-capitania, vindo do cesto da gávea, o grito que comunicava uma corrente elétrica aos marinheiros, o grito da descoberta.

(SONS DE ONDAS E DE PÁSSAROS MARINHOS)

VOZ 1: Terra! Terra à vista!

(RUMOR DE VOZES E GRITOS:
"Impossível!", "Ele delira!", "Não há terra aqui!")

VOZ 1: Terra!

ÁLVARES CABRAL: Eu havia notado os sargaços e as plantas marinhas, mas mesmo assim...

IMEDIATO: Haverá talvez uma pequena ilha, almirante, mas é sempre uma descoberta a mais.

ÁLVARES CABRAL: Sim, mais uma joia para a coroa d'El-Rei. E valiosa, pois por pequena que seja servirá de ancoradouro e refrescamento para os nossos navios que demandam as Índias.

(GORJEIO DE PÁSSAROS QUE SE APROXIMAM)

VOZ 2: Almirante, um monte já foi avistado.

ÁLVARES CABRAL: Um monte... Chegamos provavelmente a uma pequena ilha. Duvido que ela tenha muitos habitantes, mas os que lá viverem serão convertidos à fé de Nosso Senhor Jesus Cristo. Estamos na semana da Páscoa. O monte, portanto, se chamará Pascoal.

VOZ 2: E quando desembarcamos, almirante?

ÁLVARES CABRAL: Logo que possível.

IMEDIATO: Logo que possível. Sempre que avistamos uma terra nova sentimos a mesma necessidade imperiosa de conhecê-la, de possuí-la.

VOZ 1: Vamos talvez encontrar ouro, almirante...

ÁLVARES CABRAL: Se não pensássemos tanto no ouro nos decepcionaríamos muito menos. Devia bastar-nos a descoberta, pisar pela primeira vez em terras que têm vivido nestes mares desde que Deus as criou.

VOZ 1: Eu não posso, não posso deixar de pensar no ouro... Encontrar o Eldorado, encontrar uma cidade de faiscantes telhados de ouro, de ruas calçadas de ouro, ardendo ao sol... Cidade que seria uma chama petrificada, uma fogueira de superfícies polidas.

IMEDIATO: (Rindo) Meu amigo, a mim não me incomodaria lançar âncora diante de uma cidade assim, mas com esse teu amarelo sonho de ouro, você esquece a emoção da terra nova pura e simples. Dentro de pouco tempo estaremos abordando esta pequena ilha que tem se escondido dos homens desde o começo do tempo. É como partir para o encontro com uma mulher que não conhecemos, mas que adivinhamos linda e que nos espera.

VOZ 2: Pois sonhemos então com esta mulher, num palácio de ouro...

IMEDIATO: O almirante está alheio...

ÁLVARES CABRAL: Eu olho o Monte Pascoal. É como um ovo surgindo das águas.

(MÚSICA DE MISSA SOLENE, COM CORO EM LATIM.
A MÚSICA SE MANTÉM AO FUNDO)

NARRADOR: No dia seguinte, uma grande e tosca cruz de madeira se erguia perto da praia. Frei Henrique de Coimbra dizia a primeira missa, e, cada vez que dava as costas ao altar, via aqui e ali, entre os mil portugueses ajoelhados, índios nus. Eles olhavam cheios de pasmo o estranho ritual, inocentemente nus diante do sacrifício de um Deus que morrera pelos pecados que eles ainda não haviam cometido.

(OUVE-SE APENAS A MÚSICA)

NARRADOR: Alguns dias mais tarde, preparava-se a esquadra para largar...

IMEDIATO: Almirante, os navios estão prontos para partir desta Ilha de Vera Cruz.

ÁLVARES CABRAL: Bem que eu gostaria de conhecer um pouco mais desta Terra de Santa Cruz. Os índios parecem ter um temperamento muito manso.

IMEDIATO: E são belos, almirante, com seus bronzeados e musculosos corpos, seus cocares de penas de cor...

ÁLVARES CABRAL: Os índios ou as índias, meu voluptuoso amigo?... Suas teorias sobre as terras descobertas sendo como mulheres que nos esperam sem nos conhecer...

IMEDIATO: (Rindo) Não, não. Agora estou falando de um frígido ponto de vista estético. Quanto às suas ideias de explorar mais a ilha, almirante, creio que as tripulações dos outros navios que agora ancorarão aqui terão tempo de fazê-lo. Essa deve ser uma ilhota pequena. Uma exploração de poucos dias e tudo estará conhecido. Em todo o caso, deixaremos aqui a bandeira d'El-Rei nosso amo e esta cruz de madeira.

ÁLVARES CABRAL: E os dois degredados que vieram em ferros.

IMEDIATO: Boa sorte para eles. Esta ilha de sol quente e de lindos frutos, lindos pássaros, linda gente... que belo degredo!

VOZ 2: (Aproximando-se) Sim, sim, que belo degredo, mas veja, almirante, e veja, Imediato, que estranha natureza humana! Os dois degredados estão em desespero porque não seguem para as Índias em ferros, no fundo do porão imundo. Sentem um verdadeiro horror de serem deixados nesta terra desconhecida. E, no entanto, dois dos nossos marinheiros desapareceram!

CABRAL E IMEDIATO: (Ao mesmo tempo) Desapareceram?...

VOZ 2: Sim, almirante, fugiram, embrenharam-se pela ilha. Se não estivéssemos de partida, haveria tempo de encontrá-los e pô-los a ferros no lugar dos degredados.

ÁLVARES CABRAL: Aí está, meu amigo, não diga mais que é tão estranha a natureza humana. Diga antes que é inteiramente absurda a justiça dos homens.

IMEDIATO: É verdade... Nosso dever seria procurá-los, no entanto.

VOZ 2: Não há mais tempo, estamos de partida.

ÁLVARES CABRAL: Vamos, prossigamos nossa rota para as Índias.
(MESMA MÚSICA DO INÍCIO,
COM SONS DO MAR)

NARRADOR: Os dois marinheiros evadidos passaram pela história só um breve instante, anônimos, e desapareceram para sempre na selva do Brasil. Naquela viagem de descoberta, só eles viram o verdadeiro rosto do Brasil, um rosto de linhas puras e belas, mas terrível, assustador, só eles terão podido ver que, o que parecera uma ilha aos outros, era a fímbria de um continente enorme, só eles, tendo quebrado valentemente o ovo que Cabral instintivamente vira no monte da terra nova, talvez tenham podido compreender o drama da nação que ia nascer ali: o transporte, as comunicações, a união.

Quase dois séculos mais tarde, o drama da selva brasileira, o drama dos transportes, vivo até hoje, ia ter o seu grande mártir – Fernão Dias Paes Leme, uma verdadeira figura de tragédia grega. Com 80 anos ele saiu da província de São Paulo, à frente de numerosa bandeira, em busca de esmeraldas. Vamos encontrá-lo já quase dois anos depois da partida, em plena selva, à noite. Fernão Dias Paes Leme já contraiu a febre dos pântanos. Por trás do seu rosto queimado de sol e de vento já aparece a caveira. Suas barbas brancas vêm até a cintura. Das legendárias esmeraldas, nem sinal. Ele conversa com seu capitão, Cardoso de Almeida.

(MÚSICA. AO FUNDO, RUMORES
CONFUSOS DA FLORESTA)

PAES LEME: Cardoso, aviva um pouco este fogo. Faz frio!

CARDOSO: O fogo está bem alto e a noite quentíssima. É a febre que o faz tiritar, Paes Leme. Por que você não vai se deitar?

PAES LEME: Que febre que nada! E precisamos trabalhar, precisamos planejar o novo roteiro. Eu sinto que estamos perto da lagoa das esmeraldas, da região onde nem há pedras: só esmeraldas.

CARDOSO: Escuta, Fernão Dias, eu sou o seu braço direito, o seu capitão, e nunca hei de abandoná-lo. Mas toda a tropa está quase amotinada. Todos exigem a volta a São Paulo, e nós já estamos há quase dois anos de marcha de São Paulo. Os homens morrem como moscas. Você mesmo, a febre já o consome há meses e...

PAES LEME: (Colérico) Basta! Até você! Nós vendemos tudo e havemos de voltar carregados de esmeraldas! Minha mulher vendeu tudo, vendeu a nossa prata, os arreios do meu cavalo, me deu todo o dinheiro que tínhamos orgulhosamente, sabendo que venceríamos. Os covardes que quiserem podem voltar!

CARDOSO: Mas eles já tramam coisas pelos cantos, já murmuram...

PAES LEME: (Entre dentes) Eu hei de lhes tapar a boca com esmeraldas.

CARDOSO: Quem vem lá?...

MULHER: (Uma velha indígena) É Mama-Jacy, que sabe tudo e cura todos os males.

CARDOSO: É esta horrorosa índia velha, a curandeira.

PAES LEME: Eu já estou cansado dos teus remédios de feiticeira, Mama-Jacy, cansado das tuas peles de cobra e das tuas ervas fedorentas!

MULHER: Mama-Jacy cura tudo, mas Mama-Jacy já viu que não é teu corpo que está doente.

PAES LEME: E esta febre que me sacode todo, o que é então? Mama-Jacy não cura ninguém.

CARDOSO: Vá embora! Deixa o chefe em paz. Só o sono é melhor para ele do que todo o pesadelo dos teus bichos vivos e mortos e tuas poções.

MULHER: Sono é bom e remédio de Mama-Jacy é bom. Mas não é o corpo do chefe que está doente.

PAES LEME: Que é que você quer dizer com isto, mulher?

MULHER: Ah, Mama-Jacy ouve tudo!

CARDOSO: Vamos, mulher, fala, se você tem alguma coisa a dizer.

MULHER: Mama-Jacy só sabe que a doença não está dentro do corpo do chefe. **(Sussurrando)** É mau-olhado, é praga!

PAES LEME: Como mau-olhado?

MULHER: Mama-Jacy é pobre! E Tupã, o deus do Trovão, disse a Mama-Jacy para só curar o chefe se o chefe der a ela aquela faca de prata.

PAES LEME: Leva a faca, mas fala, feiticeira do demônio!

MULHER: Ah, se o chefe for agora até o fim do acampamento e escutar o que dizem os homens na última barraca, perto do último fogo, ele verá por que é que a febre faz ele tiritar!

PAES LEME: Vai, Cardoso, escuta e vem me dizer. **(Para a MULHER)** Aí está a faca de prata, mas se for mentira, eu sei o que fazer com esta faca.

(CARDOSO SE VAI)

MULHER: Mama-Jacy não mente. Mama-Jacy sabe tudo. A doença não está dentro do corpo. **(Saindo)** A doença não está dentro do corpo.

(SOMENTE O SOM DA FOGUEIRA E OS RUÍDOS DA FLORESTA. DEPOIS, OS PASSOS DE CARDOSO RETORNANDO)

PAES LEME: Então? Por que esta cara? O que é que há?

CARDOSO: (Chocado) Estes cachorros! Eles tramam, eles tramam contra...

PAES LEME: Sim?

CARDOSO: Contra a tua vida!

PAES LEME: Quantos homens?

CARDOSO: Uns dez. Dizem que o único meio de terminar a tua loucura de se embrenhar pelos sertões adentro é...

PAES LEME: Matar-me. Eles têm razão. Só me matando.

CARDOSO: O atentado está marcado para amanhã à noite, precisamos agir depressa.

PAES LEME: Pobres miseráveis sem fé. Sim, precisamos agir. Continuamos viagem pelo sertão adentro já, Cardoso. Mande levantar acampamento.

CARDOSO: A estas horas da noite?

PAES LEME: Já!

CARDOSO: Mas que fazer com os criminosos?

PAES LEME: Eu vou vê-los. Eles não voltarão. Eles vão ter desprezo e perdão, antes de terem esmeraldas.

CARDOSO: Não vá, Paes Leme, eu irei.

PAES LEME: Você não pensa que estes miseráveis me atemorizam?

CARDOSO: Não... É que... É que entre os dez está o teu filho José.
(PAUSA)

PAES LEME: (Falando para si mesmo) A doença estava fora do corpo... **(Com voz firme)** Pois então vá você, Cardoso. Leve o meu perdão e o meu desprezo aos nove. Mas diga ao meu filho que eu não posso desprezar meu próprio sangue e minha própria carne.

CARDOSO: Então... que devo dizer-lhe?

PAES LEME: Diga-lhe que reze agora, pois dentro de uma hora será enforcado.
(MÚSICA)

NARRADOR: Fernão Dias Paes Leme nunca encontrou suas esmeraldas. Morreu na selva, meio louco de febre e sofrimento, as mãos cheias de pedras verdes sem valor. Marchando para o interior, ele e os outros pioneiros alargaram o Brasil, fizeram-no o colosso que é hoje. Dos 8,5 milhões de quilômetros quadrados que tem hoje o Brasil, pelo menos metade conquistou das mãos da Espanha porque, no seu sonho de esmeraldas e ouro, os pioneiros dilataram as fronteiras, fundaram cidades brasileiras, criaram o Brasil de hoje. No dizer de um poeta brasileiro, enquanto os olhos de Paes Leme perseguiam uma miragem, *"son pied, comme ce d'un Dieu, fécondait le désert"* [seus pés, como os de um deus, fecundaram o deserto].[55]

VOZ FEMININA 1: 8,5 milhões de quilômetros quadrados! [*Três*][56] vezes o tamanho da França! Como colonizar esta vastidão? Como comunicar norte e sul?

VOZ FEMININA 2: No rosto do Brasil, a angústia do transporte, de estabelecer a união física dos seus filhos. Que fazer?

NARRADOR: Voar – pensou um menino em São Paulo, naquela mesma São Paulo de onde saíra a expedição de Paes Leme. Estamos na segunda metade do século XIX. Na varanda de uma casa brasileira, um menino conversa com seu pai. Diante dos dois se estendem esmeraldas muito mais verdadeiras que as do velho pioneiro – as esmeraldas dos cafeeiros que se perdem de vista, sangrando de frutos vermelhos. O menino brasileiro de grandes olhos sonhadores tinha um nome que ia encher os céus de Paris. Ele se chamava Alberto Santos Dumont.

GAROTO: Papai, por que é que sobem os balões de São João?

---

[55] No roteiro original, a frase se encontra datilografada em francês e lê-se a tradução em português, escrita à mão com letras cursivas e a lápis. A letra, quando comparada com a dos diários de Callado, parece ser a do autor.

[56] A palavra "Três" aparece cortada no texto original e há sobre ela uma interrogação [?] feita a lápis. De fato, o território do Brasil [8.515.767 km²] é mais de 15 vezes maior do que o território francês [543.965 km²].

PAI DE DUMONT: O ar quente que os faz subir, meu filho. Quando o invólucro de papel fino se enche do ar que escapa da bucha acesa, o balão sobe.

GAROTO: Que bom se a gente pudesse se meter num balão e voar, papai.

PAI DE DUMONT: Foi isto que fizeram os irmãos Montgolfier. **(Rindo)** Naturalmente não foi com um balão de papel de noite de São João!

GAROTO: O Júlio Verne tem um balão ótimo.

PAI DE DUMONT: Mas o balão do Júlio Verne é só no livro.

GAROTO: Ora, se eu pudesse ter um balão daqueles eu ia até o fim do mundo, até o Rio Amazonas, lá em cima do mapa do Brasil!

PAI DE DUMONT: Ah, meu filho, há muito tempo os homens andam querendo voar.

GAROTO: Há mesmo uma porção de tempo? Já há dez anos?

PAI DE DUMONT: Há mais de dois mil anos, meu filho. Você não se lembra mais da história de Ícaro, filho de Dédalo, que voou com grandes asas de cera?

GAROTO: (Impaciente) Eu sei, eu sei... O sol derreteu as asas e ele caiu no mar. Mas isto é história de criança, não é como Júlio Verne.

PAI DE DUMONT: Hum! Meninos modernos não querem mais saber de lendas. Mas olhe, mais ou menos ao mesmo tempo em que a América era descoberta, um grande florentino, Leonardo da Vinci, ficava durante horas observando no céu azul da Itália o voo dos pássaros. Ele chegou a desenhar asas mecânicas e um de seus auxiliares as experimentou. Mais tarde, um padre patrício teu, Bartolomeu de Gusmão, saiu do Brasil com uma máquina voadora, a "passarola", e fez uma demonstração em Lisboa diante da Corte. Ela chegou a voar um pouco mas caiu depois, e a Inquisição começou a persegui-lo como feiticeiro. E na França, terra do teu avô, os homens hoje estão sempre às voltas com balões. Mas acho que você já está com sono. São horas de dormir.

GAROTO: Não, papai, eu não quero dormir. Eu quero ir para a França, papai.

PAI DE DUMONT: Eu te mando para Paris quando você crescer, mas agora vou te levar para a cama. Você já está quase dormindo.

GAROTO: (Voz sonolenta) Não estou não... papai... Eu quero ir à França. Quero voar até Paris... Voar... Voar...

(MÚSICA)

NARRADOR: Quando Alberto Santos Dumont chegou a Paris em 1900, com 18 anos, a capital francesa vivia com os olhos postos no céu. Os homens de calças apertadas e as mulheres de chapéus de plumas viviam de braços apontados para as nuvens, mostrando os balões que passavam como lanternas sem luz, penduradas em coisa alguma. Os balões já eram uma realidade, mas a dirigibilidade ainda parecia muito longínqua. Os *sportsmen* caíam no Sena, ficavam presos nas árvores do Bois, caíam a quilômetros do ponto de partida e voltavam de trem. Santos Dumont começou a fabricar seus próprios balões, numa teimosa busca pela dirigibilidade. O dinheiro saído do café do Brasil ia se transformar em voo seguro para os aeronautas. Vamos encontrar Santos Dumont na sua oficina de Paris, com dois amigos.

AMIGO 1: Mas meu caro Santos Dumont, como é que você pretende dirigir um balão?

DUMONT: Muito simples. O balão estará cheio de hidrogênio como sempre, mas o meu motor será a petróleo. Um motor levíssimo e...

AMIGO 2: Petróleo e hidrogênio! Meu velho, eu só espero que a explosão em que você vai desaparecer seja bem bonita. Vê se você consegue explodir por cima das Tulherias, por exemplo. Será como um fogo de artifício de uma festa dos bons tempos dos reis de França!

AMIGO 1: Não, Santos, fora de brincadeira. Pense em todos os que já morreram. Outro dia, você mesmo ficou pendurado das cordas do seu último balão e foi preciso chamar os bombeiros de Paris para desembaraçá-lo.

AMIGO 2: E não fossem aqueles meninos em Longchamps que outro dia seguraram a *guide rope* do seu balão, o Sr. Santos Dumont a estas horas não estaria inventando novas modas.

DUMONT: Pois, meus amigos, eu vou ganhar os cem mil francos oferecidos pelo Sr. Deutsch de la Meurthe para quem provar a dirigibilidade dos balões. Levantarei voo do parque do Aeroclube em Saint-Cloud, farei a volta à Torre Eiffel e voltarei calmamente ao Aeroclube em Saint-Cloud.

AMIGO 2: Bom! Queira Deus que você não perca a direção e não acabe encarapitado no obelisco da Concórdia, como o Napoleão da Praça Vendôme!

(MÚSICA PARISIENSE DE 1900.
TALVEZ ALGUM COMPASSO DE UM CANCÃ POPULAR)

NARRADOR: E no dia 29 de outubro de 1901, dia em que Santos Dumont ganhou a prova da dirigibilidade, havia corridas no hipódromo de Auteil quando, há menos de cem metros de altura, passou o balão a motor que ia fazer o circuito da Torre Eiffel. Ninguém mais olhou os cavalos...

(GRANDE OVAÇÃO DA MULTIDÃO.
GRITOS DE "Santos", "Santos Dumont". AO LONGO DA CENA,
OUVEM-SE VÁRIAS VOZES DIFERENTES)

VÁRIAS VOZES: É Santos Dumont que vai fazer a volta da torre!
Ele vai é arrebentar a torre com estas maluquices!
Por cem mil francos até eu!
Lá vai o Santos! Desta vez ele consegue!
Qual é o cavalo que está na frente?
É o Pégaso, meu velho. Você ainda pensa em cavalos em 1901?
Ele já está na torre, já está na torre!
Que linda volta! Mas é perfeito! Ele já vem voltando.
Viva Santos! Viva Santos!

(NOVAMENTE OVAÇÕES, GRITOS, ETC. E A MESMA MÚSICA)

NARRADOR: Anos depois, a 23 de outubro de 1906, diante da Comissão Científica do Aeroclube da França, Santos Dumont tinha a glória de estabelecer o primeiro recorde mundial de aviação. Desta vez era um aeroplano de fato; depois da dirigibilidade, ele fazia a prova prática do voo do mais pesado que o ar. Então, ele já era talvez o homem mais popular de Paris, e seu pequeno aeroplano era uma vista familiar da paisagem.

(SOM DISTANTE DE UM PEQUENO MOTOR)

HOMEM PARISIENSE: Lá vai o Santos Dumont fazer visita no seu aeroplano.

MULHER PARISIENSE: E que coisa linda que é o seu "Demoiselle". Parece mesmo uma libélula. Asas brancas e transparentes ao sol! Jean, por que é que você não arranja um avião para a gente?

HOMEM PARISIENSE: Ora, você está pensando que eu sou louco? E esta mania de voar vai passar.

MULHER PARISIENSE: Pois eu bem que gostava de ter uma "Demoiselle". E todo mundo diz que depois da experiência de Santos vai ser fácil construir aviões grandes.

HOMEM PARISIENSE: Hum! Eu tenho minhas dúvidas. O homem é um animal terrestre. Vocês, mulheres, não entendem nada de coisa alguma.

MULHER PARISIENSE: Jean, eu às vezes fico cismando...

HOMEM PARISIENSE: Em quê? Novas plumas?

MULHER PARISIENSE: Não... Imagine se houvesse uma guerra.

HOMEM PARISIENSE: Que é que tem?

MULHER PARISIENSE: Com estas máquinas de voar! Imagine o que eles não poderiam fazer!

HOMEM PARISIENSE: (Rindo) Fazer guerra com libélulas! Meu Deus, como as mulheres são dramáticas!

(MÚSICA)

O recado de D. Pedro

Transmitida pela BBC provavelmente em novembro de 1945[57]

(A peça se inicia com a chegada a Nápoles de alguns soldados brasileiros, logo após o cessar das hostilidades. Eles estão em um jeep, claro. É tarde da noite. A música de abertura pode ser um distante "O Sole Mio", com fading para o som de um carro se aproximando)

TENENTE VITÓRIO: Pronto, minha gente. Desta vez é verdade mesmo. O óleo acabou.

TRÊS VOZES: (Em sequência) Deixa de história... Toca pra frente... *Jeep* foi feito para andar sem óleo, tenente. E a tocha não pode apagar.

TENENTE VITÓRIO: Por essa noite a tocha está apagadíssima. Sem óleo ela não queima.

TENENTE LEMOS: Eu quero ir ver a baía.

TENENTE VITÓRIO: Que baía coisa nenhuma. Agora nós vamos tentar é ver uma cama. E não vai ser fácil a estas horas da noite.

---

[57] É razoável presumir que a peça tenha sido transmitida entre 29 de outubro e 2 de dezembro de 1945. Em uma passagem, Callado faz referência ao fim da Ditadura de Vargas (1937-1945), ocorrida a 29 de outubro de 1945; em outra, refere-se à eleição de dezembro ("de dezembro em diante..."), pleito ocorrido a 2 de dezembro de 1945 para escolher o novo presidente após a deposição de Getúlio Vargas (1882-1954).

VOZ 1: Que ideia esta do Tenente Lemos! Se ele não detestasse tanto trocadilhos diria que...

TENENTE LEMOS: (Rapidamente) Não diga... não diga. Se é trocadilho não diga nada, sargento.

VOZ 1: (Baixo, perto do microfone) Eu só ia dizer que a Bahia é terra boa, ela lá e eu aqui.

TENENTE LEMOS: É trocadilho, é infame e é fora de propósito. Ó Vitório, com esse luar é um crime não darmos uma espiadela nesta baía, que os napolitanos querem que seja mais bonita do que a nossa. Além disso, ainda agora alguém estava cantando "O Sole Mio". Perfeito. Afinal de contas, desde que a guerra cessou temos deveres civis, como o de sermos bons turistas.

TENENTE VITÓRIO: Escuta, meu velho. Se você quiser pode até se afogar na famosa baía. Eu estou morrendo de cansaço depois de cavalgar este *jeep* quase sem dormir desde La Spezia. Vou encostá-lo aqui mesmo e vou procurar onde dormir. Amanhã encontraremos óleo e continuaremos.

TENENTE LEMOS: Então, paciência... **(Mudando de tom)** Aliás, você parece meio cansado mesmo, Vitório. Talvez se parássemos aqui amanhã...

VITÓRIO: Não, que nada. É só cansaço da viagem. Vou fazer a manobra.
(CARRO SENDO ESTACIONADO)

VOZ 1: Agora, para onde ir? Eu confesso que não vi coisa alguma com ar hospitaleiro.

VOZ 2: Depois, está tudo tão bombardeado!

LEMOS: E se tentássemos logo este edifício grande aqui? Não podemos escolher muito.

VITÓRIO: Vamos embora. Tem cara de edifício público. É sim. Há qualquer coisa escrita lá em cima.

VOZ 2: (Lendo) "Biblioteca"... Sei lá. Mas é uma biblioteca pública. Vamos ver se há algum encarregado do prédio.

LEMOS: E o que é que vamos dizer?

VITÓRIO: Ora, qualquer coisa! Que somos edições de luxo em trânsito e não queremos estragar a encadernação, por exemplo.
(ELE BATE À PORTA COM FORÇA)

LEMOS: Você mesmo banca o introdutor, sargento. Põe o italiano macarrônico em cena.
(A PORTA SE ABRE. DIÁLOGO CLARO MAS DISTANTE)

VOZ 1: (Com italiano hesitante e tosco) *Buona sera, signore encarregato... Somo soldati braziliani e vegliamo dormire.*
(O VELHO RESPONDE COM UM RESMUNGO)

VOZ 1: *Ma noi no sapemos donde ire, signore. No tenemos mai olio.* (Diabo de língua, sempre tenho a impressão de estar falando latim) *Vamo, fratele.*
(VOZ DO VELHO RESMUNGANDO NOVAMENTE)

VOZ 1: *Vogliame um canto qualquiera, fratele. Sei camarada, vamo.*
(MAIS RESMUNGOS DO VELHO E VOZ 1 SE APROXIMA DO MICROFONE)

VOZ 1: Parece que o vovô vai abrir. Que confusão! Quando eu disse que éramos soldados brasileiros e queríamos dormir ele disse que era um italiano velho e queria dormir também. Se todos queríamos a mesma coisa ele não poderia entender o que estávamos fazendo a estas horas da noite numa biblioteca. Quando eu disse que não tínhamos mais óleo, tive uma vaga impressão de que ele pensou que queríamos azeite, pois respondeu que também estava cozinhando em água e depois...
(RISADAS E SONS DE UMA PESADA PORTA SE ABRINDO)

VOZ 1: *Grazie tante, signore!*

      (A PORTA SE FECHA. OUVEM-SE OS PASSOS DE TODOS)

LEMOS: O coitado do velho já foi correndo para a cama.

VOZ 1: Ele disse que é aqui à direita. Há as três salas da biblioteca e podemos nos arranjar como entendermos.

VOZ 2: Temos umas latinhas de *corned beef*. Que tal uma ceia?

LEMOS: Sempre me comovem as grandes ideias.

VITÓRIO: Bem, eu vou para o último salão. Estou precisando de uma boa soneca.

      (*FADE IN*: MÚSICA SONOLENTA, QUE SE MANTÉM TEMPO SUFICIENTE
PARA CRIAR AMBIÊNCIA. DE REPENTE, UM DISPARO. A MÚSICA É CORTADA
ABRUPTAMENTE. OUVE-SE ENTÃO OUTRO DISPARO)

LEMOS: (Todos têm a voz sonolenta mas gritam) Que foi? Que é que há?! Eu atiro!

VOZ 1: Sai daí, seu alemão. Vem pro claro!

VOZ 2: O que foi? Onde é que está ele?

VOZ 1: Eu acho que veio de lá, o tiro.

VOZ 2: Os tiros. Foram dois.

LEMOS: (Afastando-se do microfone) Foi lá no salão do Tenente Vitório.

      (SOM DE CORRERIA. PORTA SE ABRE RAPIDAMENTE.
O INÍCIO DA CENA SE DÁ LONGE DO MICROFONE)

LEMOS: Vitório, Vitório! Que foi? Alguém aqui?

VITÓRIO: Sim... Está morto... Desapareceu... Ali, veja ali!

LEMOS: Onde Vitório? Onde? Não vejo nada.

VITÓRIO: Ora, sumiu... Não, morreu, morreu o Vico. [58]

LEMOS: Quem, homem de Deus? Venha para a outra sala. A luz do dia já está entrando lá. **(Para VOZ 1)** Sargento, vá procurar o velho. Diga que não foi nada, se é que ele ouviu alguma coisa.

VOZ 1: Ele pareceu meio surdo, mas tiro acho que todo mundo mais ou menos ouve.

LEMOS: Pois diga que um revólver disparou. Passe-lhe um maço de cigarros e uma lata de conserva.

VOZ 1: Sim, tenente.
(VOZ 1 SE VAI)

LEMOS: Agora venha, Vitório.
(ELES SE APROXIMAM DO MICROFONE)

LEMOS: (Para VOZ 2) Eu fico aqui com o Tenente Vitório. E enquanto o sargento acalma o velho, você veja se arranja óleo em algum depósito militar. Já deve ser fácil achar tudo agora. Pegue o sargento no caminho e leve-o também.

VOZ 2: Muito bem, tenente.
(VOZ 2 SE VAI)

LEMOS: Você está melhor, Vitório?

---

[58] Giambattista Vico (1668-1744) foi um filósofo, historiador e jurista napolitano, autor do tratado *Scienza Nuova* (1725).

VITÓRIO: Estou, Lemos, muito obrigado. Mas incrível, incrível!

LEMOS: Que história é essa de Vico? Com que diabo estava você sonhando?

VITÓRIO: Sonho? Eu quase não podia falar quando você se aproximou porque... porque eu estava sentindo exatamente o que se deve sentir quando se mata um homem. Eu matei, Lemos. Uma bala pegou o velhinho no meio do corpo... Oh, meu Deus... as balas? Onde estão as balas?

LEMOS: Calma, meu velho. Você fique aí descansando que eu vou ver.
(LEMOS VAI E RETORNA
APÓS UM INSTANTE)

VITÓRIO: Uma cravou-se na madeira da prateleira. Com a outra você bombardeou o lombo deste livro: *Scienza Nuova*. Sua bala entrou no meio do nome do autor, acima do título. Só vejo a perna de um "V" inicial e o "O" final.

LEMOS: Vico! Veja você! Deixe ver o livro!
(LIVRO SENDO FOLHEADO)

LEMOS: Você sonhou com este autor... Vico... Atirou e...

VITÓRIO: (Devagar) Atirei, por assim dizer, dormindo, e acertei em cima do nome. Eu sabia que a outra bala tinha se perdido! **(Rindo brevemente)** E não vá você pensar que antes de dormir eu estive estudando a biblioteca...

LEMOS: Estas coisas acontecem, você sabe... Coincidência...

VITÓRIO: Isto mesmo, coincidência...

LEMOS: Mas afinal de contas, como foi a história?

VITÓRIO: Você sabe... Sonhos... A gente nunca se lembra muito bem. Ah, sim! Eu me lembro do fim. A coisa toda provavelmente foi em poucos instantes. Não... ora, não sei. Não importa. Foi talvez quando eu adormeci. Você sabe quando a gente vai adormecendo, ou quando vai acordando de manhã, e tem a impressão de que alguma coisa está falando, falando, que alguma coisa está num determinado ponto de uma interminável exposição...

LEMOS: Sim, sim...

VITÓRIO: E você já terá observado também que quando a gente tenta prestar atenção, o monólogo para. A gente nunca consegue saber direito o que era, desde que tenta descobrir...

LEMOS: Sim. É sempre assim. Uma vez, de manhã...

VITÓRIO: (Interrompendo) Pois é, você prestou atenção e a voz escafedeu-se. Pois ontem, hoje de manhã, sei lá quando, ela não parou. Eu me espantei, fiquei quieto, crente que ela ia desaparecer, que a água ia estancar, que a fonte ia secar, mas, ao contrário, ela engrossou, se positivou, impostou-se numa garganta, e eu abri os olhos, ou me pareceu que os abria, e lá estava o velho, minúsculo, um anãozinho muito perfeito em cima da "Ciência Nova", falando, falando, falando, falando...

(FADE OUT LENTO EM "Falando". VOZ DE VICO EM FADE IN)

VICO: O critério de que se serve a Ciência Nova (axioma 13) é o de que a Providência Divina ensinou igualmente a todas as nações o seguinte: o senso comum do gênero humano é determinado pela conveniência necessária das próprias coisas humanas – conveniência que faz toda a beleza do mundo social. Assim, as provas sobre as quais nos apoiamos defendem que tais leis, sendo estabelecidas pela Providência, operam sobre todas as nações, e seu destino seguiu, segue e deverá seguir sempre o curso indicado pela Ciência Nova, mesmo que mundos infinitos em número nascessem durante a eternidade...

VITÓRIO: Mas... mas o que é que significa isto?

VICO: "Isto?"... Isto, meu menino, é o esquema eterno da História dos povos. São três ciclos, a saber, Idade Divina, Idade Heroica, Idade Humana – em seguida tudo recomeça desde o princípio.

VITÓRIO: Eu conheço a teoria, mas quem é o senhor? Francamente, o seu tamanho...

VICO: Se você me vê como um anão, a culpa é sua e não minha. Mas eu estava nos seus pensamentos, se me tornei visível. Se todos os escritores aqui representados estivessem na sua cabeça também, você nos veria todos falando ao mesmo tempo, repetindo os textos dos respectivos livros...

VITÓRIO: Mas como? Isso acontece todas as noites?

VICO: Às vezes, *per omnia sæcula sæculorum.*[59] Eu lhe explico. Há os pensadores que já estão na Geena[60] enquanto ainda vivem e os livros ainda cheiram a tinta. Os outros, os que tinham alguma coisa a dizer, ficam falando sozinhos a noite inteira, declamando todos os textos que escreveram: tratados, pensamentos, cartas, bilhetes, tudo, até que a humanidade tenha extraído deles a última gota, até que eles estejam incorporados ao seu organismo – ou destruídos como material venenoso, não assimilável. É verdade que podemos destruir também.

VITÓRIO: E você?...

VICO: Eu tenho falado todas as noites em todas as bibliotecas do mundo em que estou presente, desde o ano de 1744. Isto porque os

---

[59] Expressão bíblica latina: por todos séculos dos séculos.

[60] Termo que aparece no Novo Testamento como sinônimo de inferno. Refere-se ao vale de Hinom, localizado fora das muralhas da antiga cidade de Jerusalém e usado como depósito de lixo, onde eram lançados também os cadáveres de pessoas consideradas indignas.

homens ainda não me beberam todo, ainda não ousaram beber-me todo. Se eu morri em 1744, é evidente que em 1944 fez duzentos anos da minha morte. O senhor ouviu falar de João Batista Vico?

VITÓRIO: Não... creio que não...

VICO: Nem eu. É que se alguns eleitos já sabem que eu sou o pai da História Moderna, história científica, irrefutável, mesmo eles ainda parecem tremer diante dos meus ciclos – que, no entanto, são obra divina. Este século denunciou as aranhas e escorpiões do inconsciente humano, no século passado um camarada inglês que está a três prateleiras acima denunciou símios na evolução humana, mas ninguém gosta de encarar a inevitável retrocessão humana, o movimento esférico da História, imitação grosseira da eterna grinalda que gira em torno da Causa Primeira. **(Gritando)** Mas repare, repare! Eu estou assumindo minha estatura natural diante dos seus olhos.

VITÓRIO: *É* verdade... Talvez porque eu agora mesmo estava pensando que você está sendo injusto para conosco. 1944 foi um ano trágico, por isso é que seu bicentenário não foi comemorado.

VICO: Muito bem, e o primeiro?... Você tem razão. Em parte, não foram comemorados nem o primeiro nem o segundo aniversário da minha morte porque a Ciência Nova é que tem razão. Em 1844, a Europa começou mais uma vez a dobrar o cabo em direção ao passado. O período da Idade Humana, civilizada, em que eu vivi, já começava a degenerar novamente em Idade Divina, isto é, a idade inicial, primitiva, a sua, meu menino. Você tem que começar outra vez. Talvez você ainda continue destruindo por mais tempo, talvez um resto de heroísmo e humanidade ainda prossiga. Isto apenas significa que a curva para o primeiro ciclo vai ser mais fechada ainda.

VITÓRIO: (Aborrecido) Olha aqui, você recobrou sua estatura humana com meu movimento de simpatia de há pouco, mas isto é um absurdo.

VICO: (**Aborrecido**) Como um absurdo?

VITÓRIO: Claro que é um absurdo. O seu terceiro centenário será certamente celebrado. Seu título de pai da História Moderna está garantido. Mas exatamente porque a Ciência Nova denunciou não uma fatalidade, mas uma tendência até agora bem verídica da história humana.

VICO: Uma tendência?! É irremediável uma tendência?

VITÓRIO: Como é que você fala em irremediável e em providência divina ao mesmo tempo?

VICO: Ora, seja realista! O meu esquema é divino porque ele é. Os desígnios da providência não se discutem. Não se faz a crítica da Ciência Nova dizendo que a evolução eterna e invariável da história é boa ou má. O ponto inicial e o ponto final da crítica são uma constatação: esta evolução esférica existe, e existe como eu a descrevi.

VITÓRIO: Absurdo! Absurdo!

UMA VOZ: Sim, apoiado. Senão, o limiar da casa do desespero...

VICO: (**Interrompendo**) Apesar de todo o meu respeito, poeta, cale-se. Você nem é visível ao rapaz no momento.

A VOZ: Mas eu devo protestar. Tudo o que aprendi na minha indescritível viagem...

VITÓRIO: Muito bem, Vico, eu falarei com todo mundo, mas primeiro precisamos regularizar esse negócio. Você demonstra um orgulho absurdo. A evolução existe e só pode ser como você descreveu. Suponha que amanhã nós descubramos um astro povoado de outros seres vivos...

VICO: Oh, a inatenção da juventude! As primeiras palavras minhas que o senhor ouviu terminavam assim: "tais leis, sendo estabelecidas pela Providência, operam sobre todas as nações, e seu destino seguiu, segue e deverá seguir sempre o curso indicado pela Ciência Nova, mesmo que mundos infinitos em número nascessem durante a eternidade"...

VITÓRIO: Orgulhoso e limitado. Suponha que estes seres vivos não sejam homens...

VICO: Você não tem o direito de ser tão ingênuo. Que é que você veio fazer na Itália? Guerra, não foi? Contra quem? Contra homens, não? Agora, imagine que os homens descubram "outros seres", como o senhor quer. Há três hipóteses, como há três ciclos na história humana: ou estes seres se curvam e os homens os escravizam, ou eles se rebelam e os homens os destroem, ou eles acabam com a raça humana. Ora, para terem a coragem de exterminar uma raça inteira, eles precisam ser muito humanos, não acha? De maneira que, sobrevivam eles, sobrevivam os homens, continuamos a lidar com "humanidade".

VITÓRIO: Você é um repugnante cético, com toda a sua providência divina.

VICO: Eu vejo tanta gente como você, de fuzil no ombro!

VITÓRIO: Eu vim lutar pela boa causa.

VICO: São sempre necessárias duas boas causas para fazer uma guerra. Basta consultar ambos os lados.

VITÓRIO: Você ousa dizer que eu não vim lutar pela liberdade? Pela boa causa?

VICO: Você veio lutar pela boa causa porque acreditava nela. Mas você veio, principalmente, preencher os desígnios da história. Seus tiros, até o último, estavam disparados de antemão. Está dito.

VITÓRIO: Até o último?

VICO: Até o último.

VITÓRIO: Esse também?
(PRIMEIRO DISPARO)

VITÓRIO: E esse?
(SEGUNDO DISPARO: SOM DO TIRO
COM BASTANTE ECO E *FADE OUT*. PAUSA)

VITÓRIO: E que horrível impressão de ter matado o velho, Lemos!

LEMOS: Bela reação, expedicionário! Se eu estivesse no teu sonho, acrescentava a minha bala.

VITÓRIO: (Rindo) Dando mais razão a Vico, uma simples arma nos faz "dobrar a curva" para o passado. Eu danifiquei um exemplar da "Ciência Nova". **(Pausa)** Como é que se vai resolver o que fazer neste mundo? E se tudo for inútil mesmo?

LEMOS: Ora, agora vamos deixar de tolices. Você foi valente no sonho como na guerra. O homem amolou muito, você não discutiu...

VITÓRIO: Mas eu não sei... **(Para si mesmo)** O diabo da minha cabeça está tão pesada! Você já pensou no que vai fazer agora, quando voltarmos ao Brasil?

LEMOS: Meu velho, o que não falta no Brasil é coisa pra fazer.

VITÓRIO: (Em tom de dúvida) Fazer o Brasil crescer... Fazer mais um país crescer, e esperar que ele decresça depois, "esfericamente!", e que depois cresça outra vez...

LEMOS: Nossos camaradas já devem estar voltando. Eu pego o volante agora e você vai refrescando as ideias.

VITÓRIO: Não, eu vou voltar a La Spezia.

LEMOS: Você não pode roer a corda assim, ou roer a tocha.

VITÓRIO: É melhor, Lemos. Eu pego uma carona aí num carro americano ou inglês e vocês continuam.

LEMOS: Bem, nesse caso faremos uma outra tocha depois. Mas com uma condição. Vá ver o Major Almeida e arrume um bom descanso de uma semana.

VITÓRIO: Você acha que eu estou precisando de médico...

LEMOS: Nada como um bom médico para botar um soldado de folga – o que é muito mais importante do que botar um soldado cheio de saúde.

(MÚSICA)

NARRADOR: A tocha foi até Lisboa. Ao voltar, o Tenente Lemos procurou o major médico, que sacudiu a cabeça. O jovem oficial era um caso estranho. Caíra num profundo abatimento. O mal era definitivamente psicológico, mas poderia complicar-se fisicamente se o Tenente Vitório continuasse mergulhado naquela indiferença. O Tenente Lemos resolveu não ir visitar o amigo imediatamente. Três dias depois apareceu lá, com algumas folhas escritas no bolso.

(*FADE IN*: BATIDAS
NA PORTA)

VITÓRIO: Pode entrar.

(A PORTA SE ABRE)

LEMOS: Então, como vai o desertor de tochas?

VITÓRIO: **(Desanimado)** Bem, o major recomendou um pouco de repouso. E vocês? Foram bem de viagem?

LEMOS: Magnificamente. Mais uns dois dias em Lisboa e eu aprenderia a falar português. Ah, mas o mais importante não é isso. Eu tenho uns recados pra você.

VITÓRIO: Recado para mim? De quem?

LEMOS: De D. Pedro.

VITÓRIO: Que D. Pedro?

LEMOS: D. Pedro I, ora essa, o imperador do Brasil.

(PAUSA)

VITÓRIO: Qual é a graça da história?

LEMOS: A graça é a que ele concede a você: a de lhe mandar um recado. Eu fui à Torre do Tombo consultar uns documentos sobre o Brasil, e D. Pedro me apareceu.

VITÓRIO: **(Irritado)** Meu caro Lemos, muito obrigado por ter pensado em mim. Mas se você não se incomodasse... O médico disse que eu devia descansar.

LEMOS: Está muito bem. Mas você tem que ouvir as notas que eu tomei. Isto é nada mais nada menos do que uma entrevista inédita com D. Pedro.

VITÓRIO: Você provavelmente vai se zangar porque eu não me sinto com vontade de rir. Em todo caso, leia.

LEMOS: Menos má vontade, meu caro. Você tem que imaginar o ambiente, como eu imaginei o ambiente do seu sonho. Estou no meio do salão, segurando um vasto in-fólio, quando numa das prateleiras aparece D. Pedro, em tamanho natural, com o uniforme em que o meteu o Pedro Américo.[61] Naturalmente o livro caiu da minha mão...

(LIVRO PESADO CAI NO CHÃO)

LEMOS: D. Pedro!

D. PEDRO: Ele mesmo, meu filho, teu primeiro imperador.

LEMOS: Mas... Mas a que devo a honra?

D. PEDRO: Eu estava esperando que aparecesse algum brasileiro por aqui depois da guerra para ouvir o meu elogio. Vocês costumam dizer que o nosso Brasil só progride à noite, quando os brasileiros estão dormindo, mas é preciso reconhecer que, nesse caso, à noite ele tem andado num passo razoável. E com certo dom de profecia que eu tenho, como todos os mortos, devo dizer que de dezembro em diante ele tem uma boa chance de progredir durante o dia também.

LEMOS: Deus o ouça, D. Pedro.

D. PEDRO: Mas eu estava esperando ver aqui o seu amigo também, aquele rapaz que lê tantos livros, mas o aborrecido incidente de Nápoles fez com que ele voltasse. Aliás, principalmente depois do incidente de Nápoles é que eu queria vê-lo, invocando minha autoridade. Afinal de contas, eu fiz de vocês todos, pirralhos, brasileiros livres. Portanto, se abdiquei do trono, não abdiquei do direito de dar conselhos a vocês, crianças.

LEMOS: Eles são bem-vindos, D. Pedro.

---

[61] Pedro Américo (1843-1905) foi um pintor acadêmico brasileiro célebre por suas pinturas históricas, entre as quais *Independência ou Morte* (1888), representando o Grito do Ipiranga.

D. PEDRO: Tome nota. Diga ao seu amigo que nesta história de ler tanto livro ele saiu mais ao meu filho Pedrinho. É uma boa coisa, não discuto. Mas diga-lhe que a história é como esses archotes que vocês fazem...

LEMOS: Archotes, D. Pedro?

D. PEDRO: Sim, esses passeios em caleça aí pela Europa.

LEMOS: Ah, Vossa Majestade se refere às tochas.

D. PEDRO: Pois diga-lhe que a história é uma tocha. Como vocês saem pelas capitais e cidades da Europa, o historiador sai pelos livros e documentos. A vida humana não é mais longa do que uma tocha. Por mais que vocês olhem as cidades e seus habitantes e seus monumentos, o panorama que guardam é incompleto. Aquele italiano, Vico, de quem eu nunca ouvi falar enquanto vivo, fez uma tocha das mais completas. Mas para fazê-la completamente completa, se posso me exprimir assim, ele criou uma filosofia imutável. Ora, é aqui que eu entro. Eu não li muitos livros, mas vivi à farta. E qualquer pessoa que viveu como eu sabe que o homem não cabe nem há de caber em sistema nenhum. Enquanto um homem ainda estiver vivo, vamos ter o inesperado, vai haver arruaça. Se nem ele sabe como ele próprio é! E que esperanças de saber um dia, totalmente! O homem é como o Brasil: quanto mais se anda mais terra se tem. **(Pausa)** Está tomando nota?

LEMOS: Estou, D. Pedro.

D. PEDRO: Diga-lhe ainda que livro, sem vida, não vai. Diga-lhe que mais vale ler menos um, de vez em quando, e fazer uma maluquice no intervalo – como as "minhas" maluquices, segundo o título de um escritor irreverente. Com as minhas maluquices, eu acabei deixando um povo independente. Ah, antes que eu me esqueça, diga-lhe ainda que preste atenção a todos os livros que lê. Por que é que ele ficou prestando atenção ao Vico o tempo todo e não escutou o poeta?

LEMOS: Que poeta, D. Pedro?

D. PEDRO: Pois não se lembra do poeta que apoiou o Tenente Vitório quando ele protestou contra o fatalismo de Vico?

LEMOS: Sim.

D. PEDRO: Pois era o Dante! O que ele queria dizer é que se todo mundo caísse no fatalismo, na ideia que no momento obceca seu amigo, de que nada se pode fazer contra o ritmo eterno da história, o limiar da casa do desespero, isto é, do seu Inferno, estaria cheio, e não existiria nenhum dos círculos dos danados. E Dante iria mostrar ao seu amigo que a pior solução é o tédio, a morna inação. Os que não têm coragem de lutar, os que tombam no fatalismo, são os mordomos, os lacaios do Inferno. Dante os encontrou logo ao passar a porta. Eles nem têm a trágica dignidade dos grandes pecadores que são torturados. Eles não sofrem nenhuma pena. Apenas choram, gemem, gritam de desespero e raiva, porque, como diz Virgílio a Dante, "tal é a sorte das almas desgraçadas daqueles que viveram sem vício e sem virtude". Daqueles que viveram sem vício e sem virtude...

(FADE OUT NA REPETIÇÃO DA FRASE E ENTÃO FADE IN)

LEMOS: E aí se acabava, Vitório, o recado de D. Pedro.

VITÓRIO: (Depois de uma pausa, com voz comovida) Lemos... você viu qual era o livro que estava perto do "Ciência Nova".

LEMOS: (Sério) Vi, meu velho, voltei lá especialmente para investigar.

VITÓRIO: E era?...

LEMOS: Era *A Divina Comédia.*

VITÓRIO: Lemos, o Major Almeida vai pedir pena de prisão para mim.

LEMOS: Por quê?

VITÓRIO: Porque nós vamos sair já desta enfermaria e tomar uma garrafa de vinho.

LEMOS: Eu trouxe umas de Portugal.

VITÓRIO: Perfeito! Em homenagem a D. Pedro!

LEMOS: Mas essa história de você sair da enfermaria assim de repente... O major é capaz de embirrar mesmo.

VITÓRIO: Meu caro, eu vou na frente. Independência ou Morte!

(MÚSICA)

O poeta de todos os escravos

Transmitida pela BBC em 14 de março de 1947

(MÚSICA DE ABERTURA)

NARRADOR: Antônio de Castro Alves nasceu a 14 de março de 1847 na Fazenda Cabaceiras, a sete léguas do Curralinho, hoje Cidade Castro Alves. Era filho do cirurgião baiano Dr. Antônio José Alves e de D. Clélia Brasília da Silva Castro... **(Pausa)** ...Mas deixemos para quem não tem outro meio de ficar na memória de um povo o estilo de dicionário biográfico. Mesmo porque, tentássemos nós mencionar a sua verdadeira família, todos os seus irmãos, não o conseguiríamos nunca. Eles viveram e continuam vivendo em todos os países do mundo, esses poetas que, como Castro Alves, morreram cedo, muito cedo, a flama do espírito devorando rápida e alegremente a matéria submissa. Viveram e continuam vivendo para morrer cedo a despeito de toda a ciência; de todos os sistemas radiográficos comunicados ao mundo; de todos os progressos na arte de curar; de todas as vitaminas descobertas pelo cientista que treme ao isolá-las no laboratório como o garimpeiro a isolar diamantes da terra do garimpo...

A poderosa corrente sempre em busca de uma voz entre os homens continua a usar o poeta, a passar violentamente através do seu corpo e a se fazer ouvir, imperiosa e clara, enquanto os outros homens fazem discursos sobre mais um poeta morto. Poeta algum do Brasil entregou mais sua vida a esta energia que se quer fazer sentir do que Castro Alves. Nenhum, por isso mesmo, foi mais amado do que ele. Há quem o chame bombástico, hugoano, esquecendo-se do tempo romântico em que viveu, esquecendo-se de que ele morreu aos 24 anos e que fazia versos para recitá-los à luz do sol, na praça pública; no vestíbulo das faculdades; no camarote dos teatros — esquecendo-se de que foi ele o primeiro poeta do Brasil com uma visão do país e uma visão social, que não quis inventar estéticas novas ou escrever versos de *boudoir*, ou coroar-se de folhinhas de parra no Parnaso quando entre ele e o seu sonho havia negros construindo a grandeza do seu país e morrendo no tronco; mães pretas embalando senhores brancos e à mercê da luxúria de feitores; quando ainda nem a República havia sido proclamada e quando o seu sonho, o sonho de todos os legítimos poetas, parecia perdido num longínquo futuro.

Entretanto, qual foi o seu extraordinário apelo para o povo brasileiro? Castro talvez não ficou trovejando poemas do alto da sua torre de marfim. Viveu intensamente, amou, correu o país inteiro. Poeta moderno num sentido superior à sua época, poeta-homem-de-ação, lutou socialmente e entregou-se às suas paixões, experimentou-se. Talvez ainda esteja tão vivo devido às histórias que lhe enchem a biografia, como aquela das encantadoras irmãs Amzalack, que viviam em frente à república onde o poeta morava na Bahia e que estavam muito transtornadas, uma certa manhã...

SIMY: (Distante do microfone) Esther! Esther! Onde é que você está?

(PORTA SE ABRE)

SIMY: (Sem fôlego) Oh, Esther!

ESTHER: Que é que aconteceu, Deus meu!

SIMY: (Transtornada) Onde é que está mamãe?... Meu Deus, o poeta! O Antônio de Castro Alves... Que horror, que horror...

ESTHER: O que é que aconteceu? Foi embora? Mudou-se?

SIMY: **(Romanticamente horrorizada)** Morreu! Cravou um punhal no coração e desapareceu atrás do peitoril da janela, banhado em sangue! Minha culpa, minha exclusiva culpa.

(ENTRA A MÃE, ATRAÍDA PELO BERREIRO)

MÃE: Que culpa, minha filha? Que foi?

SIMY: **(Chorando)** O poeta, mamãe, nosso vizinho lá defronte. Eu não aceitei os versos dele e ele se matou. Enterrou uma adaga no peito. Por mim, só por mim...

MÃE: **(Assustada, mas incrédula)** Que é que você está dizendo, menina! Que versos? E que história é esta?

ESTHER: **(Nervosa)** Se ele se matou foi por minha causa, Simy, não chore. Você bem sabe que os versos eram para mim. **(SIMY exclama)** Mas talvez ele ainda não esteja morto, talvez ainda haja tempo de lhe dar uma esperança...

SIMY: Mas, ora, Esther...

MÃE: **(Enérgica)** Bem, meninas, chega de fala sem sentido. Eu bem sei que numa república de estudantes todos são poetas e a república em frente à nossa casa não havia de ser melhor que as outras. Mas quem é que queria mandar versos e quem é que se matou?

(SIMY SOLUÇA BAIXINHO)

ESTHER: Você sabe quem ele é, mamãe, o Antônio de Castro Alves, aquele de cabeleira preta, olhos grandes, todo bonitão e que todo mundo conhece. Ele um dia nos mandou uns versos por um negrinho e eu e Simy... nós... nós brigamos porque ela teimava em dizer que os versos eram para ela. Nós aparecemos na janela, mas ele não parecia se decidir por ninguém. Eu, eu, eu sei que ele gosta de mim, mas tanto eu como Simy resolvemos castigá-lo... E agora... Agora... **(Começa a chorar também)**

MÃE: Eu acabo enlouquecendo. O imperador devia proibir a poesia neste país! Agora o que é que aconteceu?

SIMY: (Em lágrimas) Agora ele se matou mamãe, por minha causa. Eu fiquei com raiva porque os versos não tinham dedicatória. Só uma coisa vaga. E depois, todo mundo diz que ele, antes de sair de casa, diz pra ele mesmo, todo arrogante: "Tremei, pais de família, Don Juan vai sair"... E agora ele se matou, por minha causa. Meu Don Juan...

MÃE: Meu sagrado Senhor do Bonfim, que barafunda. Se estas meninas cozinhassem como sonham seriam excelentes partidos. Eu aposto que nem viram o rapaz.

SIMY: Eu vi tudo, mamãe... E eu quero morrer também. **(Soluça)**

MÃE: Vamos parar com estas sandices todas. Olhem aqui da janela... Nada parece ter acontecido na república. E vão chegando aqueles dois rapazes. Um deles é o Fortunato, que já esteve aqui com o Dr. Mário. Falem com ele. Mas não se façam de tolas, com esses olhos vermelhos assim. **(Vai se afastando e resmungando)** Menino, no meu tempo, morava em casa e verso era grego para as meninas.

(OUVE-SE NOVAMENTE
UM SOLUÇAR. *FADE*)

ALVES: (Cantarolando para si mesmo. Sons de batida alta)
"– Quem bate? – 'A noite é sombria!'
– Quem bate? – 'É rijo o tufão!...
Não ouvis? a ventania
Ladra à lua como um cão."

(PAUSA E BATIDA FURIOSA.
AMBOS FALANDO AO MESMO TEMPO)

REGUEIRA: Abre já esta porta, seu poeta de meia tigela.

FORTUNATO: Seu ator de melodrama, abre a porta!

ALVES: "– Senhor, minha casa é pobre...
       Ide bater a um solar!"

(PORTA SE ABRE)

ALVES: Que significa este motim, senhores?

FORTUNATO: Pois nós pensamos em te encontrar numa lagoa de sangue e te encontramos fazendo a barba!

ALVES: Meu amigo, eu estudo Direito e não entendo de loucos. "Ide bater a um hospício", era o que eu devia ter dito. Mesmo que eu me cortasse com a navalha não vejo motivos para lagoas **(eles riem)**.

REGUEIRA: Não, agora vamos falar sério. Que história é esta de assustar as nossas lindas vizinhas com punhais e suicídios!

ALVES: (Depois de curta pausa) Ha, ha, ha! As lindas judiazinhas. Ora, mas eu me matei com o cortador de papel de marfim. Eu fiz sinal de lhe mandar versos, ela fez que não, eu levantei o cortador, levei-o até o peito e saí da janela. Julguem-me, senhores juristas. Eu nem representei...

FORTUNATO: E as meninas chorando e querendo saber quem é que você ama...

ALVES: Eu não sabia que elas... Ora esta! Coitadinhas. Vá lá, Fortunato, você que é amigo da casa – tão amigo que se sente profundamente infeliz por não me ver estrebuchando com uma lâmina no peito –, e diga que foi composta para a Simy... não, para a Esther... diga qualquer coisa. Que eu não me matei, mas estou mesmo muito triste.

FORTUNATO: Vamos ver se ao menos os versos valem. "Hebreia":

"Tu és, ó filha de Israel formosa...
Tu és, ó linda, sedutora Hebreia...
Pálida rosa da infeliz Judeia
Sem ter o orvalho, que do céu deriva!

Por que descoras quando a tarde esquiva
Mira-se triste sobre o azul das vagas?
Serão saudades das infindas plagas,
Onde a oliveira no Jordão se inclina?
[...]
Sim, fora belo na relvosa alfombra,
Junto da fonte, onde Raquel gemera,
Viver contigo qual Jacó vivera
Guiando escravo teu feliz rebanho..."

Não é? E quando a gente pode escrever coisas assim, com 19 anos e antes do almoço, deve ter o direito de fazer meninas chorarem... **(Vai saindo e lendo ainda)**

"Estrela vésper do pastor errante!
Ramo de murta a recender cheirosa!..."

ALVES: (Lavando, secando e mexendo a tesoura) Sabe, Regueira, todos nós temos nossos amoricos, todos temos nossas paixões sentimentais como temos nossas ambições. Mas é impossível que todos não sintam como eu uma coisa grande que nos espera. Não sei explicar... Eu jurei me devotar aos escravos do Brasil desde que fiz o meu primeiro verso e creio que isto é parte daquela coisa grande, imensa. Escravos na América! Você não vê na América o ponto de cristalização de uma ideia, um sopro que começou com as civilizações asiáticas e alastrou-se pelo Mediterrâneo através da Europa, só meio visível, a nos implorar forma hoje?...

REGUEIRA: Sim, o progresso, a humanidade marchando sempre.

ALVES: Não. Sim e não. Marchando sempre, mas marchando sem ver alguma coisa. Fim da escravidão, harmonia no mundo, compreensão, tudo é um princípio. O princípio do verdadeiro homem. E até lá há luta... combate. Combate por tudo. Temos de viver e sofrer, principalmente sofrer... **(Pausa)** Muito lindas estas meninas todas, mas como eu morreria envergonhado se me matasse por uma delas. Se me matasse, simplesmente, quando há tanto a fazer, tanto por que morrer... Bem, estou pronto. Vamos sair?

(FADE. MÚSICA)

NARRADOR: Mas a imensa popularidade de Castro Alves não teria vindo destes seus amores dos verdes anos, quando ele causou pena a tanta moça da Bahia, de São Paulo, do Rio e de Pernambuco. Talvez ele tenha ficado na imaginação do povo, isto sim, devido ao seu grande amor pela atriz portuguesa Eugênia Câmara. Esse amor de fato o atormentou, e teve todos os ingredientes necessários para atrair o fundo romântico de contemporâneos de Castro Alves, e de pósteros. Vamos encontrar o poeta e sua inspiradora e intérprete num café do Recife. Ela recebera os aplausos do público no Teatro de Santa Isabel. Ele fora carregado pela multidão depois de declamar versos patrióticos. Esperam agora os atores, os poetas amigos de Castro Alves e os seus colegas para uma ceia – uma daquelas ceias em que a mesada do poeta desaparecia inteira. Ainda estão sós.

EUGÊNIA: Só faltam os convidados. Ah, tudo pronto... Mas... Você parece triste, a despeito de todas as nossas glórias.

ALVES: Que triste, que nada! Mas é que, carregado pelos rapazes, sentindo aquela confiança de tantos jovens num deles, senti-me como que responsável, pensando no que esperam de mim... Esperam talvez...

EUGÊNIA: Esperam que você continue o que já é. Um poeta de pouco mais de 20 anos e...

ALVES: Ninguém continua a ser o que já é. De mais a mais, os versos são só a ideia. É preciso fazer as coisas virem. E eu me sinto fatigado. Preciso do meu sertão, do meu Rosário de Orobó, do meu cavalo de manhãzinha. Aqueles galopes pela serra são vida para mim.

EUGÊNIA: É isto sim. Você anda pálido. **(Pausa)** Ou será que o que você quer é rever velhas conhecidas lá daquelas bandas...

ALVES: (Rindo) Nada disto, nada disto. Eu sinto de fato minha saúde abalada e preciso terminar o meu poema dos escravos, preciso trabalhar, realizar, deixar este burburinho.

EUGÊNIA: (Dando uma gargalhada e depois suspirando. Pausa) Hum, estou me lembrando do "O Derradeiro Amor de Byron", aquele poema que você escreveu...

ALVES: Que é que tem o poema?

EUGÊNIA: Você ainda se lembra do fim?

ALVES: Lembro.

EUGÊNIA: Bem, então isto é um pedido de atriz – como as três últimas estrofes são um diálogo, eu digo o meu papel e você o seu.

ALVES: Mas...

EUGÊNIA: Não seja cabeçudo. Vamos. A condessa Guiccioli viu o sombrio poeta sorrindo, antes de partir e – sim!
"E mais lívida e branca do que a cera
Ela disse a tremer: – George, eu quisera
Saber qual seja... a vossa nova amante.

ALVES: Como o sabes?...

EUGÊNIA: Confessas?

ALVES: Sim, confesso...

EUGÊNIA: E o seu nome?

ALVES: Qu'importa?

EUGÊNIA: Fala, Alteza!...

ALVES: Que chama douda teu olhar espalha,
É ciumenta?...

EUGÊNIA: *Mylord*, eu sou de Itália!

ALVES: Vingativa?...

EUGÊNIA: *Mylord*, eu sou princesa!... **(Pausa)**

ALVES: Queres saber então qual seja o arcanjo
Que inda vem m'enlevar o ser corrupto?
O sonho que os cadáveres renova,
O amor que o Lázaro arrancou da cova,
O ideal de Satã?...

EUGÊNIA: Eu vos escuto!

ALVES: Olhai, *Signora*... além dessas cortinas,
o que vedes?

EUGÊNIA: Eu vejo a imensidade!...

ALVES: E eu vejo... a Grécia... e sobre a plaga errante
Uma virgem chorando...

EUGÊNIA: (Sussurrando) É vossa amante?...

ALVES: Tu disseste-o, Condessa... É a Liberdade!!!"

EUGÊNIA: (Pausa) Um ator não diria melhor... Como você também
sente a necessidade de partir! Creio que há sempre uma Grécia para
todos os poetas.

ALVES: Minha querida, você talvez tenha falado com mágoa, e uma
injusta mágoa porque eu falei em partir; mas que grande verdade...
(Andando pela sala) Sempre uma Grécia! Sempre a liberdade
chorando em alguma praia. Grilhões nos negros do Brasil. A França
invadida pelas hordas de Bismarck, agrilhoada pelos prussianos boçais!
Você se lembra do meu "O Livro e a América", que você recitou no
Teatro São João, na Bahia? Parecia que eu estava vendo...

EUGÊNIA: Espere. Eu me lembro:
    "Marchar!... Mas como a Alemanha
    Na tirania feudal,
    Levantando uma montanha
    Em cada uma catedral?...
    Não!... Nem templos feitos de ossos,
    Nem gládios a cavar fossos
    São degraus do progredir...
    Lá brada César morrendo:
    'No pugilato tremendo
    Quem sempre vence é o porvir!'" **(Castro Alves repete
junto com Eugênia os últimos dois versos)**

ALVES: (Animado) Como se eu estivesse vendo a invasão da França!
E até quando estas guerras? Até quando, meu Deus! Sim, Eugênia,

entre cada poeta e sua amada uma Grécia! Entre cada poeta e sua vocação, entre cada poeta e seu verdadeiro papel na humanidade. Porque é impossível contemplar, impossível...

(VOZES DE PESSOAS CHEGANDO)

ALVES: (Mudando de humor) Impossível... Ah, bem-vindos! A ceia está à nossa espera!

(MÚSICA. BURBURINHO DE FESTA)

NARRADOR: Ou teria Castro Alves ficado famoso, lido e relido por gerações de brasileiros, porque morreu com a serenidade de um poeta, dizendo: azul...? A imaginação popular se terá talvez impressionado com o martírio do jovem poeta que, aclamado por Machado de Assis e José de Alencar, que tinha os versos recitados através de todo o país, que levara à cena o seu "Gonzaga ou a Revolução de Minas", soubesse deixar o mundo resignado e calmo. A tragédia começara durante uma caçada. Uma bala de sua própria espingarda o feriu no calcanhar. Veio a intervenção cirúrgica e, quando lhe amputaram o pé, ele disse ao desolado cirurgião:

ALVES: Um pouco menos de matéria, doutor.

NARRADOR: A tuberculose, que o poeta sempre temera, ia apertando seus círculos em torno da vítima. Ele voltou ao sertão com um másculo apelo aos "Regaços da floresta americana" e uma tranquila preparação para a morte. Ainda iria cantar estranhas coisas, ainda iria ver na selva como "Da onça os olhos felinos/ Dizem rezas ao luar". Entretanto, se a fibra morta já não pudesse reviver a tanto alento, queria apenas uma cruz tosca nos ermos de uma chapada, uma cruz onde melhor o inverno chora, melhor geme o vento, e onde...

ALVES: "E Deus para o poeta o céu desata
　　　 Semeado de lágrimas de prata!..."

NARRADOR: Os regaços da floresta americana abriram-se, maternalmente carinhosos, mas a alta corrente já fizera a sua destruidora passagem. E vamos encontrá-lo na Bahia, a 6 de julho de 1871, dia em que pediu para ser levado à janela, de onde poderia ver o infinito azul. Está em sua companhia Agnese Murri, seu último e platônico amor. Ela usava sempre o apelido de infância do poeta.

(PIANO: CHOPIN)

ALVES: Você cada dia me encanta mais com a sua música.

AGNESE: Quer ouvir outra coisa agora, Cecéo? Por exemplo...

(MÚSICA DE SORRENTO)

ALVES: Sim, fale-me da Itália. Você ainda há de me mostrar Sorrento, se os partidários da metempsicose não estão errados.

AGNESE: Naturalmente que iremos a Sorrento! E Veneza... Florença... Roma (**Toca um pouco mais e então para**) Ora, que tola que eu sou. Ia esquecendo, Cecéo, boas notícias nos jornais da Corte. O Ministério Rio Branco continua a estudar a questão da escravatura. Parece que vem mesmo agora a lei de que serão livres os filhos de mãe escrava.

ALVES: Mas precisamos da Abolição! (**Cansado**) Meu Deus, a política é mesmo a arte de evitar o inevitável. De atrasar o progresso inteligentemente, com altas e profundas razões.

AGNESE: O imperador está de acordo, Cecéo. Mas há tantas coisas, há até o trono...

ALVES: Há esta vergonha na América! Um trono apoiado em lombos de pretos e fazendo sombra para paxás de engenho. Que fazem os republicanos?

AGNESE: A propaganda prossegue forte. E se o seu "O Navio Negreiro", se as "Vozes d'África", o "Adeus, Meu Canto" aparecem em todos os jornais, os seus poemas republicanos já são citados em todas as partes. Mas você está se fatigando, meu querido. O médico aconselhou repouso...

ALVES: (Como que divagando) Repouso, repouso... É cheio de batalhas o caminho de Canaã... Ninguém segue mais a estrela... E é tão simples o dia de Isaías, o dia da felicidade e justiça para todos... É apenas o começo, o vácuo se povoando da grande sombra... Só o começo... "Andrada! arranca este pendão dos ares!/ Colombo! fecha a porta de teus mares!" Repouso, repouso, repouso...

AGNESE: (Começando a falar enquanto Castro Alves ainda se ouve) A febre está voltando! Cecéo! **(Para ela mesma)** É melhor chamar o médico outra vez!

ALVES: Meu médico agora é o teu piano, Agnese. E o céu lá fora. Eu estou bem, muito bem...
(MÚSICA. *FADE*: SINOS BADALANDO)

AGNESE: (Soluçando) Não posso esquecer aquela linha da poetisa francesa: "*La mort vient de fermer les plus beaux yeux du monde*".[62] E eles eram belos de uma forma tão luminosa, tão estranha. É que havia sempre uma visão no fundo deles. Sempre, sempre lá como o céu no fundo dos lagos. Às vezes eu penso que o incidente de caça, a operação, tudo o que aconteceu não teria podido levar Cecéo... Ele antes partiu para deixar apenas o que havia no fundo dos seus olhos . . .
(MÚSICA)

NARRADOR: Sim, por toda a sua vida romântica, as paixões que despertou, os coléricos versos que escreveu, Castro Alves terá ficado quase lendário na imaginação dos moços do Brasil. E suas profecias se seguiram rapidamente. Seu nome voltou e voltou. Voltou em setembro do mesmo ano em que faleceu:

---

[62] "A Morte vem para fechar os olhos mais belos do mundo" [livre tradução]. Referência à poetisa francesa Marceline Desbordes-Valmore (1786-1859).

(APLAUSOS)

PARANHOS: A Lei do Ventre Livre: não serão mais escravos os filhos de mãe escrava!

NARRADOR: (Continuando) Protestaram os fazendeiros, assustaram-se os ricaços, mas o povo cobriu de flores o Conselheiro Paranhos, e o ministro dos Estados Unidos, que estava ao seu lado, curvou-se e apanhou um punhado de pétalas.

(APLAUSOS AUMENTAM)

PARANHOS: Sr. Ministro... Que faz?

MINISTRO: Quero mandar algumas destas flores ao meu país; para mostrar como aqui se fez esta revolução que em minha terra custou tanto sangue: com flores.

PARANHOS: Com flores e com versos, Sr. Ministro. Versos que ainda hão de levar o país à Abolição.

(MUITOS APLAUSOS)

NARRADOR: Sim, tinha razão o ministro. E depois da Abolição, seus versos ainda inspiraram a jornada republicana. **(Aplausos)** Por isso tudo, Castro Alves ficou como o poeta social do Brasil, o perscrutador do seu futuro. Sua glória talvez perdure ainda por causa desse passado que ele viu de antemão e por ter cumprido o seu dever na sua época. Ficou entre os grandes do seu tempo...

(BREVE SOAR DE UMA SIRENE)

NARRADOR: Não, a juventude do Brasil nunca continuaria seguindo um espectro romântico, um poeta cujo verbo já tivesse morrido! Ela segue Castro Alves porque ele foi o visionário do combate da indispensável luta! Não foi o poeta dos escravos negros do Brasil e sim o poeta de todos os escravos. Mais uma guerra acabou, mas outros combates ainda surgirão, outras gerações ainda terão de "deixar na liça o férreo guante" e "embocar a tuba lúgubre, estridente", até que o verdadeiro sonho se realize e entre o poeta e sua verdadeira vocação, entre o contemplador e a verdade, entre o vidente e a imagem, não exista mais a sombra desgraçada de nenhuma Grécia em cuja praia exista uma virgem chorando...

(MÚSICA)

Jornalista, romancista, biógrafo e teatrólogo, **Antonio Callado** nasceu em Niterói (RJ), em 26 de janeiro de 1917. Em sua extensa carreira jornalística, que lhe proporcionou muitas viagens e contato com alguns temas de sua obra, colaborou com *O Globo, Correio da Manhã, Jornal do Brasil, Folha de S.Paulo* e com a revista *IstoÉ*, entre outros veículos. Autor de *Quarup* (1967) e de outros livros de prestígio, Callado sempre se dedicou à literatura. Recebeu várias condecorações e prêmios no Brasil e no exterior e, em 1994, foi eleito para a Academia Brasileira de Letras. Morreu dois dias depois de completar 80 anos, em 28 de janeiro de 1997, no Rio de Janeiro.

Em 2017, a Autêntica Editora publicou *O país que não teve infância: As sacadas de Antonio Callado,* reunião de 86 crônicas políticas do autor, todas inéditas em livro. A obra foi organizada pela jornalista Ana Arruda Callado.

Este livro foi composto com tipografia Bembo
e impresso em papel Off White 80 g/m² na gráfica Assahi.